U0450687

本书为国家社科基金青年项目"国有企业集团内部资本市场配置效率研究"（17CGL062）的结项成果

国有企业集团内部
资本市场配置效率研究

王惠庆◎著

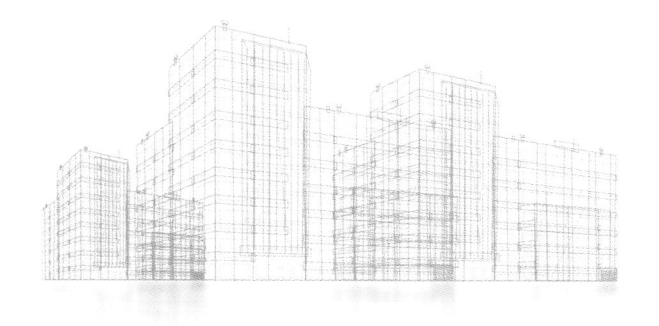

中国社会科学出版社

图书在版编目（CIP）数据

国有企业集团内部资本市场配置效率研究/王惠庆著 .—北京：中国社会科学出版社，2024.5
ISBN 978-7-5227-3593-1

Ⅰ.①国… Ⅱ.①王… Ⅲ.①国有企业—企业集团—资本市场—研究—中国 Ⅳ.①F279.241 ②F832.5

中国国家版本馆 CIP 数据核字（2024）第 101521 号

出 版 人	赵剑英	
责任编辑	刘晓红	
责任校对	阎红蕾	
责任印制	戴　宽	
出　　版	中国社会科学出版社	
社　　址	北京鼓楼西大街甲 158 号	
邮　　编	100720	
网　　址	http://www.csspw.cn	
发 行 部	010-84083685	
门 市 部	010-84029450	
经　　销	新华书店及其他书店	
印　　刷	北京君升印刷有限公司	
装　　订	廊坊市广阳区广增装订厂	
版　　次	2024 年 5 月第 1 版	
印　　次	2024 年 5 月第 1 次印刷	
开　　本	710×1000　1/16	
印　　张	17.75	
字　　数	285 千字	
定　　价	99.00 元	

凡购买中国社会科学出版社图书，如有质量问题请与本社营销中心联系调换
电话：010-84083683
版权所有　侵权必究

前　言

　　企业集团具有规模经济与资源灵活配置优势，是实践中广泛存在的一种重要的组织形式。自 1978 年实施改革开放以来，我国的企业集团经历了从无到有、由小到大、由弱变强的发展过程，已经成长为推动经济发展的重要力量，进入世界 500 强的企业集团数量不断增加、排名也在不断上升。我国企业集团组建的推动力量有市场和政府两种，国有企业集团的培育发展更多地表现为较强的政府行为（辛清泉等，2007），是政府政策推动的产物（李文海，2007）。国有企业是中国特色社会主义的重要物质基础和政治基础，组建国有企业集团可以弥补外部资本市场的不健全，降低交易成本、发挥规模经济和范围经济效应，是政府应对经济转型过程中政策环境变化、社会环境变化和整个社会价值观的需要，是实现市场经济制度和经济赶超战略的一种政治工具或者手段。我国的上市公司多由国有企业改制而成，原改制企业后来大多成为国有企业集团的母公司或控股股东（杨兴全、张照南，2008），国有企业集团下属上市公司的数量远远大于民营企业集团的上市公司的数量（徐慧，2017），国有上市公司附属企业集团的比例超过 80%（刘媛媛等，2016）。国有企业集团的形成与发展更能体现中国制度背景特征，随着深化国有企业改革的不断推进，国有企业集团在数量、规模、发展速度及绩效等方面均有了较大提升，已经成为推动我国经济发展和参与国际竞争的主导力量。因此，本书的研究对象为更能体现中国制度背景特征的国有企业集团。

　　资金是企业赖以生存的重要因素，资金管理贯穿企业管理的各个环节，是企业财务管理的中心。我国外部资本市场不完善、外源融资渠道有限，构建内部资本市场利用内源融资可以有效缓解成员企业的融资约束，降低交易成本，同时内部资本市场在信息传递、激励、监督等方面存在优势，这也是国有企业集团主动构建内部资本市场的原动力，国有企业集团中存在着活跃的内部资本市场运作（杨棉之等，2010；Duchin and Sosyura，2013）。然而，国有企业集团大而不强、经营效率低下、腐败问题易发多发等问题普遍存在，究其原因在于集团内部管理效率和资源配置效率的低下。国内外学者从多视角、多层面，用多种研究方法对国有企业集团内部资本市场的配置效率问题展开了研究，有的认为国有企业集团的内部资本市场能够进行有效的资源配置（王峰娟、粟立钟，2013；黎文靖、严嘉怡，2021），但更多的实证研究证实了国有企业集团内部资本市场无效性的存在（窦欢等，2014；王艳林，2016）。因此，分析国有企业集团内部资本市场的资金配置机制，研究如何提高资本配置效率成为目前深化我国国有企业改革亟待解决的问题。

  本书通过文献梳理及对内部资本市场资金配置过程的定性分析，认为分部行为是影响内部资本市场配置效率的关键因素，并利用国有上市公司的相关数据实证检验了分部经理行为的决定性地位。在新制度经济学对人的行为的假设下，结合国有企业集团的产权特征、政治特性及治理特点等，认为国有企业集团分部经理的行为具有机会主义特征。因此，本书基于分部经理机会主义行为视角，分析国有企业集团的内部资本市场配置效率问题。首先，梳理了国有企业集团的发展历程及管理层寻租行为的产生条件、表现形式及制衡方式，测度了国有企业集团内部资本市场的配置效率，实证检验了分部经理行为的决定性地位。其次，分析了国有企业集团内部资本市场及其分部经理行为的特点，量化总部的经营目标，剖析分部经理机会主义行为对内部资金配置的影响机理，考虑分部经理的风险态度，运用信息租金制衡原理设计"成本—收益权衡模型"，得出了信息租金与内部资本市场配置效率的一般规律。最后，结合实际情境逐步从考虑总部监督行为、分部经理合谋行为两个方面释放研究假设，运用规制经济学、行为经济学、演化博弈理论等相关理论与方法对一般分析进行拓展研究，得出分部经理行为制衡与内部资本市场配置效率的进一步规律，分析结果能够为当前国有企业集团管理实践的合理性提供理论支撑，并提出了完善国有企业集团监管与治理的对策建议。总结本书的特点如下。

（1）国有企业集团更具有中国特色，其发展过程更能体现中国制度背景特征，而国内现有关于内部资本市场的研究更侧重于仅能体现企业普遍特征的民营企业集团，能够结合国有企业集团特点研究内部资本市场配置效率的极少。国有企业集团的产权特征与政治属性决定了其经营目标更为多元（经济目标、社会目标、政治目标），较民营企业集团而言享有资源禀赋优势，在资源配置过程中行政机制表现得更加明显，管理层还同时具有"经济人"与"政治人"双重身份，代理链条更为冗长、代理关系更为复杂、代理问题更为突出。已有研究普遍认为，我国国有企业集团中存在着活跃的内部资本市场运作，但对内部资本市场配置效率未形成一致结论。本书以国有企业集团为研究对象，利用PSM方法构造实验组与对照组对比分析了国有企业集团内部资本市场的配置有效性，丰富了中国制度背景下企业集团的内部资本市场研究。

（2）国内关于内部资本市场的论述多为整体视角，而从分部层面研究内部资本市场配置效率的极少。国有企业集团化发展的动力是通过建立内部资本市场发挥资金规模优势及内部灵活配置资本功能，决定这一优势能否充分发挥的主要参与主体为集团总部与分部经理，首要条件是信息传递效率。掌握分部经营管理权的分部经理处于信息优势地位，作为信息提供者，其行为成为决定内部资本市场配置效率的关键，本书基于国有上市公司数据实证检验了分部经理行为的决定性地位。以Williamson为代表的新制度经济学对人的行为特征有三个假设：效用最大化、有限理性、机会主义行为倾向，国有资产层层授权经营管理的模式，给予了分部经理进行"私利行为"的空间，内部人控制、管理层激励约束机制的扭曲加剧了分部经理机会主义行为。因此，本书选取分部经理机会主义行为作为研究视角，分析国有企业集团内部资本市场的配置效率问题，探讨约束分部经理机会主义行为、提升信息透明度的激励监督机制，以期为优化国有企业集团资金配置、深化国有企业改革提供理论支持和政策建议。

（3）量化国有企业集团的多元经营目标，剖析分部经理机会主义行为对国有企业集团内部资金配置的影响机理，考虑分部经理的风险态度，引入信息租金理论在成本收益的分析框架下，发挥信息租金的激励作用制衡分部经理机会主义行为，构建成本—收益权衡模型将机理分析与制衡设计统一在同一个理论框架之下。本书较好地总结了国有企业集团内部资本市场的特点，分析了管理层行为的机会主义特征，量化了国有企业集团总部的资金配置目标，阐述了分部经理隐藏信息的机会主义行为对内部资金配置决策的影响，将信息租金作为一种驱动分部经理如实传递信息的激励报酬，通过权衡信息租金（成本）与内部资本市场绩效的增加（收益），实现在同一分析框架内既能体现影响机理又能体现激励机制设计。通过对比分析国有企业集团与民营企业集团的信息租金权衡，为国有企业集团开展混合所有制改革与分类治理改革、进行多元化战略整合的管理实践提供佐证。

（4）从考虑总部监督行为、分部经理合谋行为两个方面进行扩展研究，借助演化博弈理论与前景理论构建演化博弈模型，分析时间因素与感知价值对有限理性决策者的行为选择的影响，使得研究结果更加切合国有企业集团的实际情境。在推动构建国资监管大格局背景下，结合国有企业集团的实际监督体系，在内部监督方面考虑总部监督对分部经理行为选择的影响，运用演化博弈理论分析了总部与分部经理行为策略选择的互动机制；运用前景理论描述政府、总部管理者、分部经理对风险和价值的感知，建立演化博弈模型分析三者行为策略的长期演化稳定性及影响稳定的因素，为各级政府对国有企业集团的监管与治理提供了政策启示，将行为经济学、规制经济学、合谋理论、演化博弈理论等相关理论方法引入内部资本市场的分析中，进一步拓展和丰富了内部资本市场理论的研究内容与研究方法。

目 录

第一章 导论 …………………………………………………… 1

第一节 研究背景与研究意义 …………………………………… 1
第二节 研究思路与研究方法 …………………………………… 8
第三节 主要概念界定 …………………………………………… 12
第四节 研究创新与结构安排 …………………………………… 16

第二章 相关文献评述 …………………………………………… 21

第一节 国有企业集团 ICM 的存在性及其度量 ……………… 21
第二节 国有企业集团 ICM 配置效率的争论 ………………… 28
第三节 改善国有企业集团 ICM 配置效率的途径 …………… 37
第四节 分部经理信息租金抽取与 ICM 配置效率权衡 ……… 44
第五节 本章小结 ………………………………………………… 47

第三章 国有企业集团的发展历程与管理层寻租 …………… 50

第一节 国有企业集团的发展历程 ……………………………… 50
第二节 国有企业集团管理层寻租 ……………………………… 63
第三节 国有企业集团对管理层的激励监督 …………………… 71
第四节 本章小结 ………………………………………………… 85

第四章 国有企业集团 ICM 的配置有效性分析 ……………… 87

第一节 问题提出 ………………………………………………… 87
第二节 理论分析与研究假设 …………………………………… 88

第三节　数据来源与研究设计 ………………………………… 90
　　第四节　实证设计与回归分析 ………………………………… 96
　　第五节　本章小结 …………………………………………… 104

**第五章　DMOB 对国有企业集团 ICM 配置效率影响的
　　　　　一般分析** ……………………………………………… 106
　　第一节　问题提出 …………………………………………… 106
　　第二节　国有企业集团 ICM 的发展与分部经理的行为特征 … 108
　　第三节　DMOB 制衡与国有企业集团 ICM 配置效率 ……… 129
　　第四节　本章小结与研究启示 ……………………………… 155

第六章　考虑总部监督行为因素的扩展研究 ……………………… 159
　　第一节　问题提出 …………………………………………… 159
　　第二节　分部经理的激励监督机制与演化博弈理论 ………… 162
　　第三节　演化博弈模型构建与分析 ………………………… 176
　　第四节　本章小结与研究启示 ……………………………… 199

第七章　考虑分部经理合谋行为的扩展研究 ……………………… 202
　　第一节　问题提出 …………………………………………… 202
　　第二节　分部经理合谋的动因、分类与前景理论 …………… 206
　　第三节　基于前景理论的总部—分部经理纵向合谋演化
　　　　　　博弈模型 …………………………………………… 219
　　第四节　本章小结与研究启示 ……………………………… 229

第八章　研究结论与展望 …………………………………………… 233
　　第一节　研究结论 …………………………………………… 233
　　第二节　研究展望 …………………………………………… 236

附　　录 …………………………………………………………… 238

参考文献 …………………………………………………………… 250

第一章

导 论

本章介绍本书的研究背景及意义，阐述本书研究思路的设计以及研究方法的选择，同时界定研究中涉及的关键概念，提出研究的创新与不足，最后列示了本书的结构安排。

第一节 研究背景与研究意义

一 研究背景

随着经济体制改革的不断推进，通过政府行政干预、兼并重组等手段建立起来的国有企业集团，为推动我国国民经济发展、提升综合国力做出了重大贡献。具体表现在两个方面：第一，在中国企业500强中国有经济持续占据主导地位，国有企业累计实现营业总收入占当年 GDP 的比例较高，平均为70%（见图1-1），国有企业财务公司是行业净利润的主要来源[1]。第二，A 股国有上市公司绝大多数附属于企业集团，国有企业集团下属上市公司的数量远远超过民营系族（徐慧，2017），在中国入围世界500强的榜单企业中，国有企业集团的数量逐年增加、

---

[1] 2018年中央国有企业和地方国有企业净利润贡献度分别为63.8%和34.17%，2019年中央国有企业和地方国有企业净利润贡献度分别为67.53%和33.01%。

排名不断提升（见图1-2）。① 然而，国有企业集团大而不强、经营效率低下（见表1-1），是国内最大的僵尸企业群体，② 已成为经济新常态下我国经济面临的主要问题之一。深化国有企业改革、提升国有企业经营效率，是推进我国供给侧结构性改革的重要内容，培育和发展具有国际竞争力的大企业集团一直是我国国有企业改革的目标。企业集团的典型特征之一是集团内部存在内部资本市场（Internal Captial Market，简记为ICM），③ 总部通过ICM把资金配置到各经营分部之间（王化成等，2011）。较之外部资本市场（External Captial Market，简记为ECM），ICM在缓解融资约束、信息传递、激励、监督等方面存在优势，这也是国有企业集团主动构建ICM的原动力，国有企业集团中存在活跃的内部资本市场运作（杨棉之等，2010；Duchin and Sosyura，2013）。然而，双层代理关系中的寻租损耗、交叉补贴、过度投资等现象会导致ICM的低效甚至是无效（Scharfstein and Stein，2000；Rajan et al.，2000；Gertner et al.，2002；Inderst and Laux，2005）。国有企业集团更具有显著的中国制度背景（郑国坚等，2017），其ICM的运行效率对国有企业集团的可持续发展具有重要影响。国内外学者从多视角、多层面对ICM配置效率问题展开了研究，未形成一致结论，不过实证研究中关于我国国有企业集团ICM无效的证据相对较多（王峰娟、粟立钟，2013；窦欢等，2014）。因此，分析国有企业集团ICM的资金配置机制，研究如何提高内部资本配置效率成为目前深化我国国有企业改革亟待解决的问题。

---

① 2000—2021年，我国进入世界500强的多元化企业集团从10家增加到143家，到2019年中国入围企业数量首次超过美国，成为上榜企业数量最多的国家。其中，入围的国有企业集团领先优势突出，在数量方面由2000年的9家增加到2021年的95家，在排名方面国家电网、中国石油、中国石化已连续多年稳居前五。国有企业集团在中国企业500强的数量虽有所下降，但依然占半数以上，且在营业收入方面占70%以上。一方面，我国国有企业集团的内部资本市场成效显著、世界瞩目，形成自己的特点和效用；另一方面，我国国有企业集团大而不强的状况普遍存在，其内部资本市场配置效率较低，与建设具有全球竞争力的世界一流企业目标相比具有的差距依然不容忽视。因此，研究我国国有企业集团内部资本市场的配置效率具有理论和现实双重意义。

② 中国人民大学国家发展与战略研究院反腐败与新政治经济学研究中心发布的《中国僵尸企业研究报告——现状、原因和对策》。

③ 由于本书中出现了大量的内部资本市场（Internal Capital Market，ICM）与外部资本市场（External Captial Market，ECM），为了书写方便，在正文和脚注等中出现的ICM都是指内部资本市场、ECM都是指外部资本市场，后面不再作解释。

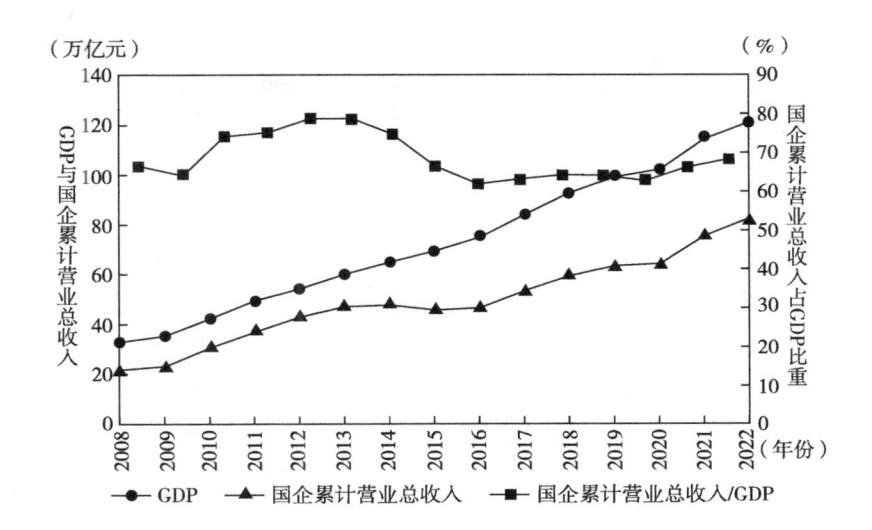

图1-1 2008—2022年GDP、国有企业累计实现营业总收入及其占GDP比重

资料来源：笔者根据国家统计局国家数据（https：//data.stats.gov.cn/easyquery.htm?cn=C01）与国务院国有资产监督管理委员会国资数据（http：//www.sasac.gov.cn/n16582853/n16582888/c27112882/content.html）整理。

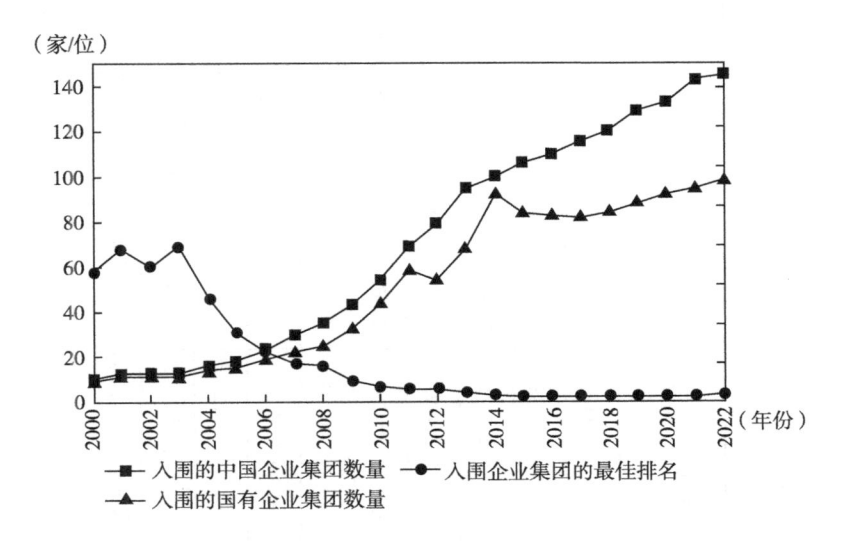

图1-2 2000—2022年入围世界500强的中国企业集团数量、国有企业集团数量及最佳排名情况

资料来源：笔者根据《财富》前瞻产业研究院及网络报道资料整理。

表1-1　2010—2019年全国国有企业主要财务指标

主要指标 年份	2010	2011	2012	2013	2014	2015	2016	2017	2018	2019
汇编户数（万户）	11.4	13.6	14.7	15.5	16.1	16.7	17.4	18.7	20.3	21.7
资产总额（亿元）	640214.3	759081.8	894890.1	1040947.3	1184715.0	1406831.5	1549141.5	1835207.2	2103650.9	2338667.2
净资产总额（亿元）	234171.1	272991.0	319754.7	369972.8	418759.1	482414.4	533926.6	650596.1	753284.8	841154.6
营业总收入（亿元）	314993.9	386341.4	425356.5	471125.1	489099.1	457352.0	474391.6	537462.4	593976.8	634710.5
利润总额（亿元）	21428.2	24669.8	24277.3	25573.9	26444.0	24970.4	25558.7	31818.8	36157.7	38659.2
盈利面（%）	65.0	64.9	64.5	64.4	63.9	62.8	62.9	63.1	62.5	63.4
总资产报酬率（%）	4.6	4.6	4.1	3.8	3.5	2.9	2.7%	2.7	2.7	2.6
净资产利润率（%）	9.2	9.0	7.6	6.9	6.3	5.2	4.8	4.9	4.8	4.6
销售利润率（%）	7.0	6.6	5.9	5.6	5.5	5.6	5.5	6.0	6.2	6.1

资料来源：笔者根据《中国国有资产监督管理年鉴（2020）》整理。

通过分析 ICM 的资金配置过程，我们发现双层委托代理中各参与主体（股东、总部和分部经理）的行为，以及他们之间的相互作用是影响 ICM 配置效率的关键因素，拥有分部经营权的分部经理的行为尤为重要①（Scharfstein and Stein，2000；龚志文，2013；陈良华等，2014）。在信息不对称条件下，作为有限理性"经济人"的分部经理，在追求自身效用满足的驱使下其行为具有机会主义倾向。在我国现有的产权制度下，国有企业内部人控制现象、公司治理结构不完善、内部控制有效性不足、代理冲突比较严重等问题，导致参与主体的机会主义行为，尤其是分部"寻租"现象（统称为分部经理机会主义行为）时有发生。总部与分部经理的代理冲突是导致内部资本市场低效率的主要原因（Rajan et al.，2000；邹薇、钱雪松，2005；Wulf，2009；吴大勤等，2010），民营企业集团亟须解决的是控股股东代理问题，而股权集中度较高的国有企业集团亟须解决的是管理层代理问题（徐慧，2017；崔志霞等，2021）。不完善的 ECM 通常伴随着同样不完善的公司治理机制，从而容易导致 ICM 成为管理层谋取私利的工具，进而出现资本配置低效甚至无效的情况（Hanazaki and Liu，2007）；分部经理通过寻租、影响力活动、游说、合谋等机会主义行为影响总部的资本分配决策，导致 ICM 的资源配置出现交叉补贴、过度投资、投资不足等低效投资问题（Rajan et al，2000；Wulf，2009；Glaser et al.，2013；陈菊花、周洁，2013）。在"政绩"冲动的情况下，国有企业集团分部经理的行为往往具有机会主义倾向；由于国有控股股东的缺位并没有将 ICM 异化为其进行利益侵占的隐蔽渠道（刘星等，2010），总部与分部经理间的代理问题才是导致国有企业集团 ICM 功能受损的主因（谢军、王

---

① 本书认为，分部经理通过项目运作可以创造和增加价值，总部并不能直接创造和增加各项目的价值，但总部通过 ICM 配给项目所需资金，且通过监督激励、统筹协同等手段使得各项目的内在价值得到实现。分部经理是分部项目的具体执行者，相对于总部具有信息优势，同时外部环境的不确定性和契约的不完全性使得分部经理能够将经营失败归咎于其他因素，导致自利的分部经理会利用信息优势，实施有利于自身效用满足而损害总部利益的机会主义行为。因此，分部经理的机会主义行为是影响 ICM 配置效率的决定性因素。由于本研究中出现了大量的分部经理机会主义行为（division managers' opportunistic behavior，DMOB）词语，为了书写方便，在正文、标题和脚注中出现的 DMOB 都是指分部经理机会主义行为，后面不再做解释。

娃宜，2010；袁奋强，2015）。那么，如何设计有效的激励监督机制来制衡分部经理机会主义行为呢？合理设计集团治理策略可以降低分部经理的代理成本，提高国有企业集团 ICM 配置效率（宋增基等，2011；钱婷、武常岐，2016）。在设计薪酬合同时，把分部经理的薪酬与企业整体业绩联系起来，有助于减少其寻租活动（Wulf，2002；安杰、蒋艳霞，2010）。总部付给分部经理一定的信息租金激励分部经理报告真实信息，能够制约分部经理机会主义行为，提高 ICM 的配置有效性（Choe and Yin，2009；Duchin and Sosyura，2013；陈良华等，2014）。张磊（2013）认为，只有平衡对代理人的激励与约束，才能有效缓解代理人机会主义行为，促使其充分正确提供信息，并最大化个人的努力程度，从而提高国有资本的经营收益。王惠庆和陈良华（2017）认为，总部在配给分部资金时采用分阶段投资策略，能够改善信息不对称，同时能够约束分部经理的机会主义行为。

我国国有企业集团与民营企业集团在 ICM 形成动因与运作方式等方面存在明显差异，已有文献的研究大多运用 ICM 的配置效率或经济后果来研究企业集团的经营绩效，且研究对象特定为国有企业集团且研究视角为分部经理的较少（王明虎，2007；Peng et al.，2011；张文龙等，2016；郑国坚等，2017）；或研究分部经理机会主义行为损害 ICM 效率的机理，或研究激励约束机制的设计，能将两者统一在同一框架体系之下的也不多见（陈良华等，2014）；静态研究方法、研究隐含的假定等与我国国有企业集团的实际运营情况之间存在偏差。① 因此，本书确立了以"分部经理机会主义行为对国有企业集团内部资本运作效率的影响"为研究主题，以分部经理行为为研究视角，分析国有企业集团内部资本市场的运作特点，引入信息租金（information rent）理论（Mirrlees，1999）剖析分部经理的机会主义行为是如何影响 ICM 配置有效性的，构建体现机理分析与制衡设计统一的成本—收益权衡模型，研究 DMOB 与国有企业集团 ICM 配置效率之间的关系。结合实际管理情况，从总部监督与分部经理合谋两个方面进行拓展研究，借助演化博

---

① 本书认为已有文献未考虑总部与分部经理行为博弈的动态演化、分部经理合谋等因素对 ICM 配置效率的影响。

弈理论与前景理论更好地刻画有限理性决策者的动态行为选择互动机制，运用数值模拟与实证分析检验相关结论，拓展和丰富了 ICM 理论的研究内容和研究方法，研究成果可以为推动国有企业集团高质量发展提供理论支持和实践指导。

二 研究意义

（一）理论意义

（1）基于分部经理视角引入信息租金理论，在成本收益框架下系统地分析了信息租金抽取与国有企业集团 ICM 配置效率之间的权衡。分部经理是集团运营的中坚力量，肩负着集团发展的管理职能，是集团战略决策的具体执行者，在 ICM 的运行中起到承上启下的作用。DMOB 是导致 ICM 配置低效的关键因素，如何激励分部经理规范经营、抑制其机会主义行为是实现国有企业集团内部资金高效配置、提高集团经营绩效的关键。因此，本书分析了国有企业集团 ICM 的形成发展及运作特点，借助信息租金理论将分部经理行为影响 ICM 配置效率的机理分析与对 DMOB 进行激励约束的机制设计统一在同一分析框架之内，并通过成本收益分析信息租金的激励制衡作用，拓展和丰富了 ICM 理论的研究对象和研究视角。

（2）借助规制经济学、演化博弈理论与前景理论等行为经济学理论，从考虑总部监督行为因素与分部经理合谋行为两个方面对一般分析进行了扩展研究。已有文献通常在双重委托代理框架下分析国有企业集团 ICM 的资金配置效率，关注激励的较多而关注监督的相对较少，关注大股东合谋的较多而关注分部经理合谋的较少，大多研究采用经典的博弈理论或实证研究进行分析，且未考虑时间因素及心理预期对决策者行为选择的影响。因此，本书借助演化博弈理论与前景理论，更好地描述了有限理性决策者的真实行为策略选择，拓展分析了考虑总部监督行为与分部经理合谋行为两种情境下分部经理行为对国有企业集团 ICM 配置效率的影响，拓展和丰富了 ICM 理论的研究内容和研究方法。

（二）现实意义

（1）梳理国有企业集团 ICM 的形成发展过程，总结其特点及运行机制，揭示国有企业集团 ICM 配置效率的运行规律，有助于深入理解国有企业集团的 ICM 运作。利用 PSM 方法构造实验组与对照组对比分析国有企业集团与非国有企业集团 ICM 的配置效率，能够印证国有企业改革过程中相关政策的经济后果；通过实证检验分部经理行为影响 ICM 配置效率的决定性地位，为从分部经理（子公司经营者）角度推进国有企业改革提高国有企业集团的资本运作效率提供指导。

（2）国有企业集团是推动我国经济发展和参与国际竞争的主导力量，培育和发展大型国有企业集团、提高经济效益是国有企业改革的重要途径和目标。国有企业集团的产权特征决定了其经营目标更为多元，既要实现经济目标，又要实现社会责任目标和政治目标等非经济目标。本书运用信息租金理论将影响机理与激励制衡统一在成本收益分析框架内，通过支付信息租金激励分部经理合规经营提高 ICM 配置效率。结合国有企业集团防止国有资产流失的政策措施，在推动构建国资监管大格局背景下，引入演化博弈理论、前景理论等行为经济学的相关理论，从考虑总部监督行为与分部经理合谋行为两个方面对一般分析进行拓展研究，分析结果能够为国有企业集团开展混合所有制改革、进行多元化战略整合、强化国有企业内部监督、把党的领导融入国有企业公司治理体系等管理实践提供佐证，对推动国有企业集团高质量发展具有十分重要的指导意义。

第二节 研究思路与研究方法

一 研究思路

在推动构建国资监管大格局、优化国有企业资源配置的背景下，以提高国有企业集团 ICM 配置效率为目标，运用激励理论、公司治理理论、信息租金理论、演化博弈理论、前景理论等相关理论，分析分部经理行为对国有企业集团 ICM 配置效率的影响，并从总部监督与分部经理合谋两个方面进行拓展研究，运用数值模拟与实证分析检验相关结论，研究成果可以为推动国有企业集团高质量发展提供理论指导。本书拟通过明确研究对象与研究视角、国有企业集团的发展历程与管理层寻租、国有企业集团 ICM 的配置有效性分析、DMOB 影响 ICM 配置效率的一般分析、考虑总部监督的拓展研究、考虑分部经理合谋的拓展研究六个步骤达到以上研究目的，具体技术路线如图 1-3 所示。

```
┌─────────────┐     ┌───────────┐      ┌───────────┐    ┌───────────┐
│  ICM理论    │────▶│研究背景与目标│◀────│相关文献回顾│◀───│文献分析法 │
│新制度经济学 │     └───────────┘      └───────────┘    └───────────┘
└─────────────┘           │
                          ▼
┌───────────┐ ┌─────────┐ ┌────────────────┐ ┌─────────┐ ┌─────────┐
│规制经济学 │ │定性分析法│ │明确研究视角与研究框架│ │实证研究法│ │行为经济学│
└───────────┘ └─────────┘ └────────────────┘ └─────────┘ └─────────┘
                                 │
                                 ▼
        ┌──────────────────────┬──────────────────────────┐
        │国有企业集团的发展历程与管理层寻租│国有企业集团ICM的配置有效性分析│
        └──────────────────────┴──────────────────────────┘
                                 │
                                 ▼
┌──────────────┬──────────────────┬──────────────┐
│扩展1：考虑总部监督│一般分析：DMOB与ICM配置│扩展2：考虑分部经理│
│      行为    │        效率      │     合谋     │
├──────────────┼──────────────────┼──────────────┤
│ 公司治理理论 │   国企集团ICM特点 │   前景理论   │
│ 分权制衡理论 │     激励理论     │   合谋理论   │
│ 演化博弈理论 │   信息租金理论   │ 演化博弈理论 │
│总部—分部经理演化│ 成本—收益权衡模型 │基于前景理论的演化│
│   博弈模型   │                  │   博弈模型   │
└──────────────┴──────────────────┴──────────────┘
        │              │               │
        ▼              ▼               ▼
┌───────────┐ ┌─────────┐ ┌───────────┐ ┌───────────┐ ┌───────────┐
│数值模拟分析法│ │比较分析法│ │研究结论与展望│ │跨学科研究法│ │规范分析方法│
└───────────┘ └─────────┘ └───────────┘ └───────────┘ └───────────┘
```

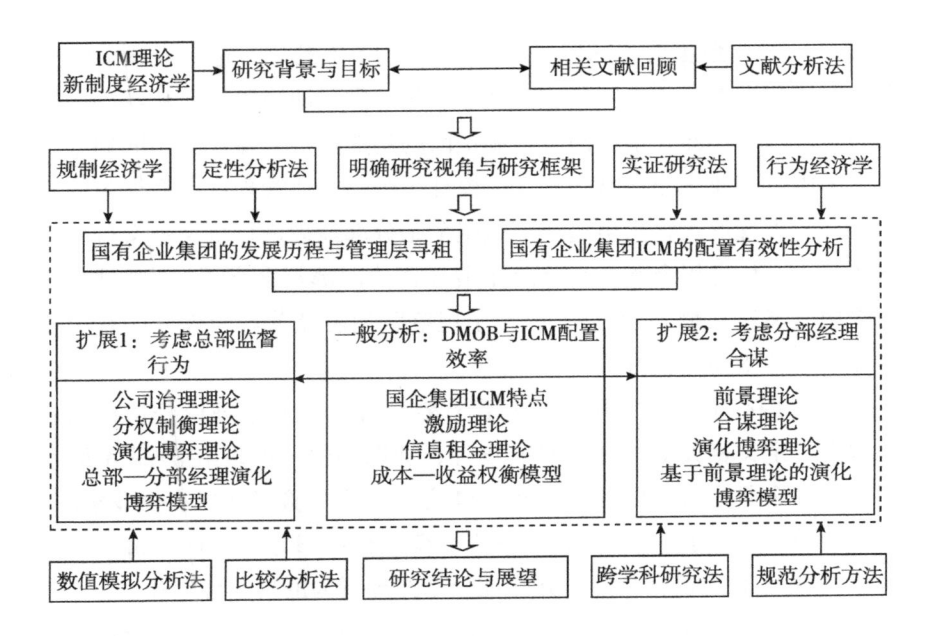

图 1-3　本书的技术路线

（1）明确研究对象与研究视角。中国国有企业集团的形成与发展外在表现为政府推动的结果和市场经济发展的需要，更能体现中国制度背景特征，国有上市公司附属于企业集团的比例超过 80%，因此明确本书的研究对象为国有企业集团。国有企业集团化发展的动力是通过建立 ICM 发挥资金规模优势及内部灵活配置资本功能，决定这一优势能否充分发挥的主要参与主体为集团总部与分部经理，首要条件是信息传递效率，掌握分部经营管理权的分部经理作为信息提供者是决定 ICM 配置是否有效的关键。两权分离是现代企业的典型特征，在其带来经济效益的同时也导致了委托代理冲突、信息不对称等一系列问题。结合新制度经济学的分析假设，追求自身效用最大化的分部经理行为具有机会主义特征。而国有企业集团中国有资产层层授权经营管理的模式，给予了分部经理进行"私利行为"的空间，内部人控制、管理层激励约束机制的扭曲加剧了分部经理机会主义行为。因此，本书确立分部经理机会主义行为作为研究视角，分析不同情境下其对国有企业集团 ICM 配置效率的影响。

（2）国有企业集团的发展历程与管理层寻租。首先，梳理了国有企业集团化发展经历的初创、发展、深化、做强四个阶段，从经济、社会和政治三个层面总结了国有企业集团的功能定位，梳理了不同划分标准下的国有企业集团类型。其次，梳理了国有企业管理层寻租行为的产生条件与表现形式，指出追逐信息租金是分部经理进行机会主义行为的直接动力，信息租金既具有负向作用（扭曲内部资金配置），又具有正向作用（激励报酬）。最后，梳理了规范管理层经营行为提升国有企业集团绩效的激励监督方式。

（3）国有企业集团 ICM 的配置有效性分析。通过理论分析提出研究假设，定义相关变量进行研究设计，选取 2010—2020 在沪深 A 股上市交易的企业为研究样本，通过 PSM 方法构建实验组（国有企业集团）与对照组（非国有企业集团），采用平衡面板回归方法实证分析国有企业集团 ICM 的配置有效性，并印证分部经理行为的决定性地位。

（4）DMOB 对国有企业集团 ICM 配置效率影响的一般性分析。结合国有企业特有的产权特征和政治特性，分析了国有企业集团 ICM 的特点及分部经理行为的机会主义特征。在分析 DMOB（隐藏信息）影响 ICM 配置效率作用机理的基础上，引入信息租金理论在成本收益的分析框架下，对影响机理及信息租金激励制衡作用进行一般分析。通过对比国有企业集团与民营企业集团的资金配置过程，找到 ICM 信息租金与配置效率的一般规律，通过数值仿真对所得结论进行验证，为国有企业集团开展混合所有制改革与分类治理改革、进行多元化战略整合的管理实践提供佐证。

（5）引入总部监督行为因素的扩展研究。结合国有企业集团内部监督的实际，考虑总部监督对分部经理行为选择的影响，梳理了国有企业集团总部的主要功能及分部经理主要面临的几类监督。考虑时间因素对有限理性的决策者的行为选择的影响，运用演化博弈理论分析了总部与分部经理行为策略选择的互动机制，通过数值仿真对所得结论进行验证，为国有企业集团的监督激励机制设计提供指导。

（6）考虑分部经理合谋行为的扩展研究。在推动构建国资监管大格局背景下，考虑政府监管对总部与分部经理间合谋行为的影响，分析了导致国有企业集团分部经理合谋的原因，梳理了国有企业集团内部代理链条上各组织成员之间的合谋分类。考虑时间因素与感知价值对有限理性决策者的行为选择的影响，运用前景理论描述政府、总部管理者、分部经理对风险和价值的感知，建立演化博弈模型分析三者行为策略的长期演化稳定性及影响稳定的因素，为各级政府对国有企业集团的监管与治理提供了政策启示，拓展和丰富了合谋理论的研究内容与研究方法。

二 研究方法

本书的研究将以规范研究方法与数值模拟分析为基础，定性分析与定量分析相结合，根据研究问题所需运用了委托代理模型、激励理论、公司治理理论、信息租金理论、演化博弈理论和前景理论等工具。具体如下。

（1）文献分析法与定性分析法。以委托代理理论、ICM 理论、激励理论、信息租金理论及公司治理理论等为指导，广泛查阅国内外相关文献，密切关注国有企业集团 ICM 资金分配问题与对管理层的激励监督方式，通过理论分析与现象解析，分析 DMOB 影响 ICM 配置效率的内在机理，构建信息租金制衡理论框架，明确研究视角与研究路径。

（2）规范分析法与比较分析法。在对影响机理与激励监督作用进行定性分析的基础上，借助信息租金理论在成本收益分析框架下建立"成本—收益权衡模型"，将影响机理分析与激励制衡设计统一在同一分析框架之内，对比分析国有企业集团与民营企业集团 ICM 中信息租金的制衡作用，找到信息租金与 ICM 配置效率的一般规律；借助演化博弈理论与前景理论，构建相应的演化博弈模型，分别量化分析总部管理者与分部经理行为策略选择的互动机制，以及政府、总部管理者与分部经理行为策略选择的互动机制。

（3）数值模拟与实证研究法。为了验证理论分析结果的正确性，在模型构建求解的基础上，运用数值模拟分析法对研究结论进行验证；结合国有企业上市公司的相关数据，利用利润敏感法对国有企业集团 ICM 的配置效率进行测度，运用实证研究的方法对国有企业集团 ICM 配置有效性及分部经理行为的决定性地位进行检验。

（4）跨学科研究法。本书在分析国有企业集团 ICM 配置过程中的主要参与主体（政府、总部、分部经理）及他们之间行为的动态互动时，综合运用了经济学、管理学、社会学、心理学等多种学科的相关理论、方法与成果。

第三节　主要概念界定

本节对涉及的一些主要概念进行界定，如企业集团与国有企业集团、ICM 与 ICM 配置效率、集团总部与分部经理、机会主义行为与分部经理机会主义行为、租金与信息租金等，以明确本书的研究对象及研究范畴。

一　企业集团与国有企业集团

Leff（1978）将企业集团定义为被同一管理权威控制（财政控制或行政管理控制）的公司群，有时成员企业间也存在交叉持股的关系（Wolfenzon，1999）。Khanna 和 Palepu（2000）认为，企业集团是指有共同控制权（包括股权控制、经营性控制、家族和血缘关系的协调控制）的企业联合体。Frye（2006）扩大了企业集团的外延，认为那些通过正式（如股权结构）或非正式的纽带（如战略联盟）关联在一起的企业联合体都可以视为企业集团，强调成员企业间的纽带作用。陈菊花（2015）认为企业集团是指以资本为主要联结纽带、以母子公司为主体、有着共同利益和特殊关系的企业群。有关企业集团（Enterprise Group）的定义，学术界仍未达成一致，但综合各种定义可以看出企业集团须具备以下几个特征：①由多个相对独立的法人联合组成，但企业集团本身不具有企业法人资格。②以资本控制为基础的多种联结方式。③组织结构多层次，作为核心的母公司具有一定的权威。企业集团是一种介于市场和单一企业间的经济经营组织，母公司（或总部）通过 ICM 在成员企业（或分部）之间进行内部资本的再配置活动。本书将企业集团界定为以股权关系为纽带，具有统一行为规范形成母子关系的企业集合。根据不同的集团内部结构安排，可以分为水平结构的企业集团与金字塔结构的企业集团；根据产权性质的不同，可以分为国有企业集团与民营企业集团。

我国的企业集团以国有为主，国有企业集团大多采取金字塔结构，水平结构的国有企业集团仅占 37.69%（郑国坚等，2017）。国有企是指国务院和地方人民政府分别代表国家出资建立的全民所有制性质的企业。根据《国家统计局关于对国有公司企业认定意见的函》(国统函〔2003〕44号),国有企业有狭义和广义之分。狭义的国有企业仅指纯国有企业(包括国有独资企业、国有独资公司和国有企业联营三种形式);广义的国有企业根据国家出资的占比情况,将之分为纯国有企业、国有控股企业(包括国有绝对控股企业和国有相对控股企业两种形式)与国有参股企业三个层次。国有企业集团是指主要以产权关系为纽带,由同一国有企业法人实际控制的企业联合体。我国国有企业集团的组建和发展离不开政府的行政干预和控制(如政府推动的国有企业兼并重组、资产划拨等),具有更显著的中国制度特征,因此本书选取国有企业集团作为研究对象。国有企业集团具有以下特点:①全民所有的产权特征,导致国有企业集团除经济目标外,还承担了政府施加的政策性负担和社会负担。②委托代理链条更为复杂,易出现所有者缺位、内部人控制等问题。③代理人具备"经济人"与"政治人"双重属性。④外部资源优势(弱融资约束、预算软约束)。

二 ICM 与 ICM 配置效率

ICM 是企业集团实现资源配置的载体,通常被认为是一种弥补外部资本市场的制度安排(Khanna and Palepu,2000)。ICM 的概念源自对 M 型组织结构资本配置行为的研究,迄今为止理论界对 ICM 的定义仍未达成一致,学者更多的是根据自身研究需要对其范围与特征进行描述。Williamson(1985)首先界定了 ICM 的概念,他认为 ICM 是存在于 M 型企业中的组织制度,是企业内部各分部围绕企业内部资本展开竞争的市场。随着研究的不断发展完善,ICM 的内涵和外延也在不断扩展,总结国内外的相关研究文献可以发现,ICM 的定义主要从运行范围及功能特征两个方面考虑:①从资本运行范围角度进行的定义,这个角度主要围绕 ICM 的组织载体进行拓展,经历了从 M 型组织结构,向 H 型组织、企业集团和"系族"企业等组织载体的拓展。陆军荣(2005)认为,ICM 是一种存在于多单位、多元化企业或企业集团内部的一种资本分配机制;肖星和王琨(2006)认为 ICM 是在多元化的企业集团,尤其是系族企业中,先整合各子公司资源后再分配的机制;冯丽霞和杨鲁(2009)将 ICM 的组织载体界定为中间性组织,认为 ICM 本质上是在权威机制和价格机制双重调节下的一组资本要素使用权交易契约。②从资本配置机制功能角度进行的定义，这个角度主要体现 ICM 不同于 ECM 资金分配的机制。Peyer（2002）认为，ICM 是企业总部将有限的可用内部资金，在内部各部门之间进行资金分配的一种机制，这种机制主要依靠权威、通过行政协调进行资金分配。周业安和韩梅（2003）从市场信号显示功能出发，将 ICM 定义为改善资源配置的一种金融战略。本书采用"中间组织观"的资本分配功能论，将 ICM 定义为：ICM 是不完善 ECM 的有效补充和替代，存在于企业集团内部，是总部结合行政权威和市场机制在内部各分部之间进行资金分配的机制。这意味着，ICM 的显著特点是产生了总部与分部经理之间的委托代理关系，这也是本书的研究切入点。

ICM 的概念虽各不相同，但都描述了 ICM 的基本功能，其目的都是提高组织效率，因此学者最关心的问题是 ICM 的资源配置是否有效。这就需要明确界定 ICM 配置效率的概念，已有研究文献对 ICM 配置效率的界定分为广义与狭义两种。广义的 ICM 配置效率是指在所有参与主体行为影响下的内部资源配置方式、路径和机制的最终有效程度；而狭义的 ICM 配置效率概念仅仅是指在总部与分部经理行为影响下的内部资金配置方式、路径和机制的最终有效程度。本书的研究更符合狭义概念，将 ICM 配置效率定义为：分部经理行为影响下总部的资金再分配行为是否能提高企业价值，即企业内部资金在各分部之间的分配是否达到"帕累托效应"，换言之，各分部的投资边际收益相等时，ICM 的配置最有效。

三 集团总部与分部经理

集团总部是指企业集团层面的最高管理当局，集团总部的产生背景主要有市场化行为与行政化行为两大类。市场化行为产生的总部，是指由于业务多元化或企业发展区域化使得原先的企业总部发展而来的集团总部；行政化行为产生的总部，是指由资产经营或授权公司、兼并或重组演变而来的集团总部。国有企业集团总部更多的是行政化行为的结果，随着国有企业改革的不断推进，集团总部经历了从"机关型总部"向"企业型总部"的转变，以及从"企业型总部"向"职业型总部"

的转变。① 根据国内外已有研究文献，总部可以有多种含义，有的认为总部是企业集团的 CEO（一人），有的则认为总部是集团层面的最高管理当局团队，但本质上都是指对 ICM 资金配置有决定权的人或群体，这也是本书对总部的界定，即企业集团中处于统筹支配地位的组织管理者或管理团队。

分部是相对总部而言的，是集团总部管理和控制的下属组织单元。根据国内外的已有文献，分部可以有多种含义，有的文献认为分部仅仅指总部直接管理的二级组织，有的则认为分部可以是三级、四级组织。分部经理也有多种含义，有的文献认为分部经理是分部（子公司）经理一人，有的则认为是分部管理层团队，但本质上都是受控于总部有一定自主权的分部管理者或管理团队。本书所指的分部经理是总部直接管理的二级组织的经营层团队。②

四　机会主义行为与分部经理机会主义行为

在信息不对称和有限理性条件下，经济活动中的参与者在追求自身效用最大化时，总是尽最大努力（通过各种不正当手段，甚至不惜损人利己）增加自己的利益，即经济活动中的参与者通常会采取机会主义行为以实现自身的效用最大化。机会主义行为，是指在信息不对称的情况下人们不完全如实地披露所有的信息及从事其他损人利己的行为。Williamson（1975）认为，"机会主义是指信息不完整或被歪曲地透露，特别是为了掩盖、误导、混淆、歪曲、搅乱而做的蓄意行为"，并且他把机会主义作为交易成本的来源之一。具体地，已有国内外文献关注的逆向选择、道德风险、搭便车、短期化行为、寻租、合谋等都属于机会主义行为。

在委托代理链条中，处于下层的分部经理相对于股东和总部具有信息优势，因此，自利的分部经理会实施机会主义行为影响总部决策或项目产出，进而影响 ICM 运行效率。分部经理机会主义行为，是指分部

---

① 2019 年 10 月，国务院国资委党委正式印发《关于中央企业开展"总部机关化"问题专项整改工作的通知》（国资党委〔2019〕161 号）；同年 12 月召开了中央企业"总部机关化"问题专项整改工作推进会，会上强调加快转变总部职能，突出其价值创造功能。

② 三级和四级这种多级层次增加了本书研究的复杂性，本书为了简化，把分部定义为二级组织，包含 M 型企业的分部或 H 型企业的子公司，忽略存在第三级、第四级情况。

经理利用信息不对称，不如实披露信息或从事损害集团利益的行为，是分部经理为追求自我效用满足利用自身的信息优势，采用的各种干扰总部决策和企业经营的异化行为。本书主要关注分部经理向总部隐藏信息（以追逐信息寻租）与分部经理合谋两种机会主义行为。

五 租金与信息租金

租金（nomic rent）是一个重要的经济学概念，随着研究的不断推进，学者从不同角度拓展了许多租金的概念并提出了相应的租金理论，如李嘉图租金、准地租、熊彼特租金、组织租金、网络租金、信息租金等。本书将租金的基本特征推广到任何生产要素（劳动、信息等），将支付给任何生产要素的报酬中超过正常价格的余额称为租金。

信息租金（information rents）是租金理论在内涵和外延上的一种扩展，可以很好地刻画市场或组织利益主体利用信息不对称获得超额收益的现象。经济中的一切决策都是需要信息的（Hayek，1945），信息广泛地存在于交易的各个环节当中，在当前信息经济时代已经成为最关键的生产要素。如果把信息泛化地看作一种商品，那么信息租金就是为了获得信息商品、消除信息不对称所必须付出的代价（曹和平、翁翕，2005）。信息的商业价值已使其成为企业管理者进行经济决策的核心资源，是任何决策的基础（胡婕，2016）。Laffont 和 Martimort（2000、2002）提出了"信息租金"的概念：在委托代理契约中存在着委托人和代理人之间的信息差距，而这种信息差距影响了双边契约的设计，为使资源配置达到帕累托有效的程度，需要设计出能够揭示代理人私人信息的机制，而这种机制通常通过给予代理人某种租金（信息租金）的方式来实现。本书将信息看作一种生产要素，既包括总部做出决策需要的项目投资前景、分部运营情况等信息，也包括分部经理付出努力程度的信息，并认为信息租金是指拥有信息优势的代理人利用信息这一生产要素获得的超额收益。

第四节 研究创新与结构安排

一 研究创新

本书的创新主要有以下四个方面。

(1) 国有企业集团更具有中国特色，其发展过程更能体现中国制度背景特征，而国内现有关于 ICM 的研究更侧重于仅能体现企业普遍特征的民营企业集团，能够结合国有企业集团特点研究 ICM 配置效率的极少。国有企业集团的产权特征与政治属性决定了其经营目标更为多元（经济目标、社会目标、政治目标），相较民营企业集团而言享有资源禀赋优势，在资源配置过程中行政机制表现得更加明显，管理层还同时具有"经济人"与"政治人"双重身份，代理链条更为冗长、代理关系更为复杂、代理问题更为突出。已有研究普遍认为我国国有企业集团中存在着活跃的 ICM 运作，但对 ICM 配置效率未形成一致结论。本书以国有企业集团为研究对象，利用 PSM 方法构造实验组与对照组对比分析了国有企业集团内部资本市场的配置有效性，丰富了中国制度背景下企业集团的 ICM 研究。

(2) 国内关于 ICM 的论述多为整体视角，而从分部层面研究 ICM 配置效率的极少。国有企业集团化发展的动力是通过建立 ICM 发挥资金规模优势及内部灵活配置资本功能，决定这一优势能否充分发挥的主要参与主体为集团总部与分部经理，首要条件是信息传递效率。掌握分部经营管理权的分部经理处于信息优势地位，作为信息提供者其行为成为决定 ICM 配置效率的关键，本书基于国有上市公司数据实证检验了分部经理行为的决定性地位。以 Williamson 为代表的新制度经济学对人的行为特征有三个假设：效用最大化、有限理性、机会主义行为倾向，国有资产层层授权经营管理的模式，给予了分部经理进行"私利行为"的空间，内部人控制、管理层激励约束机制的扭曲加剧了 DMOB。因此，本书选取 DMOB 作为研究视角，分析国有企业集团 ICM 的配置效率问题，探讨约束 DMOB 提升信息透明度的激励监督机制，以期为优化国有企业集团资金配置、深化国有企业改革提供理论支持和政策建议。

(3) 量化国有企业集团的多元经营目标，剖析 DMOB 对国有企业集团内部资金配置的影响机理，考虑分部经理的风险态度，引入信息租金理论在成本收益的分析框架下，发挥信息租金的激励作用制衡 DMOB，构建成本—收益权衡模型将机理分析与制衡设计统一在同一个理论框架之下。本书较好地总结了国有企业集团 ICM 的特点，分析了管理层行为的机会主义特征,量化了国有企业集团总部的资金配置目标,阐述了分部经理隐藏信息的机会主义行为对内部资金配置决策的影响。将信息租金作为一种驱动分部经理如实传递信息的激励报酬,通过权衡信息租金(成本)与ICM资金绩效的增加(收益),实现在同一分析框架内既能体现影响机理又能体现激励机制设计。通过对比分析国有企业集团与民营企业集团的信息租金权衡,为国有企业集团开展混合所有制改革与分类治理改革、进行多元化战略整合的管理实践提供佐证。

（4）从考虑总部监督行为、分部经理合谋行为两个方面进行扩展研究,借助演化博弈理论与前景理论构建演化博弈模型,分析时间因素与感知价值对有限理性决策者的行为选择的影响,使研究结果更切合国有企业集团的实际情境。在推动构建国资监管大格局背景下,结合国有企业集团的实际监督体系,在内部监督方面,考虑总部监督对分部经理行为选择的影响,运用演化博弈理论分析了总部与分部经理行为策略选择的互动机制；运用前景理论描述政府、总部管理者、分部经理对风险和价值的感知,建立演化博弈模型分析三者行为策略的长期演化稳定性及影响稳定的因素,为各级政府对国有企业集团的监管与治理提供了政策启示。将行为经济学、规制经济学、合谋理论、演化博弈理论等相关理论方法引入ICM的分析中,进一步拓展和丰富了ICM理论的研究内容与研究方法。

二 结构安排

本书围绕分部经理机会主义行为与国有企业集团ICM配置效率的关系这一核心问题展开研究,梳理国有企业集团的发展历程、管理层寻租与激励监督,实证检验国有企业集团ICM的配置有效性及分部经理行为的决定性,分析不同研究情境下改善信息不对称、约束分部经理机会主义行为的问题。主要结构如下(见表1-2):

表1-2　　　　　　　　　　　本书的篇章结构

本书的研究流程	本书的章节安排
确立研究主题,明确研究内容、研究意义与方法步骤	第一章　导论
梳理相关文献,凝练研究视角与研究路径	第二章　相关文献评述

续表

本书的研究流程	本书的章节安排
梳理国有企业集团的发展历程,分析管理层寻租产生的条件、表现及其激励监督方式;实证分析国有企业集团ICM的有效性,论证分部经理行为的决定性地位	第三章 国有企业集团的发展历程与管理层寻租 第四章 国有企业集团ICM的配置有效性分析
围绕影响机理和激励监督,分析了不同研究情境假设下的分部经理行为选择与ICM配置效率	第五章 DMOB对国有企业集团ICM配置效率影响的一般分析 第六章 考虑总部监督行为因素的扩展研究 第七章 考虑分部经理合谋行为的扩展研究
归纳研究结论并提出研究展望	第八章 研究结论与展望

第一章,导论。论述本书的研究背景与研究意义,确立研究思路与研究方法,界定涉及的主要概念,明确本书的特点和结构安排。

第二章,相关文献评述。回顾了国有企业集团ICM的存在性及其主要测度方法、配置效率的争论、改善配置效率的主要途径、分部经理信息租金抽取与配置效率权衡的有关文献,指出寻求信息租金是分部经理实施机会主义行为的动力会导致ICM配置低效,而信息租金也具有激励作用,可以作为激励报酬机制的组成部分,发挥其激励作用可以引导分部经理规范经营行为、提高内部资本配置效率,有助于明确本书的研究视角与研究方向。

第三章,国有企业集团的发展历程与管理层寻租。首先,梳理了国有企业集团的发展历程:将国有企业集团化发展的过程划分为初创、发展、深化、做强四个阶段,从经济、社会和政治三个层面总结了国有企业集团的功能定位,梳理了不同划分标准下的国有企业集团类型。其次,梳理了管理层寻租的产生条件与表现形式,指出追逐信息租金是分部经理进行机会主义行为的直接动力,从而引起内部资金配置扭曲导致ICM低效,此外信息租金还具有激励作用。最后,梳理了国有企业集团对管理层的激励监督方式:薪酬激励、股权激励、政治晋升和在职消费等激励方式,内部监督、外部监督与社会监督等监督方式。

第四章,国有企业集团ICM的配置有效性分析。首先,通过PSM方法构造实验组与对照组,通过比较的方式实证验证了国有企业集团ICM配置效率较低。其次,进一步分析企业集团总部资金配置情况及成员企业对 ICM 配置资金再利用，发现国有企业集团总部能够按照成员企业投资机会大小与好坏进行 ICM 资金配置，但成员企业利用 ICM 配置资金进行再配置的效率不高。最后，以代理冲突为视角，进一步论证了国有企业集团 ICM 资金配置低效或无效的原因，可能是由于成员企业投资效率较低引致的。

第五章，DMOB 对国有企业集团 ICM 配置效率影响的一般分析。首先，梳理了国有企业集团 ICM 的发展背景，总结了国有企业集团 ICM 的配置机制、配置方式、运作模式及特点，分析了分部经理行为的机会主义特征及 DMOB 影响 ICM 配置效率的机制。然后，引入信息租金理论，在成本收益的分析框架下，对隐藏信息的 DMOB 影响 ICM 配置效率的作用机理以及信息租金对 DMOB 的制衡作用进行了一般分析，通过对比国有企业集团与民营企业集团的资金配置过程，找到 ICM 信息租金与配置效率的一般规律。

第六章，考虑总部监督行为因素的扩展研究。首先，分析了对分部经理进行监督的必要性及重要性，梳理了国有企业集团总部的主要功能及分部经理主要面临的几类监督，利用经典博弈理论分析了总部与分部经理的行为选择。其次，运用演化博弈理论分析了集团总部与分部经理行为策略选择的互动机制，引入分部经理的心理成本、多元化企业集团的产出协同作用、对集团总部监督的长期奖励等因素，通过数值仿真分析影响演化策略稳定性的因素。

第七章，考虑分部经理合谋行为的扩展研究。首先，分析了导致国有企业集团分部经理合谋的原因，梳理了国有企业集团内部代理链条上各组织成员之间的合谋分类，分析了分部经理合谋对 ICM 配置效率的影响。其次，运用前景理论描述政府、总部管理者、分部经理对风险和价值的感知，分析三者行为策略的长期演化稳定性及影响稳定的因素。

第八章，研究结论与展望。对研究的主要结论进行总结，并提出进一步研究的方向。

第二章
相关文献评述

本章通过梳理关于国有企业集团 ICM 配置效率的相关研究，发现 ICM 配置效率的理论缺陷，提炼本书的研究视角，以形成本书研究的逻辑起点。本章主要从国有企业集团 ICM 的存在性及其度量、国有企业集团 ICM 配置效率的争论、改善国有企业集团 ICM 配置效率的途径、分部经理信息租金抽取与 ICM 配置效率权衡四个方面对 ICM 配置效率理论进行归纳与总结。

第一节 国有企业集团 ICM 的存在性及其度量

ICM 的存在性及其度量是对国有企业集团 ICM 配置效率问题展开研究的逻辑起点，梳理国内外相关研究文献发现，学者普遍认为企业集团内部存在活跃的内部资本市场，尤其是在外部资本市场不完善的新兴市场国家（杨棉之等，2010；Fan et al.，2013）。要论证 ICM 的存在性，首先要解决的问题是 ICM 如何测度，已有研究文献对 ICM 的测度思路归纳起来主要有四种：集团化归属或多元化程度、内部现金流是否互补、资本配置效率、关联交易。

一 国有企业集团 ICM 的存在性

Alchian（1969）、Williamson（1975、1985）最早通过分析 M 型企业内部资金的运行，提出了内部资本市场的概念。随着 ICM 理论的不断丰富，学者将 ICM 的组织载体逐步拓展至 H 型企业、企业集团、系族企业等组织结构。通过实证论证，学者普遍认为 ICM 存在于联合企业（Shin and Stulz，1998；Shin and Park，1999）、企业集团（Khanna and Palepu，2000；Samphantharak，2003)、控股公司（Perotti and Gelfer，2001)。Shin 和 Park（1999）的研究发现，隶属于财团的韩国上市公司形成了内部资本市场，且 ICM 的存在缓解了融资约束，降低了信息不对称程度。Khanna 和 Palepu（2000）认为，新兴市场国家的企业集团化发展的原因之一是要利用 ICM 的优势，且 ICM 是企业集团实现资源配置的载体。Perotti 和 Gelfer（2001）通过分析投资与托宾 q 的相关性，论证了控股银行主导的集团内存在内部资本市场。Samphantharak（2003）对泰国上市公司的实证研究，提供了内部资本市场存在的证据。Granovetter（1994）与黄俊和陈信元（2011）将企业集团定义为同一管理权威下以正式或非正式方式结合的一组公司集合，在这个集合内各成员企业之间发生的资金流转与再分配形成了企业集团的 ICM（魏明海、万良勇，2006）。Fan 等（2013）的研究表明中国的国有企业集团存在 ICM，国家通常通过建造金字塔形组织结构将公司从政治干预中分离出来，金字塔结构诱导代理成本，但也将国家干预的政治成本降至最低。

国内学者的研究也证实了，我国企业集团、系族企业内部都存在活跃的 ICM 运作（魏明海、万良勇，2006；杨棉之等，2010；王峰娟和谢志华，2010；史迪凡，2015）。魏明海和万良勇（2006）认为，在我国 ICM 既存在于单个公司法人内部，同时整个集团也构成一个更大的 ICM，并且将 ICM 的运作分为 9 种方式。杨棉之等（2010）以 2006—2007 年沪深两市的系族企业为研究对象，检验了我国系族企业 ICM 的存在性与效率性，认为无论是国有还是民营系族企业，都存在着活跃的内部资本市场。王峰娟和谢志华（2010）认为，只要组织中存在现金流互补，并有总部进行资金集中和配置，那么该组织中就存在 ICM，即 ICM 不仅存在于多元化企业集团，而且也存在于多项目经营、多地经营的专业化企业集团中。陈金龙和谢建国（2010）用 2007 年的 24 个系族企业（18 个国有系、6 个民营系）数据检验了 ICM 的存在性，运用托宾 Q 敏感法和现金流敏感法度量系族企业 ICM 有效性，研究发现资产规模、资产集中程度与 ICM 效率显著负相关，系族上市公司股权集中程度与 ICM 效率显著正相关，我国资本市场可能存在过度融资行为。史迪凡（2015）的研究论证了，在我国无论是国有企业集团，还是民营企业集团，ICM 都是存在的，而且呈现出较强的活跃性。张文龙等（2016）发现企业集团 ICM 的存在使得集团下属企业之间存在业绩关联，当成员企业处于同一行业或企业集团被中央政府控制时，成员企业之间的会计业绩和市场价值传染效应会显著增强。李丹（2017）指出，我国航运企业集团中存在活跃的 ICM，航运企业通过联盟并购、资产重组重构 ICM 可以有效地替代 ECM，提升内部资本配置有效性。

二 内部资本市场的测度

（一）集团化归属或多元化程度

ICM 的相关研究多以多元化企业或企业集团为研究对象，部分研究将 ICM 的组织载体界定为多元化企业集团，认为 ICM 是多元化企业集团的特有现象（Williamson，1975），用企业是否附属于某一集团，或者是否实施了多元化战略以及多元化程度来界定 ICM 是否存在、是否有效率。Rajan 等（2000）、Choe 和 Yin（2009）等的研究认为，如果企业附属于某一集团，则存在 ICM；反之，则不存在。Billett 和 Mauer（2003）、He 等（2013）等运用多元化程度展开对 ICM 的研究，他们认为如果多元化程度越高，集团 ICM 规模越大越发达。

（二）内部现金流是否互补

用集团虚拟变量或多元化程度度量 ICM 较笼统，不能直接反映内部资本的运行情况，部分学者通过分析 ICM 上的交易特点，认为现金流互补是 ICM 的基本交易（Stein，1997）。Stein（1997）认为，总部通过"挑选竞争优胜者"的活动在集团内部实现资金的跨部门流动。Shin 和 Stulz（1998）尝试用分部投资是否受到集团内其他分部现金流的支持来测度 ICM，认为如果分部投资只与自身现金流相关，而与其他分部现金流无关，则说明 ICM 无效率。具体地，Shin 和 Stulz（1998）通过投资—现金流敏感模型测度企业集团 ICM 效率：

$$\frac{I_{i,j}(t)}{TA_j(t-1)} = a + b\frac{S_{i,j}(t-1) - S_{i,j}(t-2)}{S_{i,j}(t-2)} + c\frac{C_{i,j}(t)}{TA_j(t-1)} + d\frac{C_{noti,j}(t)}{TA_j(t-1)} + eq_{i,j}(t-1) + \eta_{i,j} + \varepsilon_{i,j}(t)$$

其中，$I_{i,j}(t)$ 表示多元化企业 j 的分部 i 在时期 t 的投资支出；$TA_j(t-1)$ 是 j 企业在时期 $t-1$ 的总资产账面价值；$S_{i,j}(t-1)$ 是 j 企业的分部 i 在时期 $t-1$ 的销售收入；$C_{i,j}(t)$ 是 j 企业的分部 i 在时期 t 的现金流；

$C_{noti,j}(t)$ 是 j 企业 ICM 的现金流规模，其含义是除分部 i 之外的其他所有分部在时期 t 的现金流，$q_{i,j}(t-1)$ 是企业 j 的分部 i 在 $t-1$ 时期的托宾 q 值，$\eta_{i,j}$ 为 j 企业 i 分部的部门层面特征变量，$\varepsilon_{i,j}(t)$ 为影响 j 企业 i 分部 t 时期投资支出的随机扰动项。

如果模型中 $C_{noti,j}(t)$（集团 ICM 现金流规模）的系数 d 显著且数值为正数，则说明企业集团内部存在活跃的、有效的 ICM。该模型得到了比较广泛的认可，后续学者 Wulf（2002）、杨棉之等（2010）、徐慧（2017）等的研究都采用了此种度量方法。

（三）资本配置效率

部分学者认为，ICM 是否有效的关键是内部资本的配置能否体现效率，且认为效率性体现在集团内部的资金是否在总部的调配下从低投资收益分部流向高投资收益分部。根据资金流向的不同判断标准，实证研究中主流的测算 ICM 资本配置效率的方法主要有托宾 Q 值敏感法、现金流敏感法、利润敏感法。

1. 托宾 Q 值敏感法（Q-Sensitivity of Iinvestment，QS）

Peyer 和 Shivdasani（2001）提出了一种根据分部成长价值来判断投资机会的托宾 Q 值敏感法，认为如果集团内部资金能够流向投资机会高于平均水平的分部，则 ICM 是有效率的，其计算公式如下：

$$QS = \sum_{i=1}^{n} \frac{S_i}{FS} \times (q_i - \bar{q}) \times \left[\frac{I_i}{S_i} - \frac{FI}{FS}\right]$$

其中，QS 是托宾 Q 敏感系数；n 代表集团的分部数量；S_i 是分部 i 的销售收入，FS 是集团的总销售收入，$\frac{S_i}{FS}$ 表示分部 i 的权重；q_i 是分部 i 的托宾 Q 值，$\bar{q}$ 是集团所有分部托宾 Q 值的加权平均值，用 $q_i - \bar{q}$ 的符号来评价分部 i 的投资机会是否高于集团平均投资机会（符号为正，表明分部 i 的投资机会高于集团平均水平；反之，低于集团平均水平）；I_i 是分部 i 的资本支出，FI 是集团的资本支出，用 $\frac{I_i}{S_i} - \frac{FI}{FS}$ 的符号来判断资金流向（符号为正，表明资金流向分部 i；反之，从分部 i 流出）。如果 $QS>0$，则说明资金流向了高成长值的分部或从低成长值的分部流出，即 ICM 有效；反之，则 ICM 无效。后续学者 McNeil 和 Moore（2005）、

Cline 等（2014）等的研究都采用了此种度量方法。

2. 现金流敏感法（Cashflow Sensitivity of Investment，CFS）

用托宾 Q 衡量投资机会对市场的有效性要求较高，然而，发展中国家对分部数据的披露较少，导致托宾 Q 值敏感法存在偏差（Maksimovic and Phillips，2002；徐莉萍等，2006，杨棉之等，2010）。于是部分学者以销售现金流比率替代托宾 Q 值作为投资机会判断标准。Maksimovic 和 Phillips（2002）提出的现金流敏感法对托宾 Q 值敏感法进行了改进，使用分部的销售现金流比率来评价投资机会，具体计算公式如下：

$$CFS = \sum_{i=1}^{n} \frac{S_i}{FS} \times \left(\frac{cf_i}{S_i} - \frac{\overline{cf}}{\overline{S}} \right) \times \left[\frac{I_i}{S_i} - \frac{FI}{FS} \right]$$

其中，CFS 是现金流敏感系数；cf_i 是分部 i 的现金流，$\overline{cf}$ 与 $\overline{S}$ 分别是集团所有分部现金流与销售收入的均值，$\frac{cf_i}{S_i}$ 表示分部 i 的销售收入现金流回报率，用 $\frac{cf_i}{S_i} - \frac{\overline{cf}}{\overline{S}}$ 的符号来评价投资机会（符号为正，表明分部 i 的投资机会高于集团的平均水平；反之，低于集团平均水平）；其他符号的含义与托宾 Q 值敏感法相同。如果 $CFS>0$，则说明资金流向了高回报的分部或从低回报的分部流出，即 ICM 有效；反之，则 ICM 无效。王峰娟和谢志华（2010）结合我国国情，考虑时间滞后的同时采用资产回报率作为资本配置标准，来改进现金流敏感法，提出了基于上期资产回报的现金流敏感性法 [Cashflow-Sensitivity Based on ROA（t-1），CFSa]，计算公式如下：

$$CFSa = \sum_{i=1}^{n} \frac{BA_{i,t}}{BA_t} \times \left(\frac{cf_{i,(t-1)}}{BA_{i,(t-1)}} - \frac{cf_{(t-1)}}{BA_{(t-1)}} \right) \times \left[\frac{I_{i,t}}{BA_{i,t}} - \frac{I_t}{BA_t} \right]$$

其中，$BA_{i,t}$ 是分部 i 在 t 期的账面资产，BA_t 是集团 t 期的账面总资产，$\frac{BA_{i,t}}{BA_t}$ 表示分部 i 的权重；$\frac{cf_{i,(t-1)}}{BA_{i,(t-1)}}$ 是分部 i 在 $t-1$ 期的现金流与账面资产的比值，反映分部 i 的现金流回报能力，$\frac{cf_{(t-1)}}{BA_{(t-1)}}$ 是集团在 $t-1$ 期

的现金流总量与账面总资产的比值,用 $\frac{cf_{i,(t-1)}}{BA_{i,(t-1)}}-\frac{cf_{(t-1)}}{BA_{(t-1)}}$ 的符号来评价分部 i 现金流回报能力的高低(符号为正,表明分部 i 的现金流回报能力高于集团的平均水平;反之,低于集团平均水平);$\frac{I_{i,t}}{BA_{i,t}}$ 是分部 i 在 t 期的资本支出总量与账面总资产的比值,$\frac{I_t}{BA_t}$ 是集团在 t 期的资本支出与账面资产的比值,用 $\frac{I_{i,t}}{BA_{i,t}}-\frac{I_t}{BA_t}$ 的符号来判断资金流向(符号为正,表明资金流向分部 i;反之,从分部 i 流出)。如果 $CFSa>0$,则说明现金流回报高的分部获得了较多投资,或者现金流回报低的分部获得了较少投资,即 ICM 有效;反之,ICM 无效。我国学者王峰娟和粟立钟(2013)、袁奋强(2015)等的研究都采用了此种度量方法。

3. 利润敏感法(Adjusted Profit-Sensitivity,APS)

我国 A 股市场分部报告中缺少分部资本支出和现金流信息,同时中国企业普遍注重利润多于现金流,因此王峰娟和谢志华(2010)、韩俊华等(2018)利用资产利润率间接衡量现金流回报能力,以资产增加额代替资本支出,同时考虑时间滞后性,构建了基于利润敏感性的模型,计算公式如下:

$$APS = \sum_{i=1}^{n} \frac{BA_{i,t}}{BA_t} \times \left(\frac{p_{i,(t-1)}}{BA_{i,(t-1)}} - \frac{p_{(t-1)}}{BA_{(t-1)}} \right) \times \left[\frac{BA_{i,t}-BA_{i,(t-1)}}{BA_{i,t}} - \frac{BA_t-BA_{(t-1)}}{BA_t} \right]$$

其中,$p_{i,(t-1)}$ 是分部 i 在 $t-1$ 期的息税前利润;$\frac{p_{i,(t-1)}}{BA_{i,(t-1)}}$ 是分部 i 在 $t-1$ 期的资产利润率,反映分部 i 的投资机会,$\frac{p_{(t-1)}}{BA_{(t-1)}}$ 是集团 $t-1$ 期的资产利润率,用 $\frac{p_{i,(t-1)}}{BA_{i,(t-1)}}-\frac{p_{(t-1)}}{BA_{(t-1)}}$ 的符号来评价分部 i 的相对获利能力强弱和投资机会高低(符号为正,表明分部 i 的获利能力和投资机会高于集团平均水平;反之,低于集团平均水平);$\frac{BA_{i,t}-BA_{i,(t-1)}}{BA_{i,t}}$ 是分部 i 在 t 期投资额的增加百分比,$\frac{BA_t-BA_{(t-1)}}{BA_t}$ 是集团在 t 期投资额的增加百分比,

用 $\dfrac{BA_{i,t}-BA_{i,(t-1)}}{BA_{i,t}}-\dfrac{BA_{t}-BA_{(t-1)}}{BA_{t}}$ 的符号来判断资金流向（符号为正，表明资金流向分部 i；反之，从分部 i 流出）；其他符号的含义与基于上期资产回报的现金流敏感性法相同。如果 APS>0，则获利能力强投资机会高的分部获得了较多投资，或者获利能力弱投资机会低的分部获得了较少投资，即 ICM 有效；反之，ICM 无效。赵青青和刘春（2018）等的研究采用了此种度量方法。

第 1 种托宾 Q 值敏感法采用托宾 Q 来衡量投资机会，但是新兴市场股票价值的波动因素较复杂，导致托宾 Q 值的衡量可能存在较大偏差；第 2 种现金流敏感法用销售收入现金流回报率来衡量投资机会，克服了托宾 Q 的缺陷。但是，我国很多企业运用的"薄利多销"营销策略可能会影响销售收入的现金流回报率，从而导致该评判标准不是很合理。此外，中国会计准则不强制要求上市公司披露其分部的投资额，导致分部资本支出的数据难以获取；第 3 种利润敏感法利用上一期的利润回报率替代当期的现金流回报率能更好地评价资源配置，且用资本增加额替代资本支出解决了数据缺乏问题，因此更符合中国企业集团的实情。

4. 关联交易

关联方之间的关联交易是企业集团 ICM 配置优先项目的主要方式（Peng et al.，2011），因此部分学者使用集团内关联方的应收款项、应付款项等关联交易指标来测度内部资本市场（谢军、王娃宜，2010；刘星等，2014）。万良勇（2008）认为，我国数千家企业集团的上市公司正是通过关联交易形式与其关联公司进行着非常密集频繁的内部资本市场运作。郑国坚和魏明海（2009）认为，企业集团的内部市场是由控股股东与其控制的其他公司及上市公司在经营环节上的重大关联而形成的，不仅涉及内部产品购销、资产买卖及股权转让等内部交易，还牵涉内部的资金配置，即内部市场不仅包括内部产品市场，还包括内部资本市场。他们从关联交易中选择与产品有关的交易事项、与资金有关的交易事项来分别测度内部产品市场及内部资本市场。谢军和王娃宜（2010）的研究表明，ICM 的资源配置通常是通过成员企业之间的关联交易来实现的，并用关联方借入（其他应付款金额/总资产）和资金占用（其他应收款/总资产）两个指标来测度内部资本市场的资金往来。刘星等（2014）的研究使用上市公司与集团内关联方之间的关联交易中的资金往来总额（应付账款+应付票据+预收账款+其他应付款+应收账款+应收票据+预付账款+其他应收款）占非现金资产的比值来度量集团内部资本市场。蒋德权（2016）认为，关联交易可能是一种低成本的、有效的资源内部转移方式，并采用狭义的资源净流入（其他应付款-其他应收款）与广义的资源净流入（应付账款+应付票据+预收账款+其他应付款-应收账款-应收票据-预付账款-其他应收款）两种方式衡量内部资本市场。然而，邵毅平和虞凤凤（2012）指出，内部资本市场与关联交易既有密切联系，又有所区别，内部资本市场中的交易仅是内部资本市场运行的一个重要手段，而非唯一手段。张超等（2019）用关联方交易金额与前一年总资产的比值定义 ICM，实证分析了集团财务公司在 ICM 中的作用，指出财务公司主要承担着"充分融资"的功能，但强化了 ICM 从 ECM "抽血"的能力。

第二节　国有企业集团 ICM 配置效率的争论

内部资本市场本质上是企业集团对部分外部资本市场功能的一种替代（邵毅平、虞凤凤，2012；韩鹏飞等，2018），是企业集团内部资源配置的核心场所和重要机制（王储等，2019）。国内外学者的研究普遍认同 ICM 的运行效率决定企业集团价值，关于 ICM 运行经济后果的研究主要聚焦于 ICM 的配置效率问题，但研究结论并未达成一致（王化成等，2011）。与国外研究情况类似，国内学者普遍认同我国国有企业集团内部存在着活跃的 ICM 运作（魏明海、万良勇，2006；杨棉之等，2010；史迪凡，2015），但对 ICM 配置效率也未形成一致结论（莫长炜等，2015）。自 Alchian（1969）、Williamson（1975、1985）提出 ICM 概念[①]以来，学者主要关注的是其能否比 ECM 更有效率地进行资源分配，已有研究文献归纳起来有三个视角：控股股东—中小股东代理问

[①] Alchian（1969）和 Williamson（1975、1985）对联合大企业内部管理过程中存在的"资金内部配置"现象的描述是 ICM 这一概念的雏形。

题、股东—总部代理问题和总部—分部经理代理问题,三种研究结论:有效论、无效论和中性论。

一 有效论:ICM 的光明面

有效论认为,ICM 弥补了 ECM 的缺陷,具有信息优势,能够集聚资金、缓解融资约束、降低融资成本、分散经营风险、强化监督激励,总部利用控制权将内部资金配置到高效率分部,优化资金配置、提高企业集团的整体价值。总结已有研究,国内外学者主要从缓解信息不对称、强化监督激励,集聚资金、缓解融资约束,资源再配置优化三个方面分析 ICM 的有效性。

(一)缓解信息不对称、强化监督激励

在 ICM 中,总部可以利用行政权威直接对集团内各分部进行审计,从而可以快速、低成本地获取相关信息,相比 ECM 具有信息优势。此外,总部作为出资者拥有剩余索取权和控制权,这意味着总部选择监督是有利可图的,而且付出的监督努力程度越高,收益越大。但 ECM 上的出资者(通常是银行)对项目资产没有所有权且不能从监督中获利,因此监督积极性较低。Alchian(1969)、Williamson(1970)发现,ICM 作为一个内部融资平台和投资平台,相对于 ECM 更具有信息优势和监督激励,拥有较好投资机会但存在融资约束的分部,可以通过 ICM 快速、低成本地获得所需资金,从而实现内部资金向高收益分部转移,进而提升企业价值。ICM 避免了与 ECM 有关的信息不对称成本(Berger and Ofek,1995),总部可以及时获取分部项目信息,对分部经理进行更加有效的监督,以保证资本配置效率与使用效率(Gertner et al.,1994)。Inderst 和 Laux(2005)指出,总部通过"优胜者选拔"机制在集团内部进行资金再分配,能够对分部经理产生激励,促使其创造或发现有利可图的投资机会。崔志霞等(2021)发现由于大股东对企业的监督激励效应,增大股权集中程度能够提高 ICM 配置效率,减少现金持有水平;而分散的股权结构降低了内部资本市场效率,增加了现金持有水平,即支持大股东监督激励假说。邢斐和郑婕好(2021)的实证结果表明,企业集团能通过降低融资约束减小投资风险,从而缓解环境不确定性导致的投资不足;同时能通过大股东持股比例提高的"监督效应"和"更少掏空效应",减少两类代理问题,从而缓解环境不确定性所导致的企业投资过度。阳丹和徐慧（2019）的实证结果表明，央企集团 ICM 能够有效抑制子公司高管的在职消费。

（二）集聚资金、缓解融资约束

企业集团通过建立 ICM 可以将内部资金聚集起来，由总部利用行政权威和价格机制在各分部中重新分配，从而在一定程度上缓解项目融资约束，通过 ICM 实现资金由低回报分部流向高回报分部，从而提高资本的配置效率，即 ICM 具有"活钱效应"（Gigler and Hemmer，2002）。此外，集团总部利用"声誉效应"，可以从 ECM 筹集到更多资金，通过 ICM 将融得的外部资金在企业内部有效流转，即 ICM 具有"多钱效应"（Stein，1997）。Yan（2006）指出当外部资本市场的融资成本很高时，尤其是对于那些资金紧张的企业集团来说，用 ICM 替代 ECM 的能力为企业集团创造了价值。He 等（2013）的研究发现，中国企业集团有助于成员企业克服外部资本的融资约束，企业集团 ICM 更有可能成为国有企业的融资渠道，并进一步证明了企业集团在关联公司中的风险分担作用。Boutin 等（2013）指出，ICM 在企业集团内部运作，并通过缓解财务约束影响关联公司的产品市场行为。刘剑民和林琳（2013）的实证结果表明，国有企业集团的 ICM 具有放松融资约束的功能，成员公司良好的治理情况、企业集团整体上市能使国有企业集团 ICM 放松融资约束的功能得到良好的发挥。易兰广（2014）发现我国企业集团的 ICM 是有效的，并且国有企业集团 ICM 的有效性比非国有企业集团的高。Matvos 和 Seru（2014）的研究论证了企业集团内部资本市场的资源配置是抵消金融市场混乱的重要力量。中国金融市场的发展滞后于经济的发展，这对企业获得外部融资形成了制约，利用内部资本市场可以缓解融资约束，帮助企业降低融资成本（Tan and Ma，2016）；上市公司获取关联方担保能够减少控股股东的资金侵占，提高公司绩效（李明明、刘海明，2016）。Aivazian 等（2019）的研究表明，进入内部资本市场、部分现金流共保以及更高的预测准确性，都是增强企业集团在经济动荡时期抵御能力的渠道。Xiang（2021）指出，ICM 能够缓解企业的财务约束，并提升企业参与研发项目的意愿，利用内部现金流和股权融资支持合作伙伴的研发项目。作为集团内部资金融通的重要平台，ICM 能够调剂集团成员之间的资金余缺，缓解成员企业融资约束，促进信息交流，进而影响企业投融资行为（蔡卫星等，2019）。黎文靖和严嘉怡（2021）研究发现，只有国有企业集团利用了ICM，表现为集团化程度提高显著地降低了现金持有水平，而对民营企业集团则无显著影响。他们认为这很可能是因为，相较于民营企业国有企业往往拥有更大的资金池，从而拓宽了国有企业集团利用内部资本市场实现资源配置的范围，并有利于内部资本市场发挥有效的"多钱效应"和"活钱效应"。

（三）资源再配置优化

由于ICM的存在，企业集团内部资金具有准公共资源的特点，各成员单位在内部资本市场上通过竞争获得资源，而总部则通过"优胜者选拔"机制将资金由低收益分部转向高收益分部。在整个资金配置过程中，总部有比ECM更大的激励和权力来进行优秀项目的挑选，利用行政权威或价格机制，将有限资金分配到最有效率的分部项目上。与ECM、股东相比，总部管理者掌握了更多的项目信息，通过"优胜者选拔"将资本有效地分配到边际收益最高的部门，有助于缓解高收益项目的融资约束、提升内部资金配置效率（Stein，1997）；此外，在不良资产的重新配置方面，ICM也要优于ECM（Gertner et al.，1994）。王峰娟和粟立钟（2013）利用资产回报的现金流敏感性法，对2000—2011年532个分部上市公司样本的ICM效率进行了测度，研究显示大部分上市公司能够通过ICM持续有效地配置资源，部分上市公司具有出色的"挑选胜者"的能力。关联交易是企业集团进行ICM运作的主要方式（万良勇，2008），能够将集团内部资金快速、低成本地在成员单位间流转，从而能够有效地实现ICM资金配置功能（冯韶华、张扬，2014）。袁奋强（2015）将"系族企业"分为"投资不足"和"过度投资"两组，运用投资现金流敏感性模型分析其ICM资本配置行为。研究发现：在"投资不足"组，国有"系族企业"能够利用ICM实现有效的资本跨企业补贴，但民营"系族企业"的ICM却不能有效发挥其资本配置功能；在"过度投资"组，国有"系族企业"并没有通过跨企业的交叉补贴来扩大过度投资问题，但民营"系族企业"的ICM却能有效发挥其资本配置功能。袁奋强（2015）的实证结果表明，ICM企业的资本投资效率比非ICM企业的高，国有企业ICM相对于民营企业具有更高的资本投资效率,中央国企与地方国有企业的资本投资效率没有显著性差异。黄贤环和吴秋生(2017)的实证结果表明,上市公司与财务公司各主要类型关联交易总体上能够提升 ICM 投资效率,增大关联交易总额和关联资金交易金额加剧了投资不足,但抑制了过度投资。方剑华等(2019)以 2013—2018 年电力能源类上市公司为样本的实证研究表明,执行财务资源集中管理的企业资金管理绩效水平显著较高,在公司外部融资约束程度较高、多元化经营程度较高时更为显著。

二 无效论:ICM 的黑暗面

无效论从机会主义倾向假设出发来解释 ICM 的低效配置,认为由于代理冲突、管理层寻租、交叉补贴、过度投资、合谋掏空等问题,使 ICM 无法实现内部资金的优化配置,导致企业价值损失。总结已有的研究,国内外学者主要从大股东代理问题与管理层代理问题两个视角分析了 ICM 配置低效问题。

(一)大股东代理问题:大股东异化行为

国有产权导致国有企业集团的管控集权特征较明显,国有企业集团的股权控制链呈现出金字塔形多层级特征,层级控制使得大股东对下层部门的控制权与现金流权产生分离。我国特殊的经济环境决定了企业集团 ICM 具有典型的机会主义特征,大股东的这种机会主义行为是由其与中小股东之间的委托代理问题引起的(饶静、万良勇,2007)。机会主义行为动机促使追求自身利益最大化的大股东运用超强控制权转移企业资源和收益,从而产生大股东代理问题,具体表现为大股东资金占用、关联交易、合谋掏空、利益侵占等异化行为(La Porta et al.,2002;王鹏、周黎安,2006;万良勇,2008)。大股东的这些异化行为通常具有很强的隐蔽性,Johnson 等(2000)形象地将其称为"隧道挖掘",大股东利益攫取行为所造成的损失往往大于集团 ICM 的收益(Claessens et al.,2006),所以大股东利益攫取行为不仅损害了中小股东利益(Khanna and Palepu,2000),而且降低了 ICM 资本配置的有效性,从而降低企业价值。弥补资本锁定风险成为大股东侵占中小股东利益的强大激励(唐宗明等,2003),制度设定缺陷、国有股权投票权的不完备性是造成大股东利益侵占的主要原因(李学峰,2004),大股东对中小股东的利益侵占是与总部管理者合谋的结果（潘泽清、张维，2004），在大股东私利动机下，大股东的现金流权、控制权与控制权私利影响资本决策，有损内部资本配置效率（郝颖和刘星，2011）。李增泉等（2004）对所有权结构与控股股东的掏空行为之间的关系进行了实证分析，结果表明国有企业的 ICM 异化为大股东实现"掏空"的场所。Roland（2000）认为转轨经济中，国有企业治理的根本问题在于政府干预的低效率，这种低效率主要体现在两个方面：出于政治目的干预国有企业经营，国有企业中普遍存在的"棘轮效应"（Ratchet Effect）和"预算软约束"（Soft Budgets）。万良勇（2008）认为，我国集团企业内部形成的资本市场为控股股东通过关联交易这种较为隐蔽的方式侵占资源、输送利益提供可能，内部资本市场功能被异化。贺建刚等（2010）认为，内部市场结构的刚性特征和关联交易缺乏弹性，促使控股股东不断对上市公司进行利益输送，降低了资金效率。窦炜等（2011）对大股东控制下的企业不同控制权配置形态与非效率投资行为的关系进行了研究，实证结果表明在大股东绝对控股条件下，大股东持股比例与过度投资扭曲程度负相关，而与投资不足正相关；当多个大股东互相监督时，过度投资得到缓解而投资不足加强；而当多个大股东互相共谋时，过度投资行为将会加强而投资不足得到缓解。陈艳利等（2014）通过构建资源配置效率模型，利用中国 A 股市场 26 大行业（2007—2011 年）的数据，分析了企业集团内部交易与资本市场资源配置效率的关系。研究结果表明，企业集团内部关联担保交易和关联资金交易会降低资本市场资源配置效率，造成负面的经济后果，这种后果在国有企业集团中更严重。王艳林（2016）的实证结果表明，ICM 运作加剧了国有企业集团上市公司的过度投资水平，降低了民营企业集团上市公司的投资不足水平。

（二）管理层代理问题：总部管理者异化行为与分部经理异化行为

国有企业集团的形成路径决定了其股权控制链呈现出金字塔形多层级特征，上市母公司（总部）作为出资人与管控主体，是 ICM 的权威主体，具有融资平台、股权控制、业务布局与资源配置等功能。因此，国有企业集团 ICM 中存在集团控股股东与上市母公司之间以及上市母子公司之间的双层代理特征，管理层代理问题包括总部管理者的代理问题和分部经理的代理问题。国内外学者认为管理层代理问题是导致 ICM 配置低效的关键原因，具体表现为总部管理者过度投资、投资不足、平均主义等异化行为，以及分部经理寻租、隐藏信息、偷懒等异化行为。

1. 总部管理者异化行为

ICM 的"多钱效应"为具有建造企业帝国倾向的总部管理者提供了更多现金流，在监督约束较弱的情况下，为实现个人效用最大化，总部管理者倾向于通过 ICM 控制更多资源，从而容易出现过度投资问题（Jensen，1993）。Shin 和 Stulz（1998）认为，总部通常不会考虑投资项目的盈利性，而是按照往年的一个比例来进行配置，即在配置内部资金时存在"黏性"，从而导致对某些分部过度投资，而对另一些分部投资不足。Rajan 等（2000）认为，当各分部投资机会不同时，总部在内部资本配置过程中会采取一种"平均主义"配置方案，即出现"交叉补贴"现象，从而损害公司整体价值。国有企业集团普遍存在股权集中度高，管理者控制现象较为严重等现象，总部管理者会利用 ICM 实现私利最大化的行为，而这种行为导致资本配置低效（袁奋强，2009）。张学伟和陈良华（2012）指出，总部薪酬激励机制中的股权收益和私人投资收益的权衡，导致了其在内部资金配置过程中的"平均主义"。在薪酬管制背景下，由政府行政任命并拥有政治人身份的国有企业高管具有较为强烈的政治晋升动机，当出资人未付出足够信息租金激励时，国有企业高管在内部资源配置过程中倾向于过度投资（杜兴强等，2011）以及平均主义（徐玉德、张昉，2018）。贺勇（2016）构建了一个衡量经理游说能力的指数模型，发现集团控制型上市公司经理的相对游说能力越强，获得的集团控股股东支持也越大。刘媛媛等（2016）的实证结果表明，国有企业集团成员企业的投资水平与其自有现金流水平高度相关，但与其他成员企业的现金流水平相关性较弱，且多元化扩张加重了其成员企业的过度投资水平。邵颖红和施展（2017）指出，过度投资行为在集团化经营的企业中广泛存在，在政府干预越严重、地方保护越多的地区，隶属集团的企业过度投资程度会更加严重。黄贤环和王瑶（2019）的研究发现 ICM 越活跃国有企业的金融资产配置程度越高，这种"推波助澜"效应是 ICM "资源错配"的表现。Yun（2018）提出了一个在信息不对称和道德风险并存的情况下的资本预算模型，证明了如果管理者的努力厌恶程度足够低，则总部可能会对低效率分部过度投资。Tan 等（2018）的研究表明，ICM 显著缓解了民营企业集团内部的过度投资，促进了研发投入；但对国有企业集团而言 ICM 运作加剧了过度投资，降低了研发投入。Wang 和 Wang（2019）指出中国经济的快速发展与金融市场不协调，导致往往通过 ICM 发生信贷资源配置扭曲现象，发现 ICM 可以显著降低企业现金持有量（尤其是民营企业），进一步发现具有融资性质的非经营性交易对降低现金持有水平具有显著作用。

2. 分部经理异化行为

企业集团拥有多个下属成员单位，产生了总部与分部经理之间的委托代理关系，而这一委托代理关系是 ICM 的主要特征。分部经理是各部门的实际经营管理者，掌握了更全面、更准确的项目信息。总部根据分部经理传递的项目信息，对分部项目进行排序，完成"优胜者选拔"，发挥其内部资金融通功能；而分部经理为了实现私利最大化，通常会在内部资金配置过程中进行寻租活动。总部与分部经理之间的代理问题是导致 ICM 配置低效的主要原因，分部经理异化行为引致的总部资金配置偏离效率点则是 ICM 无效的关键（Scharfstein and Stein，2000；Bernardo et al.，2006；陈良华等，2014）。Scharfstein 和 Stein（2000）构建了一个双层代理模型（以下简称"SS 模型"）来刻画 ICM 的资金配置过程，指出分部经理通过寻租活动增强自身的谈判能力，甚至与总部默契配合共同侵占或伤害股东的利益，以换取较高的薪酬或者优越的资源分配。林旭东等（2003）借鉴 SS 模型，阐释了分部经理的寻租行为是如何影响总部决策的，模型均衡解表明：分部之间的生产率差异越大，投资分配扭曲的可能性就越高。分部经理寻租活动有夸大项目前景、瞒报、歪曲会计信息、游说、影响力活动、偷懒、合谋等多种表现形式（Choe and Yin，2009；张学伟、陈良华，2015）。国有企业集团 ICM 中起主导作用的是管理层代理关系，ICM 并未异化为控股股东利益侵占的场所，集团总部与成员企业之间的委托代理问题是导致 ICM 配置低效的主要原因，成员企业经理的异化行为使得国有企业集团 ICM 运行效率受损（谢军、王娃宜，2010）。国有企业经理货币薪酬偏低及声誉、职业升迁激励异化，导致经理自我激励泛滥（颜剑英，2002）。

国有上市公司内部生产部门的低效性直接驱动了其经营者的寻租行为（郝颖等，2007），分部经理的公关活动几乎成为必然（李明虎，2007），分部经理寻租导致 ICM 配置低效（卢建新，2009）。Holod（2012）利用银行数据证明了代理问题是 ICM 效率低下的根源，并进一步指出 CEO 与股东之间的利益分歧是造成内部资本错配的重要原因，只有当最高管理者是代理人时，分部经理寻租才会导致 ICM 配置效率低下。阳丹和徐慧（2019）通过对 2005—2017 年国有企业集团下属上市公司数据的分析，发现地方国有企业集团的子公司高管通过 ICM 获取更高的薪酬，他们认为这可能是由于地方政府政绩诉求下，集团总部与子公司高管之间的合谋为子公司高管提供了更大的私利空间。

三 中性论：光明面与黑暗面共存

"中性论"认为，ICM 既有提升企业价值的有益面，也有损害企业价值的有害面，企业集团内部资金配置效率的高低是两方面综合作用的结果，有益面占优时配置有效提升企业价值，有害面占优时配置无效损害企业价值。Stein（2003）认为企业集团 ICM 在配置效率上既有光明的一面（the bright side），也有黑暗的一面（the dark side）。Matsusaka 和 Nanda（2002）将多元化企业通过 ICM 提供的避免外部高成本融资选择权视为 ICM 的收益，可能出现的资金在公司内部的无效率转移视为 ICM 的成本，并建立了一个 ICM 的收益成本对冲模型（trade-off model）来讨论公司业务最优的集中度。他们指出，在既定的外部融资环境下，ICM 的价值取决于公司内部现金流的分配及不同业务部门所具有的投资机会两方面因素的综合。肖星和王琨（2006）的实证结果表明，企业集团内上市公司数量的增多、集团层面的多元化经营都会显著提高成员企业的市场价值，但政府作为集团最终控股人或者控股股东持股比例过高时，大股东代理问题对成员公司价值具有显著的负面影响。王鹏和周黎安（2006）指出控股股东的控制权具有"负的侵占效应"，而现金流权则具有"正的激励效应"。Khanna 和 Yafeh（2007）的研究认为，从社会福利的角度看企业集团有时是典范（Paragons），有时是寄生虫（Parasites）。郑国坚等（2007）的研究表明，大股东内部市场形成动机的复杂性导致了经济后果多样性，既包括效率促进，也存在掏空行为，内部市场的经济后果是这两种力量共同作用的结果。辛清泉等

（2007）的实证结果表明，我国的企业集团具有效率促进和恶化分配效应的两面性。刘星等（2010）研究2001—2006年附属于企业集团的上市公司的资本投资发现，大股东的 ICM 运作可能在不同的产权特征或特定动机下展现出迥异的"光明面"与"黑暗面"。进一步的分析显示，国有企业集团 ICM 的资本配置功效表现出一定的两面性（大股东掏空、支持），而民营企业集团的 ICM 已在某种程度上异化为利益输送的渠道。Fisman 和 Wang（2010）也发现在中国的企业集团中同时存在控股股东的掏空与利益支撑。Fan 等（2013）的研究表明，中国的国有企业集团通常采用金字塔形组织结构，金字塔结构导致 ICM 代理成本增加，但也将国家干预的政治成本降至最低。在其他条件相同的情况下，政府和管理者之间的最优权力分配应该是边际代理成本等于边际政治成本的那一点。宋丽梦和张涛（2013）分析了管理层关联问题对 ICM 信息的影响，发现管理层关联问题具有两面性。计方和刘星（2014）的实证结果表明，集团化运作能通过多种途径放松成员企业的融资约束，而集团控制所带来的融资优势对成员企业投资效率的影响具有两面性：一方面会因资金来源的增加而缓解投资不足；另一方面却因整体融资能力的增强而加剧过度投资。袁奋强（2015）指出 ICM 在资本配置运行过程中存在的正负效应共同影响着其对企业价值创造的贡献：一方面，ICM 作为 ECM 效率不足的替代或补充，通过资源整合效应来实现企业价值创造；另一方面，ICM 中的双层代理等问题也会通过财务资本给企业价值创造形成负效应。

第三节　改善国有企业集团 ICM 配置效率的途径

如何提高 ICM 配置效率是 ICM 理论的核心问题，学者从不同视角探讨了改善途径。已有研究主要从两个方面探讨提升国有企业集团 ICM 配置效率的途径：管理层激励、监督约束机制设计等不改变组织边界的方式，以及分拆、剥离、兼并、重组等改变组织边界的方式。

一　不改变组织边界的改善途径：管理层激励监督

（一）管理层激励

国内外学者的研究表明，管理层代理问题尤其是分部经理的机会主义行为是导致企业集团 ICM 低效率的主要原因（Berger and Ofek，1995；Scharfstein and Stein，2000；陈良华等，2014），因此对管理层寻租的治理成为提高 ICM 配置有效性亟待解决的重要问题。合理的设计管理层激励（包括对总部管理者的激励和对分部经理的激励）方式是提高 ICM 效率的重要途径（Bernardo et al.，2006）。已有文献对管理层激励的方式主要可以总结为物质激励与非物质激励两大类，对国有企业管理层的激励方式可以总结为薪酬激励、股权激励、政治晋升和在职消费四种。

1. 物质激励

信息不对称与委托代理双方利益冲突是导致管理层代理问题产生的客观条件（王惠庆、陈良华，2019），部分学者基于激励理论，提出可以通过激励机制使委托代理双方利益目标趋于一致，诱使管理层实施符合委托人利益与预期的行为，确保内部资金配置决策的有效性，实现企业价值提升（Datta et al.，2009；陈艳利等，2018）。实践中管理层薪酬收入一般包括基本薪酬、绩效薪酬和股权激励收益，管理层激励主要围绕绩效薪酬和股权激励的设计展开。Datta 等（2009）认为总部管理者的激励薪酬在决定 ICM 效率方面有重要作用，发现基于股权的薪酬能够促进 ICM 的有效配置，其中总部管理者持股的激励作用显著，而股票期权的激励作用不显著。他们的结果还表明，总部管理者的激励性薪酬、ICM 效率提升与企业价值增加形成一个循环链。然而，有学者的研究发现薪酬激励会刺激国有企业过度投资，晋升激励和薪酬激励对过度投资的影响存在着替代作用，且对商业类国有企业的影响更明显（张宏亮等，2017）。股权激励直接将管理者的薪酬与公司业绩联系在一起，可以有效地克服管理层的短期行为，提升内部资金配置效率，进而导致公司价值增加（程新生等，2020）。然而，有些学者发现股权激励没有起到预设的激励效果，表现为管理层为实现最大化自身股权激励收益会实施机会主义行为（Morse et al.，2011；肖星、陈婵，2013）。薪酬管制使在职消费成为国有企业管理层薪酬安排之外的一种替代性选择（陈冬华等，2005）；国有企业高管超额在职消费有权力寻租与激励补偿两方面动因（谭瑾，2021）；管理者持股比例和在职消费之间存在替代关系，持股比例增加能够抑制在职消费，提高企业价值（冯根福、赵珏航，2012）。信息租金是激励报酬机制的组成部分（郭彬等，2004），薪酬激励本质上是一种信息租金，国有企业高管只有获得了足够的信息租金，才会选择对股东最有利的投资策略，并进行优胜者选拔（徐玉德、张昉，2018）。

总部管理者从所控制的全部分部中获得报酬，分部经理从自己经营的分部中获得报酬，而分部的业绩由分部经理的行为决定，并且分部经理的行为影响总部的配置决策。由此可以看出，对分部经理机会主义行为的治理是提升 ICM 效率的关键。有的学者探讨如何设计有效的分部经理薪酬契约，以实现激励分部经理、提高内部资金配置效率的目的（Wulf，2002；Bernardo et al.，2006；安杰、蒋艳霞；2010）；有的学者则分析了分部经理激励对 ICM 配置效率影响的机制（蒋艳霞、王海霞，2009）。祖雅菲（2015）的实证结果表明，分部经理激励能够提高国有企业集团 ICM 配置效率，具体表现为：分部经理的货币薪酬与 ICM 配置效率显著正相关，股权激励的正相关性并不显著，而在职消费与 ICM 配置效率显著负相关。吴大勤等（2010）从资金—行为角度分析了影响我国企业集团 ICM 配置效率的因素，指出在不改变组织结构的条件下可以通过实施管理者激励（建立内部资金奖惩制度、设置信息显示程度系数与资金配置"准期权"），调动管理层积极性，改善总部管控有效性，提高 ICM 配置效率。总部支付一定的信息租金能够激励分部经理如实报告信息并努力工作，进而提升 ICM 配置效率（Choe and Yin，2009；Duchin and Sosyura，2013）。

2. 非物质激励

有的学者认为通过控制权收益、相对业绩比较、声誉机制、职位晋升等非物质激励手段，同样可以激励代理人实施符合委托人利益与预期的行为，提高内部资金配置有效性，实现企业价值增值（刘兵，2002；李军林，2002；向昌立、曹汉利，2015）。刘兵（2002）认为，在设计企业经营者的报酬契约时，引入诸如其他企业经营者的业绩等其他可观测变量，可以激励经营者、改善内部资金配置效率。刘嫦和赵锐（2021）的实证结果显示，集团型上市公司人事权和财务权集中配置可以降低子公司管理层代理成本、发挥治理效应，进而提升企业价值。李军林（2002）指出，声誉效应是企业经营者的重要激励机制，在声誉效应的激励下，国有企业经理人员的控制权能够提高企业的运作效率。在国有企业薪酬改革的大背景下，隐性激励成为国有企业薪酬激励体系中不可或缺的一部分（向昌立、曹汉利，2015）；CEO 声誉与企业投资效率之间存在正相关关系（杨俊杰、曹国华，2016a）。而马连福和刘丽颖（2013）的研究结果则表明，声誉这种隐性激励独立发挥的作用有限，只能"开源"不能"节流"，整体来说有助于提高上市公司的经营绩效，且国有控股公司高管的声誉激励作用受到限制。应通过结合股权和股票期权等显性激励，加大对高管偷懒行为的处罚力度，聘用高声誉的高管等方法，发挥对高管的激励作用，使高管和控股股东的演化博弈策略向最优目标收敛（杨俊杰、曹国华，2016b）。国有企业高管政治晋升是货币薪酬激励的有效补充，与在职消费之间存在着非对称的替代效应，能够抑制在职消费（王曾等，2014），降低管理者在企业投资和融资决策中的代理成本（刘亚伟、郑宝红，2015），可以有效抑制国有企业高管的过度投资，对国有企业高管的吸引力比薪酬激励要大（杜勇、张路，2020）。但是，政治晋升对企业绩效的促进作用也可能是高管为追求政治晋升而构建的"形象工程"（郑志刚等，2012），降低会计信息质量（徐业坤、梁亮，2021），使国有企业高管利用企业资源获取私人收益，增加了股东与管理层之间的代理冲突（钱爱民、张晨宇，2017），导致高管过度投资或投资不足（金宇超等，2016；张宏亮等，2017）。

（二）管理层监督

激励机制只能诱导管理层实施符合委托人的利益与预期的行为，如果只强调激励而不考虑监督惩罚机制，必然会导致追求自利的管理层加剧其机会主义行为。这一问题在管理实践中频繁出现，诸如"垄断高薪""门槛型激励"等薪酬激励失效现象（袁江天、张维，2006）。张巍（2006）在回顾激励模型构造基本思想的基础上，分析了基本模型导致的模拟偏差，用 5 个方面的激励矛盾解释了激励失效问题，并提出了解决这一问题的两条可行路径：①各种激励方式的结合与协调；②激励的同时加强监督。监督能够提供代理人行动的信息，并通过惩罚机制对代理人形成可置信的威胁，避免其从事损人利己的机会主义行为。因此，建立合理的激励惩罚机制，可以有效防范管理层寻租行为（姬福松、张国栋，2010）。自 Holmstrom（1982）提出"代理关系引起了对监督的需求"这一观点之后，国内外学者逐渐意识到监督的必要性和重要性，并开始关注监督对代理人行为、ICM 配置效率及企业价值等方面的影响（Harris and Raviv，1996；张勇，2005）。安国俊等（2008）指出，作为 ICM 配置中心的集团总部利用绩效考评（激励）和审计监督（约束），可以部分地解决分部经理寻租导致的 ICM 功能异化。监督实际上可以被看作一种负激励，能替代和强化激励的作用，抑制代理人的机会主义行为，缓解信息不对称，降低代理成本，从而可以提高 ICM 配置效率、增加企业价值（张昉等，2011）。窦欢等（2014）利用 2003—2012 年我国 A 股上市公司数据进行的实证研究表明，企业集团内部大股东监督能力的增强能够有效抑制下属上市公司的过度投资行为。孔峰和李念（2014）根据国有企业监督机制的特点，研究了在外部监督模式下经理人、监督者和政府三者之间的博弈过程，探讨了监督者如何实现最优监督以及委托人如何确定最优激励程度、最优惩罚力度，以达到经理人减少甚至杜绝采取投机行为的目的。应千伟和杨善烨（2021）指出，加强外部监督可以有效提升国有企业的经营效率。鄢翔和王储（2022）的研究表明，由集团总部发展总部自营单位并使其加入与子公司之间的竞争，在外部监督机制的约束下，总部可以将更多的精力集中于维持 ICM 的"挑选胜者"机制和集团内部的信息通畅，进而提升集团的长期发展能力。国有企业的混合所有制改革通过引入非公有资本增强了内控监督，可以抑制国有企业投资过度行为，降低代理成本，提升国有企业投资效率（陈曙光等，2021）。潘红波和韩芳芳（2016）的研究表明，国有企业高管纵向兼任实际上是股东加强对管理者监督的一种手段，能够有效缓解股东与管理者之间的代理冲突，降低管理层代理成本，提高会计信息质量，进而提高资本配置效率。高管纵向兼任能够发挥监督效应、缓解管理层代理问题、降低子公司代理成本、提高代理效率、降低母公司掏空行为，从而提升投资效率（韩金红、余珍，2019；乔菲等，2021）。曙光和马忠（2022）表明，当纵向兼任高管代表母公司利益时，会通过降低子公司代理成本发挥监督效应，进而提升上市公司的资本配置效率；但是当兼任高管代表子公司利益时，则并未发挥治理效应，甚至会将争取超额资金异化为寻租渠道，进而降低资本配置效率。将党组织建设融入国有企业公司治理结构之中，让党组织发挥决策核心以及领导核心作用，有利于弥补现阶段国有企业法人治理结构存在的缺陷和不足，党组织参与对董事会和管理层的治理能够提高内部控制质量、抑制非效率投资、增加企业价值（马连福，2013）。

（三）缓解信息不对称的其他方式

潘爱玲和吴有红（2013）指出，构建有效的信息网络化平台，并实施由信息控制目标的确定、信息控制环境、信息控制风险的界定与评估、信息控制活动及监控、评价与优化五个要素构成的信息控制框架，能够抑制子公司机会主义行为，实现集团战略和资源协同效应。Cho（2015）指出，更透明的细分信息有助于解决多元化企业内部资本市场的代理冲突，从而提高投资效率。王惠庆和陈良华（2017）指出，总部在配给分部资金时采用分阶段投资策略，能够约束分部经理的机会主义行为，缓解信息不对称，提高企业集团内部资金配置的有效性。财务报表的可比性提高了信息透明度，缓解了代理问题，提高了内部资本市场的效率，增加了多元化企业的价值。特别是对于信息不对称程度较高或经营环境波动性较大的企业，财务报表可比性的作用更为显著（Cheng and Wu，2018）。计方和孟蕾（2018）指出，交叉上市不仅能够降低公司的资金成本，还能改善公司治理，进而改进 ICM 投资效率。垂直整合在企业集团中创建了部门之间的运营联系，使部门之间的利益保持一致，减少了部门之间的内部竞争，从而提高了内部资本市场的资本配置效率（Devos and Li，2021）。在容易出现信息问题的经济环境和不完全竞争的产业中，部门间垂直相关性对内部资本配置效率的促进作用更为明显（Shenoy，2021）。

二 改变组织边界的改善途径：分拆剥离、并构重组

分拆剥离是收缩 ICM 规模的主要方式，通过将低效率分部分离出既存 ICM 体系，使其行为受到 ECM 的约束，充分利用内外两种市场和手段共同实现资源的最终配置，提高剥离后的资本配置效率，实现企业价值提升（Chris and William，2005；Danielova，2008）。Williamson（1975）认为如果多部门的公司管理体系过于庞大，导致内部化优势下降、产生低效率现象时，唯有通过剥离来降低内部交易成本。Ahn 和 Denis

（2004）的研究发现，打破集团结构并且分拆上市能够增强对投资机会的敏感性，提升内部资金的投资效率，进而提高企业价值，使多元化折价现象消失。Chris 和 William（2005）指出，通常剥离分部的资金支出在剥离后会在 ECM 作用下趋于行业水平，剥离后 ICM 配置效率提升会导致企业超额价值增加。陈良华等（2013）的研究表明，中央企业实施"剥离辅业，加强主业整合"的战略，有利于提高中央企业 ICM 配置效率。张画眉（2019）分析了企业战略决策对 ICM 配置效率的影响，分析云南白药在归核化部署下进行 ICM 运作调整的案例，研究发现存在企业过度多元化经营造成业务模式失衡问题时，通过剥离出售非核心业务，将内部资源的配置向核心业务聚集，能够提升内部资本市场效率。

并购重组是构建或扩张 ICM 规模的主要方式，可以形成规模经济、发现价值低估、传递信息与信号、降低交易成本，缓解目标企业的融资约束，充分利用 ICM 的优势实现资源的有效配置（Nielsen and Melicher，1973；葛结根，2017）。Nielsen 和 Melicher（1973）认为，在并购方和目标企业的现金流分布不均衡，目标企业又存在投资机会时，并购方通过构建 ICM，减少并购方闲置或收益较低的投资项目，将资金投向目标企业，提升并购双方的资金配置效率。ICM 是有效配置企业财务资源的手段，企业通过兼并、收购、重组等并购方式，集中了多个企业的财务资源，通过 ICM 进行有效的财务整合能够提升企业价值（李明，2006）。孙彩等（2006）将内部资产重组分为纠错型、效率型与博弈型三种，认为企业内部资产重组是通过 ICM 对 ECM 的替代，或与 ECM 的互动，在既定的企业边界内对资源的配置和整合，有助于促进资源重新配置并提高运作效率。Ahn 和 Denis（2001）指出，在多元化企业 ICM 配置效率较低时，可以通过资产剥离的方式促进内部资本重组，专业化、专注于某一特定部门来提高投资效率。Mathews 和 Robinson（2008）研究了 ICM 的创建如何能在产品市场中引起战略反应，进而形成企业边界，指出 ICM 提供的事后资源灵活性与事前承诺成本驱动不同的组织平衡，战略联盟有时可以通过以更少的战略成本提供一些利益来主导整合。吴大勤等（2010）指出，可以通过分立重组改变原有的 ICM 配置范围，将企业内部关系外部化，降低资本成本，改进我国企业集团内部资金配置效率。李彬和潘爱玲（2015）认为，公司并购会从规模总量与结构形态两方面显著影响企业集团既存的 ICM 体系，相机地改进内部资本配置效率，因此需要构建内部资本配置视角下的最优并购模式。他们指出，公司并购会扩张 ICM 的空间边界、行业边界、产权边界使其规模总量得以递增，但结构重塑所诱发的母子公司关系不规则演变风险、控制权重置及管理层非理性行为等问题可能会降低内部资本配置效率。董颖（2017）从并购动因、并购过程和并购整合三方面着手分析企业并购行为对 ICM 及其效率的影响，发现企业并购行为对内部资本市场及其效率的影响是双向性的，不同并购类型对 ICM 的影响也不同。实证结果表明，企业进行并购能够提高其 ICM 效率，相关并购对 ICM 效率的影响优于非相关并购。建议在并购过程中控制多元化程度的变化，在并购整合阶段应妥善处理目标企业控制权重置以及对新分部与其他分部的关系、总部与各分部的新关系的管理。李丹（2017）选取 2011—2015 年我国航运集团上市公司为样本，分析关联并购对集团 ICM 配置效率的影响，结果表明并购重组、资本输入输出流向、两权分离、并购规模以及控股人身份是影响 ICM 金融效应的关键因素，并购重组能够提升 ICM 有效性，正是重组并购交叉持股缓解 ICM 融资约束的灵活性使其日益受到大型国有上市公司的青睐。Huang 等（2019）围绕作为中国 ICM 交易主要形式的关联方并购展开研究，发现在股权分置改革后的一段时间内关联方并购公司的绩效显著高于非关联方并购公司。

第四节　分部经理信息租金抽取与 ICM 配置效率权衡

一　分部经理抽取信息租金的行为表现

资金是企业运营的核心命脉，在从外部资本市场进行资金融通受到较强限制时，企业通过建立 ICM 形成多元化、集团化企业就成为缓解融资约束、替代和补充不完善 ECM 的一种有益方式。总部利用控制权通过 ICM 进行内部资金融通，依据分部经理传递的项目信息，对各分部项目进行排序，实现"优胜者选拔"完成集团内部资金的再分配

(Stein，1997；冯韶华、张扬，2014）。分部经理从总部获得资金配置后，决定资金的具体使用及用于项目经营的努力程度。由此可以看出，分部经理具有两方面的信息优势：①项目的投资前景、本分部财务数据等方面的知识信息。②进行生产性经营还是非生产性寻租的努力程度信息。ICM 虽然可以进行"优胜者选拔"，但这种调配容易造成分部经理权力弱化、激励缺失，导致分部经理为了实现自身利益最大化，会进行隐藏信息或隐藏行动的机会主义行为，进而扭曲资金配置、降低资金使用效率。陈菊花和周洁（2013）将分部经理寻租的具体表现总结为：游说高层主管，建立人际关系网以及拉帮结派；参加各种社交活动，提高社会地位、声望和名誉等以建立更多的外部选择机会；在部门内部建立不透明的账户系统，隐瞒不利的部门内部信息等。

国有企业集团的性质地位、代理链条、薪酬机制及公司治理结构的特点，导致各层级利益主体之间存在严重的利益冲突，分部经理必然会积极寻求提高自身地位权力的途径，这些途径正是导致 ICM 配置低效的主要原因（郝颖等，2007；李明虎，2007；谢军、王娃宜，2010）。总部管理者拥有对分部经理任免、考评等权利，决定了分部经理的薪酬及资金配给决策，导致分部经理有向总部寻租的动机及激励。分部经理通过实施一些影响力活动、游说等直接的利益寻租行为，提高自身与总部讨价还价的能力，诱使总部给予他们更多的补偿、权利或资源，作为股东代理人的总部更愿意从资本预算分配中给予分部经理补偿，即分部经理通过寻租行为实现个人收益最大化，迫使总部投资预算偏离最优点，从而造成 ICM 配置低效、企业价值受损（Scharfstein and Stein，2000；邹薇、钱雪松，2005）。韩忠雪和朱荣林（2005）研究了分部经理建立较高外部期权的寻租行为（参加各种社交活动，各种提高自身地位、声望和名誉的举措），通过分部经理留任和离任的收益成本分析来确定寻租的均衡条件及总部的投资偏离水平，认为分部经理寻租导致的总部资源配置扭曲是产生多元化折价的重要根源之一。在精力分配时，国有企业集团的分部经理必然更倾向于公关活动，加强与总部管理者之间的关系（李明虎，2007），不论分部项目的前景如何，分部经理越有势力、与总部之间的关系越密切就越容易获得内部资本，这加剧了内部资本的配置低效（Glaser et al.，2013）。由于分部经理努力水平的不可观测性、事后不可验证性及经营环境不确定性的存在，自利的分部经理必然会利用信息优势降低努力程度（张勇，2006；张学伟、陈良华，2015），进而导致企业集团价值损失。

由于委托代理双方利益冲突以及信息不对称的普遍存在，分部经理在竞争有限资源的过程中不可避免地表现出机会主义倾向，具体表现为隐瞒重要的信息或者传送无价值的信息、耗费额外资源进行的成本粉饰、夸大投资项目的盈利前景、扭曲对手部门的信息等隐藏信息的活动，以期获得更多的内部资源配给，而这些活动会扭曲总部资金配置决策，降低内部资金配置效率（Edlin and Stiglitz，1995；Ozbas，2005；Wulf，2009；Choe and Yin，2009；鄢翔等，2021）。此外，分部经理除自身从事隐藏信息或隐藏行动的机会主义之外，还会与其他分部经理或者总部管理者合谋，以实现他们的联合收益最大化。徐传谌和王国兵（2005）指出，国有企业中存在经营者与各监督主体之间的系统合谋，从监管角度看，经理层内部成员之间的合谋导致公司治理结构的低效甚至失效。在公司治理这个制衡体系中，多个代理人间常常可以串通一气剥夺上层委托人的利益，存在董事会—管理层勾结、财务舞弊、审计合谋等大量的合谋现象（董志强，2006）。罗建兵（2006）指出，现代经济的层级结构中，至少存在三类合谋：作为代理人的管理层之间的合谋；作为代理人的监管者和管理者之间的合谋；由控股股东和代理人结成联盟而导致的合谋。阳丹和徐慧（2019）认为，在地方政府政绩诉求下，集团总部与子公司高管之间的合谋为子公司高管提供了更大的自利空间。沈剑（2020）将国有企业机会主义行为的表现形式总结为：偷懒、隐瞒和欺骗、混淆与误导、违反义务、浪费与滥用、搭便车、敲竹杠、合谋与寻租、创租、短期行为等。

二 信息租金与 ICM 配置效率制衡

集团总部拥有各下属分部的控制权，利用科层权威或价格机制通过ICM完成内部资金配置，同时还拥有任免分部经理的权力，可以决定分部经理的收入水平。然而，总部管理者与分部经理之间存在信息差距，加之委托代理问题使得双方存在利益冲突，导致分部经理会利用自身的信息优势通过寻租活动实现自身利益最大化，进而导致内部资源配置无法达到帕累托最优（Scharfstein and Stein，2000；邹薇、钱雪松，2005）。Laffont 和 Martimort（2002）将信息租金界定为，委托人为揭示出代理人的私人信息而给予代理人的一种租金，并指出信息租金的存在会扭曲交易量，委托人需要在信息租金与配置效率之间进行权衡。此后，学者围绕如何治理分部经理寻租以提升 ICM 配置效率展开了研究，形成了信息优势产生信息租金、信息租金与配置效率权衡决定代理人行为制衡的分析框架。部分学者提出可以通过设计有效的分部经理薪酬契约，激励分部经理如实传递其私人信息，降低信息租金提高内部资金配置效率（Wulf，2002；Bernardo et al.，2006；安杰、蒋艳霞；2010）；有的学者则分析了分部经理激励对 ICM 配置效率影响的机制（蒋艳霞、王海霞，2009）。张勇（2006）指出，可以通过管理创新做到在相同信息租金水平上提高代理人的努力程度，或者是在相同努力程度上减少委托人需支付的信息租金，从而改进信息不对称下的最优契约。康进军等（2007）认为，总部管理者可以通过威胁投资终止来减少信息租金，但需要在信息租金减少与投资终止带来的成本增加之间进行权衡。崔健波和罗正英（2021）分析国有企业分部经理利用成本控制能力的私人信息获取信息租金的问题，通过构建动态逆向选择模型，探讨了实现分离均衡时激励分部经理付出高努力的条件和信息租金。信息租金本质上是分部经理的一种自我激励，因此总部直接向分部经理支付该信息租金，便能够激励其如实报告其私人信息并付出努力工作，进而提升 ICM 配置效率（Choe and Yin，2009；Duchin and Sosyura，2013；陈良华等，2014；祖雅菲；2015）。然而，单纯地从激励视角改变信息租金支付以提高配置效率，容易出现激励失效，代理人加剧信息租金抽取的现象。因此，需将监管机制引入信息租金与配置效率权衡机制之中，形成三者的配置集合，以减少信息租金（张巍，2006；王惠庆、陈良华，2015）。通过激励约束机制的有效设计，可以防范分部经理与总部管理者或分部经理之间的合谋，减少通过合谋谋取的信息租金，以提高配置效率（董志强，2006）。

第五节　本章小结

根据上述的文献回顾，可以得到以下四个方面的结论与启示。

(1) 国有企业集团内部存在着活跃的内部资本市场运作，ICM 的运行效率对国有企业集团的可持续发展具有重要影响。已有研究主要有是否集团化归属或多元化程度、内部现金流是否互补、资本配置效率、关联交易等四类测度 ICM 的方式，其中 ICM 资本配置效率主要有托宾 Q 值敏感法、现金流敏感法与利润敏感法三种测度方法。由于我国企业集团日趋成熟，简单地判定内部资本市场有效或无效不太符合实际情景，因此本书仍采用 Shin 和 Stulz（1998）的投资—现金流敏感性模型的残差对内部资本市场配置效率进行测度。利润敏感法更符合中国企业集团的实情（分部数据缺乏、更注重利润），因此本书同时采用利润敏感法对国有企业集团 ICM 的配置效率进行测算，以检验实证结果的稳健性。

(2) 关于 ICM 运行经济后果的研究主要聚焦于其资本配置效率问题，中国国有企业集团内部存在活跃的 ICM 运作，但有关 ICM 配置效率的研究并未形成一致结论，主要有有效论、无效论及中性论三种观点，其中有效论和无效论最具代表性。本书基于中性论分析 DMOB 对国有企业集团 ICM 配置效率的影响，认为在有效的激励监督机制保障下代理人能够充分利用其信息优势、资金优势等实现资金高效配置、提高企业集团的整体价值。然而，由于信息不对称、国有企业集团所有者缺位等问题，导致拥有控制权的管理层在追求自身利益最大化的过程中会实施机会主义行为，进而导致资金配置低效甚至无效、企业价值受损。本书基于 DMOB 视角分析国有企业集团 ICM 的配置效率，主要围绕如何改善 ICM 的黑暗面，以实现 ICM 的光明面占优、提升国有企业集团价值展开研究。

(3) 国内外学者关于改善国有企业集团 ICM 配置效率的方式主要有不改变组织边界和改变组织边界两大类。不改变组织边界的方式主要有管理层激励（包括薪酬激励、股权激励、在职消费、政治晋升）、管理层监督（财务监督、内部审计、党内监督等）和其他缓解信息不对称的方式（构建有效的信息网络化平台、分阶段投资、交叉上市、垂直整合等）；改变组织边界的方式主要有分拆剥离、并购重组。本书在不改变组织边界的前提下，探讨如何约束分部经理的机会主义行为，提升国有企业集团 ICM 的配置有效性。

（4）分部经理行为在实现 ICM 资金有效配置的过程中起关键作用，在国有企业集团代理链条冗长、薪酬机制及公司治理结构不完善等情境下，为实现自身利益最大化，分部经理会通过寻租活动、谎报不利信息等机会主义行为扭曲总部的资金配置决策，造成 ICM 配置低效率，已有研究或只关注 DMOB 损害 ICM 效率的机理，或只关注如何设计激励约束机制来抑制 DMOB 的损害，能将机理分析与激励约束制度设计内在统一起来的文献并不多见。本书利用信息租金理论来研究 DMOB 与国有企业集团 ICM 配置效率问题，将信息租金作为制衡 DMOB 的一种激励手段，可以将影响机理与激励约束制度设计统一在一个分析框架之内。

本书围绕 ICM 中最具代表性的总部—分部经理委托代理关系展开研究，选取了决定 ICM 配置效率的关键因素——分部经理行为作为研究视角，来分析 DMOB 是如何影响国有企业集团 ICM 配置效率的，并引入信息租金制衡分部经理的机会主义行为，降低他们粉饰信息、偷懒等可能性，提高 ICM 的配置有效性。本书利用了信息租金理论，基于成本收益这一经济行为的基本分析框架，对比分析了国有企业集团与非国有企业集团的信息租金抽取与 ICM 配置效率之间的关系。在 DMOB 影响国有企业集团 ICM 配置效率一般分析的基础上，分别考虑时间因素、决策者主观判断和价值感知、其他参与主体（政府、总部管理者）行为对分部经理行为的影响，借助演化博弈理论从总部监督角度对一般分析进行扩展研究，分析总部管理者与分部经理行为策略选择的互动机制；借助前景理论从分部经理合谋角度对一般分析进行扩展研究，分析政府监管、分部经理与总部管理者合谋的长期演化稳定性，及影响演化策略稳定性的因素。

第三章

国有企业集团的发展历程与管理层寻租

第一节 国有企业集团的发展历程

自1978年起，国有企业改革先后经历了机制创新、制度创新、体制创新、全面深化改革四个阶段。国有企业集团化是我国经济发展过程中企业发展的必然选择，也是增强国际竞争力的需要（蒋德权，2016），企业集团化可以缓解政府干预对投资效率的负面影响（蔡卫星、高洪民，2017）。国有企业集团化有利于实现生产要素的优化组合形成规模优势，有利于国有资产的管理提高经济效益，有利于多元化经营提高风险抵御能力，通过内部化交易有利于降低交易成本弥补不完全的外部市场；有利于国家运用产业政策、调整经济结构，有利于提高国际竞争力；不仅是经济问题，也是重大的政治问题。我国国有企业集团的发展外在表现为政府推动的结果和市场经济发展的需要，在深层次上是资源配置的根本需要，是企业集团内部资本市场替代不完善的外部资本市场的次优选择（张立胜，2006）。国有企业集团作为国有企业改革的产物，其形成和发展深受国家政策的影响，通过划转、并购、重组等手段形成的国有企业集团已逐渐成为国民经济发展中的主导力量（钱婷、武常岐，2012）。本节将从发展阶段、在国民经济中的功能定位以及组建模式与分类三方面梳理国有企业集团的发展历程。

一 国有企业集团的发展阶段

自 1978 年实施改革开放以来，国有企业集团经历了从无到有、由小到大、由弱变强的发展过程，经历了初创、发展、深化和做强等不同阶段（李文海，2007），从政府行政推动、合作契约式的经济联合体向以产权或资本为联结纽带的企业法人联合体转变。我国企业集团的组建既是对外部制度缺失的一种反应，也显著受到了政府干预的影响（黄俊、张天舒，2010），表现为较强的政府行为（辛清泉等，2007），尤其是在国有企业集团的培育和发展过程中，政府扮演了重要角色，相继出台了一系列配套政策。我国国有企业集团大多是在政府行政力量驱动下建立起来的，更多地受到政府政策引导和行政干预的支持和推动，如政府常常通过推动国有企业兼并重组、资产划拨、"拉郎配"等行政干预方式构建"强强联合"的大型国有企业集团（李文海，2007）。国内学者根据不同的划分方法将国有企业集团发展分别划分为两个阶段、三个阶段或四个阶段（赵曙明等，2002；张立胜，2006；蒋德权，2016），本书按照国有企业集团形成发展的过程，将其划分为初创阶段、发展阶段、深化阶段、做强阶段四个阶段。

第一阶段：初创阶段（1980—1990 年）

这一阶段由行政力量扭结在一起的国有企业集团在组织上非常松散，是一种合作契约式联合的企业集团。1980 年国务院颁发的《国务院关于推动经济联合的暂行规定》，鼓励企业相互之间组织各种形式的经济联合体。扩大企业自主权是企业间组成经济联合体的基础，1984 年发布的《国务院关于进一步扩大国营工业企业自主权的暂行规定》明确规定，在不改变企业所有制形式，不改变隶属关系，不改变财政体制的情况下，企业有权参与或组织跨部门、跨地区的联合经营。这一时期的经济联合体各成员间主要以行政关系为纽带，联合体内部的协作程度、资源再配置能力有限，只能算是企业集团的初级状态，不能视作真正意义上的企业集团（吴敬琏，1994）。1986 年，发布的《国务院关于进一步推动横向经济联合若干问题的规定》明确提出："通过企业之间的横向经济联合，逐步形成新型的经济联合组织，发展一批企业群体或企业集团。"这是在官方文件中首次出现企业集团的名称，并且政府将企业集团看作一种"新型的经济联合组织"。《关于组建和发展企业集团的几点意见》（体改生字〔1987〕78号），提出了关于企业集团的含义、组建原则、组建条件及内部管理等问题，对我国企业集团的发展有直接的推动作用，但仍未明确企业集团的本质特征。直到1989年在国家体改委印发的《企业集团组织与管理座谈会议纪要》中，首次明确规定了企业集团的基本特征：企业集团公司与紧密层、半紧密层企业的联结纽带主要是产权关系（蓝海林，2004）。

第二阶段：发展阶段（1991—2002年）

自1991年开始，进入以资本关系为主要纽带的真正意义上的企业集团蓬勃发展阶段。党的十四大确立了进一步深化国有企业改革的目标是建立现代企业制度，重点强调组建大型企业集团以及行业联合体。此后，政府、企业与学者都注意到了企业集团的重要作用，中央部委接连颁布了一系列规定，积极引导企业集团的发展壮大，推动了国有企业组建企业集团的浪潮。对试点企业集团进行计划单列、成立财务公司、享有自营产品进出口权、集团统一纳税，对企业集团增大金融支持，鼓励试点企业集团进行资产重组和并购（银温泉，1999）。《国务院批转国家计委、国家体改委、国务院生产办公室关于选择一批大型企业集团进行试点请示的通知》（国发〔1991〕71号）确定了55家大型企业集团作为第一批试点，明确了企业集团的组织形式，要求在具有法人资格的核心企业与其他成员企业（紧密层企业与半紧密层企业）之间逐步发展资产的联结纽带。在此基础上，国家接连颁布了《试点企业集团审批办法》、《关于国家试点企业集团登记管理实施办法（试行）》（工商企字〔1992〕第96号）等一系列文件。1993年，党的十四届三中全会通过的《中共中央关于建立社会主义市场经济体制若干问题的决定》指明了国有企业改革的方向，提出"发展一批以公有制为主体，以产权联结为主要纽带的跨地区、跨行业的大型企业集团，发挥其在促进结构调整，提高规模效益，加快新技术、新产品开发，增强国际竞争能力等方面的重要作用"。1994年国家经贸委、体改委会同有关部门选择100家国有大中型企业，按照《中华人民共和国公司法》进行建立现代企业制度的试点。1995年国家提出实行"抓大放小"的国有企业改革战略，以大型企业和企业集团改组和发展为主要着眼点。① 1997 年国务院批转的国家计委、国家经贸委、国家体改委《关于深化大型企业集团试点工作的意见》（国发〔1997〕15 号）中提出，企业集团要建立以资本为主要联结纽带的母子公司体制，强调母公司的功能与企业集团内部的治理，并确定了第二批 63 家试点企业集团。《企业集团登记管理暂行规定》（工商企字〔1998〕第 59 号）明确界定了企业集团，规定加强了企业集团的登记管理，规范了企业集团的组织和行为。1999 年党的十五届四中全会通过的《中共中央关于国有企业改革和发展若干重大问题的决定》指出，在国有企业战略性改组过程中，要着力培育实力雄厚、竞争力强的大型企业和企业集团，要积极扶持国有中小企业向"专、精、特、新"的方向发展，同大企业建立密切的协作关系。2000 年党的十五届五中全会通过了《中共中央关于制定国民经济和社会发展第十个五年计划的建议》，提出"通过兼并、联合、重组等形式，形成一批拥有自主知识产权、主业突出、核心能力强的大公司和企业集团"。2000 年国务院发布《国有企业监事会暂行条例》，提出国有重点大型企业监事会由国务院派出，对国务院负责，代表国家对国有重点大型企业的国有资产保值增值状况实施监督。

第三阶段：深化阶段（2003—2012 年）

从 2003 年开始，国有企业改革进入国有资产管理体制改革阶段，从这一阶段开始政府推动以产权关系为基础的国有企业集团的组建整改，推进以资产经营公司为平台进行改进退出和调整重组，把国有经济集中到了大企业层面，涌现出了一批具有较强竞争力的企业集团。2003 年国务院国有资产监督与管理委员会成立，国有重点大型企业监事会由国务院国资委代管，此后省、市（地）级国资委相继组建，到 2006 年底初步形成中央政府和地方政府分别代表国家履行出资人职责的管理体制框架。2003 年国务院、国务院国资委相继颁发了《企业国有资产监督管理暂行条例》《国有企业清产核资办法》《关于规范国有企业改制

---

① 关于"抓大放小"的改革战略，1995 年党的十四届五中全会通过的《中共中央关于制定国民经济和社会发展"九五"计划和 2010 年远景目标的建议》中指出，"重点抓好一批大型企业和企业集团，以资本为纽带，联结和带动一批企业的改组和发展，形成规模经济，充分发挥它们在国民经济中的骨干作用"。

工作的意见》《企业国有产权转让管理暂行办法》等一系列文件，进一步完善了国有资产监管法规体系。2004年发布了《关于中央企业建立和完善国有独资公司董事会试点工作的通知》《关于中央企业房地产业重组有关事项的通报》《关于推动中央企业清理整合所属企业减少企业管理层次有关问题的指导意见》等文件，积极推进了具有国际竞争力的大公司大企业集团的形成和发展。《国务院办公厅转发国资委关于推进国有资本调整和国有企业重组指导意见的通知》（国办发〔2006〕97号），提出依法推进国有企业强强联合，提高企业的规模经济效应，形成合理的产业集中度，培育一批具有国际竞争力的特大型企业集团。此后，《中华人民共和国企业破产法》（主席令第五十四号）、《关于印发〈中央企业全面风险管理指引〉的通知》（国资发改革〔2006〕108号）、《中央企业负责人经营业绩考核暂行办法》（国务院国资委令第17号）、《地方国有资产监管工作指导监督办法》（国务院国资委令第25号）、《国家出资企业产权登记管理暂行办法》（国务院国资委令第29号）等一系列法规文件，进一步推动了国有大型企业集团的规范发展，提高了企业发展质量和运行效率，使得国有企业集团对国家经济发展的贡献进一步显现。国有企业上榜世界500强的数量由2003年的6家增至2012年的54家。

第四阶段：做强阶段（2013年至今）

自2013年起，习近平总书记一直强调要"做强做优做大国有企业"，习近平总书记在2020年中央财经委员会第七次会议上首次将国有企业"做强做优做大"与"新型举国体制"联系在一起。党的二十大报告提出，"深化国资国企改革，加快国有经济布局优化和结构调整，推动国有资本和国有企业做强做优做大，提升企业核心竞争力"。2023年《政府工作报告》指出，"完成国企改革三年行动任务，健全现代企业制度，推动国企聚焦主责主业优化重组、提质增效"。"深化国资国企改革，提高国企核心竞争力。坚持分类改革方向，处理好国企经济责任和社会责任关系，完善中国特色国有企业现代公司治理"。这一阶段是推进股权式企业集团的阶段，注重国有企业集团内部资源的再整合，重点推进大企业战略，整合优势资源促进各种资源要素向优势企业集中，做强企业优势，做优、做大企业规模，使得新企业成为具有国际竞争力的大公司、大企业集团。2013年党的十八届三中全会通过了《中共中央关于全面深化改革若干重大问题的决定》，提出混合所有制经济是基本经济制度的重要实现形式，是增强国有经济活力、控制力、影响力的一个有效途径和必然选择。该决定是新时期全面深化国有企业改革的纲领性文件。自2015年开始，相关部门出台了一系列政策文件，已经形成了国有企业改革"1+N"的政策体系。"1"是指《中共中央　国务院关于深化国有企业改革的指导意见》（中发〔2015〕22号），是新时期全面深化国有企业改革、从整体上搞好国有企业的系统设计方案；"N"中关于分类推进国有企业改革的有：《关于国有企业功能界定与分类的指导意见》（国资发研究〔2015〕170号）与《关于完善中央企业功能分类考核的实施方案》（国资发综合〔2016〕252号），关于完善现代企业制度的有：《国务院办公厅关于进一步完善国有企业法人治理结构的指导意见》（国办发〔2017〕36号）、《国务院办公厅关于印发中央企业公司制改制工作实施方案的通知》（国办发〔2017〕69号）、《国务院关于改革国有企业工资决定机制的意见》（国发〔2018〕16号）、《金融机构国有股权董事议案审议操作指引》（财金〔2019〕6号）、《中央企业控股上市公司实施股权激励工作指引》（国资考分〔2020〕178号）等，关于完善国有资产管理体制的有：《国务院关于改革和完善国有资产管理体制的若干意见》（国发〔2015〕63号）、《国务院国资委推进国资监管法治机构建设实施方案》（国资发法规〔2016〕134号）、《国务院办公厅关于转发国务院国资委以管资本为主推进职能转变方案的通知》（国办发〔2017〕38号）、《关于进一步推动构建国资监管大格局有关工作的通知》（国资发法规〔2019〕117号）等，关于发展混合所有制经济的有：《国务院关于国有企业发展混合所有制经济的意见》（国发〔2015〕54号）、《关于深化混合所有制改革试点若干政策的意见》（发改经体〔2017〕2057号）、《关于印发〈中央企业混合所有制改革操作指引〉的通知》（国资产权〔2019〕653号）等，关于强化监督防止国有资产流失的有：《国务院办公厅关于加强和改进企业国有资产监督防止国有资产流失的意见》（国办发〔2015〕79号）、《国务院办公厅关于建立国有企业违规经营投资责任追究制度的意见》（国办发〔2016〕63号）、《关于印发〈关于加强中央企业内部控制体系建设与监督工作的实施意见〉的通知》（国资发监督规〔2019〕101号）《关于深化中央企业内部审计监督工作的实施意见》（国资发监督规〔2020〕60号）等。2014年起，国务院国资委在中央企业中陆续启动了"四项改革试点""十项改革试点""双百行动""创建世界一流示范企业"等行动。2020年中央深改委审议通过的《国企改革三年行动方案（2020—2022年）》，提出国有企业混改将向战略性投资方向深化，向集团公司整体上市深化，向管理层股权激励深化，并向国有资本收益功能深化。国务院国资委《关于开展对标世界一流管理提升行动的通知》（国资发改革〔2020〕39号）中提出，到2022年部分国有重点企业管理达到或接近世界一流水平。《关于开展对标世界一流企业价值创造行动的通知》（国资发改革〔2022〕79号）《关于进一步深化法治央企建设的意见》（国资发法规规〔2021〕80号）中指出，紧紧围绕国有企业改革三年行动和中央企业"十四五"发展规划，着力健全法制工作体系，全面提升依法治企能力，为加快建设世界一流企业筑牢坚实法治基础。2022年国务院国资委制定印发《提高央企控股上市公司质量工作方案》，提出了"打造一批核心竞争力强、市场影响力大的旗舰型龙头上市公司"和"培育一批专业优势明显、质量品牌突出的专业化领航上市公司"的具体目标。为深入贯彻习近平总书记关于加快建设世界一流企业的重要指示，落实党的二十大精神和中央经济工作会议的要求，国务院国资委发布了《关于开展对标世界一流企业价值创造行动的通知》（国资发改革〔2022〕79号），通知中提出了"到2025年，国有企业价值创造体系基本完善"，"部分国有重点企业价值创造能力达到世界一流水平"的主要目标。2023年4月，国务院国资委举行了国有企业创建世界一流示范企业推进会，会议在肯定示范企业成绩的同时，指出"大而不强""全而不优"等问题仍比较突出，要重点加强创建世界一流示范企业五个能力（科技创新能力、价值创造能力、公司治理能力、资源整合能力、品牌引领能力）。

二 国有企业集团在国民经济发展中的功能定位

自党的十八大以来，习近平总书记对国有企业改革发展和党的建设做出一系列重要论述，特别强调国有企业的重要地位和作用。党的二十大报告指出，"坚持和完善社会主义基本经济制度，毫不动摇巩固和发展公有制经济，毫不动摇鼓励、支持、引导非公有制经济发展"。2023年《政府工作报告》中两次强调了国有企业发展要坚持"两个毫不动摇"，指出"坚持分类改革方向，处理好国有企业经济责任和社会责任关系，完善中国特色国有企业现代公司治理"。2021年全国国有及国有控股企业营业总收入为755543.6亿元，占GDP的66.1%。2021年中国企业500强榜单中的国有企业有251家，500家企业的营收总和高达89.8万亿元，占GDP的78.52%。2021年度《财富》世界500强上榜的中国企业有143家，其中95家为国有企业。《国有企业在构建新发展格局中的作用研究报告》显示，2012—2019年，全国国有企业数量不断增加，从14.7万户增加到了21.7万户；国有企业净资产总额持续提高，从32.0万亿元增加到了84.1万亿元，年平均增长率达到14.8%；2019年国有企业资产总额增加到233.9万亿元，占全国国内生产总值的比例为14.4%。进入新时代，国有企业坚决贯彻党中央国务院决策部署，在推动经济社会发展、抗击新冠疫情、保障和改善民生、推动共建"一带一路"等方面都发挥了不可替代的重要作用，是落实国家战略的主力军。由此可以看出，国有企业不是纯粹的经济组织，还具有社会属性和政治属性，是国民经济的重要支柱，是党执政兴国的重要支柱和依靠力量，承担着稳定国民经济、推动产业升级，参与全球竞争的重任，是中国特色社会主义的重要物质基础和政治基础。企业是国民经济的基本微观单位，随着国有企业改革的不断深入，国有企业集团不断发展壮大，已经成为推动我国经济发展和参与国际竞争的主导力量。国内学者关于国有企业集团行为的解释主要有经济学、社会学和政治学三个方面，国有企业集团既具备一般企业集团的经济性，其产权特征又决定了它们具备社会性和政治性（李东升等，2015），既要承担经济责任又要承担社会责任和政治责任，其功能定位主要体现在经济、社会和政治三个层面。

（一）经济层面

国有企业作为国家资本运营的重要载体，是社会主义经济的重要支柱，是解放和发展社会生产力的主导力量。国有企业的企业属性体现在营利性上，要求其主要的经营目标是实现利润最大化，追求国有资产的保值增值。按照经济学的解释，建立国有企业集团可以克服市场失灵，降低交易成本、发挥规模经济和范围经济效益，调整社会经济，弥补外部资本、劳动等市场的不健全，促进经济发展。国有企业集团作为社会主义市场经济中的一个经济实体，以市场经济组织的身份参与社会资源分配，向社会提供商品和服务的同时实现价值创造，引领国家经济发展，是财政收入的一个重要来源。许多国有企业集团在经济体量和技术质量上具有明显优势，缓解了行业内非国有企业的融资困境，从事了更多的基础性研究（创新溢出的净输出方），是中国特色社会主义经济发展的压舱石和顶梁柱，发挥经济稳定器和调节器功能。国有企业集团在国民经济中占有绝对优势，不但提供了煤炭、石油、电力、钢铁等基础能源，肩负着铁路、输配电网、石油天然气网等自然垄断属性业务的经营，承担着生产公共产品、提供公共服务、发展基础设施和公用事业、实施产业干预等职责，而且还肩负着推动国家技术创新、引领经济结构优化、推动国家产业转型升级、落实国家宏观调控政策、保障国民经济平稳运行、带动非公有制经济健康发展的重任。2022年，中国上市公司500强排行榜显示，500强企业合计创造利润总额61322.46亿元，同比增长20.85%，297家（占59.4%）国有企业合计创造利润总额48810.89亿元（占79.6%）。国务院发布的《关于2022年度国有资产管理情况的综合报告》中指出，2022年全国国有企业的资产总额为339.5万亿元（占GDP的比重为215.9%），国有资本权益为94.7万亿元。财政部网站公布2022年全国国有企业营业总收入为825967.4亿元，利润总额为43148.2亿元。

（二）社会层面

国有企业属于全民所有，是推进国家现代化、保障人民共同利益的重要力量。国有企业的国有属性体现在公益性上，在发展过程中肩负着社会职能和其他公共职能，要求其追求社会效益致力于促进改善民生、国防建设、科技进步等（Zheng，2014）。按照社会学的解释，建立国有企业集团是政府应对经济转型过程中政策环境变化、社会环境变化和整个社会价值观的需要，可以加强对越来越多的下属企业的有效控制。2015年出台的《中共中央　国务院关于深化国有企业改革的指导意见》中指出，社会主义市场经济条件下的国有企业，要成为自觉履行社会责任的表率。全民所有制的国资央企，自诞生之日起就将企业社会责任写进了企业发展基因之中，把履行好社会责任视为"天职"。国有企业集团能够在实现经济发展的同时兼顾社会公共目标，在稳定社会就业安置、承担社会责任、开展公益事业、救助灾害、对外援助、促进共同富裕和社会主义文化建设等方面都发挥着重要作用。国有企业在我国收入分配调节中发挥着重要作用，只有保持并逐渐壮大公有制经济，才能逐步改善和调节收入分配状况，缩减贫富差距，避免两极分化，实现共同富裕（王红领等，2001）。国有企业通过做大做强做优实体经济，贡献共同富裕实现的基础设施、社会责任、示范机制和统筹能力，成为共同富裕实现的中流砥柱（唐任伍、孟娜，2022）。国有企业集团数量大幅增长的同时，经济效益也不断提升，2021年有95家国有企业上榜《财富》世界500强，其中国家电网、中国石油和中国石化已连续多年稳居前五位。国有企业集团是稳就业的主力军，在社会安置就业上起到标杆作用，通过对产业链上的客户调整，充分给予民营企业支持与供给，来推动和保障社会就业安置。在外部冲击、经济下行背景下，国有企业会吸纳更多就业、帮扶中小企业等，表现出显著的逆周期调节效应。2020年3月国务院国资委提出"抗疫稳岗扩就业"专项行动，呼吁要求央企、国有企业大力推动稳岗扩就业工作，聚焦三类重点人群，累计提供岗位超过100万个。自新冠疫情发生以来，以中央企业为代表的国有企业尽全力支援疫情防控一线，为抗击疫情提供了最坚强的物质保障。为服务国家脱贫攻坚战略，发挥财政和中央企业资金的引导作用，2016年成立了央企扶贫基金，经过三期募资，至2020年共有110家中央企业参与出资，规模达到314.05亿元，累计投资决策项目122个、金额316.07亿元，投资撬动社会资本2600亿元，全部达产后带动55万人直接或间接就业，为就业人口每年提供收入48亿元，探索形成了具有鲜明特色的产业基金扶贫模式。国务院国资委先后发布《关于推进中央企业高质量发展做好碳达峰碳中和工作的指导意见》（国资发科创〔2021〕93号）、《中央企业节约能源与生态环境保护监督管理办法》（国务院国有资产监督管理委员会令第41号）。2022年3月，国务院国资委宣布成立社会责任局，5月制定印发的《提高央企控股上市公司质量工作方案》中要求探索建立健全ESG体系。据《中国企业社会责任研究报告（2021）》披露，连续13年国有企业100强的社会责任发展指数领先于民营企业 100 强和外资企业 100 强。

（三）政治层面

国有企业是我们党执政兴国的重要支柱和依靠力量，是巩固党的执政地位、坚持社会主义制度的重要保证，在中国特色社会主义事业中具有重要的政治地位与作用。国有企业是具有鲜明政治属性的市场主体，国有企业的国别属性决定其发展过程中具有多元的经营目标，不但要实现经济增长、承担社会责任，还要以实现保障国家安全、提升国际竞争力为重要目标。按照政治学的解释，国有企业集团是政府在经济转型过程中为实现市场经济制度和经济赶超战略而扶持和依靠的一种政治工具或者手段。Keister（2000）、Nolan（2001）指出，中国政府出于"战略性"目的对大企业集团进行投资，并控制企业集团以服从整体国家经济战略。中国将加快国有企业改革和调整的步伐，努力争取培育出一批具有国际竞争力的大企业集团（李荣融，2005）。国有企业集团的国有属性，使得其在关系国计民生、关系国民经济命脉的重要行业和科技、国防、安全等关键领域占据主导地位，担负着保障改善民生、维护国家经济安全、提高国家战略利益等方面的重要职能和作用。在建设中国特色社会主义强国的过程中，国有企业作出了历史性贡献。国有企业是党领导的国家治理体系的重要组成部分，2016 年，习近平总书记在全国国有企业党建工作会议上的讲话指出，坚持党的领导、加强党的建设是我国国有企业的独特优势，中国特色现代国有企业制度的"特"就特在把党的领导融入公司治理各个环节，使国有企业成为党和国家最可信赖的依靠力量，成为坚决贯彻执行党中央决策部署的重要力量，成为贯彻新发展理念、全面深化改革的重要力量，成为实施"走出去"战略、"一带一路"建设等重大战略的重要力量，成为壮大综合国力、促进经济社会发展、保障和改善民生的重要力量，成为我们党赢得具有许多新的历史特点的伟大斗争胜利的重要力量。随着全球一体化的不断深化，国有企业集团成为参与全球经济治理的重要载体，是推动国家全球战略的重要手段，是参与国际经济竞争的主体和主导力量。2021年有 51%的央企（49 家）上榜《财富》世界 500 强，合计上榜国有企业数量为 95 家，占全部上榜企业数量的 66%。

三 国有企业集团的分类

《关于国有企业功能界定与分类的指导意见》(国资发研究〔2015〕170号)指出,对国有企业进行科学合理的分类具有重要意义。根据不同的划分标准,可以将国有企业集团划分成不同的类型。本书梳理了国有资产管理权限、组建方式、管控模式、业务范围四种划分标准。

(一)根据国有资产管理权限,国有企业集团可以分为中央企业集团和地方企业集团两类

中央企业集团由中央政府监督管理,主要通过横向整合、纵向整合与产研结合重组三种方式整合。中央企业集团具有浓厚的行政和政治特征,集团总部或母公司是集团的最高权力机构,具有核心领导地位。近年来,国务院国资委致力于推进央企的结构优化及公司制改革,培育具有国际竞争力的大企业集团。截至2021年底,中央企业由2003年的196家减少至96家,完成公司制改革的企业占97.7%,"对标提升行动"平均完成进度达92.01%,全员劳动生产率人均达到69.4万元,较行动之初增长32.2%,是全社会平均水平的5倍多。地方企业集团由地方政府监督管理,通常具有较强的地方保护主义倾向。国务院国资委鼓励中央企业和地方企业之间以及地方企业之间通过股权并购、股权置换、相互参股等方式进行重组,推进地方国有企业的公司制改革。截至2021年底,地方企业完成公司制改革的占比为99.9%。

(二)根据组建方式,国有企业集团可以分为部门转化型、联合重组型和自我发展型三类

部门转化型企业集团主要由政府政策主导组建,大多由原来的行政管理部门转变而成,组建历程一般是工业部—行政性总公司—集团公司,如在1988年由石油工业部改为中国石油天然气总公司,1998年对总公司业务进一步重组成立中国石油天然气集团公司。联合重组型企业集团由政府政策和企业联合组建,通常是在政府主导下以一个工业部门的国有企业或一个企业集团为主,多个相关部门或多个跨部门的企业重组而成,特点是先有子公司后有母公司。《关于推进国有资本调整和国有企业重组的指导意见》(国办发〔2006〕97号)是国有企业联合重组的纲领性文件。如中国第一汽车集团公司与天津汽车工业(集团)有限公司于2004年联合重组,后经国务院国资委批准于2011年进行主

业重组。自我发展型企业集团主要是母公司或核心企业的实力增长推动的，虽然需要政府批准，并且享受政府的优惠政策，但其产生与发展是市场运作的结果。如青岛电冰箱总厂先后实施名牌战略、多元化战略、国际战略等六个发展战略，发展成为海尔集团。

（三）根据管控模式，国有企业集团可以分为操作管控型、财务管控型和战略管控型三类

我国国有企业集团管控模式的选择通常与总部（母公司）对下属分部（子公司）控制的程度、控制内容与方式、企业规模等因素有关。操作管控型又称运营管控型，其总部对企业资源进行集中控制和管理，对各分部的控制力度大，追求经营一体化。操作管控型企业集团一般采用独资子公司或事业部的产权结构，母公司多为一个地区某一行业的国有企业龙头，本身进行产品经营，总部规模一般较大，通常需要通过主业进一步整合才能充分发挥集团的整体优势。如宝钢集团在"一业特强、适度相关多元化"的战略定位下，自2004年以后实施整体收购、一体化运作的管理模式。国有企业集团普遍属于财务管控型，内部资本市场是实现财务管控的有效组织和实现形式，主要通过优化投资组合的结构实现公司价值最大化。强化总部的财务集中管控能力有助于解决国有企业普遍存在的管理脱节、资金流断裂等问题，能够增强集团资金运营效率，提高集团竞争力（刘金山，2016）。财务管控型的集团总部负责财务和资产的运营、投资决策以及对外收购、兼并等工作，并对子公司进行监督控制，下属分部对其经营活动享有高度的自主权，容易出现内部人控制问题。战略管理型的集团总部主要负责战略规划、监督控制与服务管理，下属分部是独立的业务单元和利润中心，对信息传递、战略管理、决策流程等多方面都有较高的要求。如华润集团的6S管理体系使其整体管理架构变得更加扁平，管理层可以及时、准确地获取管理信息，有力地促进了总部战略管理能力的提升和战略导向型组织的形成。在实践中，大多企业集团采取以一种模式为主导的混合管控模式。

（四）根据业务范围，国有企业集团可以分为商业类和公益类两类

2015年颁布的《关于国有企业功能界定与分类的指导意见》（以下简称《意见》）中，根据主营业务和核心业务范围将国有企业分为商业类和公益类两大类。商业类国有企业又划分为主业处于充分竞争行业

和领域的商业一类,以及主业处于关系国家安全、国民经济命脉的重点行业和关键领域、主要承担重大专项任务的商业二类。商业二类和公益类企业集团主要以国家利益、国民公益为经营目标,主要目的是承担公共责任,保持国家对重要领域的控制力。商业一类以经营利润为目标,主要目的是实现国有资本的保值增值。目前,中央企业集团层面和子公司已经全面完成功能界定与分类,各地方企业集团结合实际基本完成了功能定位与分类。

第二节 国有企业集团管理层寻租

一 不对称信息与机会主义行为

（一）有限理性与不对称信息

个人理性（完全理性）与完全信息是新古典经济学分析框架中的两个重要假设。如果信息是完全的,股东可以要求经理按照利润最大化来经营企业,而且完全信息意味着完全竞争,来自竞争的压力会使得理性的经理按照股东的期望来经营企业,故此时不需要考虑对经理的激励问题。因此,新古典经济学派把企业看作一个"黑箱",并不关注其是如何解决生产效率问题的。完全理性要求决策者在决策过程中能够获得有关方案、偏好等方面全部的有效信息,能对所获得信息进行计算和分析,并按照最有利于自身利益的目标来选择方案。而事实上这是不可能的,一方面,由于环境的复杂性与不确定性通常会导致决策者无法收集到全部的有效信息;另一方面,决策者处理信息的能力和认识能力有限导致其不可能是无所不知的。随着行为科学的发展,新制度经济学派在承认"经济人"追求自身利益最大化的基础上,用有限理性（bounded rationality）对完全理性进行了修正,且将交易成本引入经济学的分析框架。有限理性既反映了事物是复杂的、多变的、不确定的这一客观事实,又反映了行为主体的经济特性。有限理性的概念首先是由阿罗（Arrow）提出的,他认为有限理性就是人的行为是有意识的、理性的,但这种理性又是有限的。西蒙（Simon）认为,作为决策者的个人既不可能掌握全部的信息,也不可能认识决策的详尽规律,因此决策者追求的理性是一种介于完全理性与完全非理性之间的有限理性。他提出的有限理性决策理论认为，由于受到主观认识能力、知识、目标等方面的限制，客观上的时间、信息收集成本等方面的限制，有限理性的决策者在决策中追求满意而非最优。因此，有限理性会制约经济个体决策的最优程度。

在现实经济中，普遍存在的是不完全信息与不对称信息。受到有限理性的限制，决策者不可能掌握全部信息，这属于绝对不完全信息；个人收集、获取及处理信息都需要花费成本，在信息传递过程中也会出现噪声导致信息失真，这属于相对不完全信息。信息经济学的鼻祖哈耶克（Hayek）最先预见到了信息的重要性，其在分析市场机制的作用时将价格机制视为一种传递信息的机制。在现实世界中信息经济学抛弃了完全信息假设，研究不完全信息情况下的经济学问题，这一基本假设的改变导致了经济理论的重大发展，催生了团队理论、契约理论、交易成本理论等理论。Coase 于 1937 年发表的《企业的性质》一文打开了企业这个"黑箱"，利用交易成本分析了企业存在的原因及边界确定，他认为信息不对称和人的有限理性导致了企业的出现，企业这种组织形式是替代市场进行资源配置的一种机制。市场上的资源配置由价格机制调节，企业内的资源配置则通过企业管理者的管理协调完成。从契约论的角度看，企业是经营者、债权人、员工等不同要素所有者成员之间的一组契约集合，权威关系是企业契约的重要特征，企业内部资源的使用决策主要依赖于行政权威。随着企业规模的不断增大，受到劳动分工带来的报酬递增或人的有限理性的影响，企业所有者将企业交由他人进行经营和控制，代理制的出现导致了企业内部各成员对有关企业经营、管理等方面信息的了解是有差异的，即在企业内各层级成员之间存在信息不对称现象。委托代理理论通常将处于信息优势地位的人称为代理人，没有信息优势的人称为委托人，Jensen 和 Meckling（1976）把委托代理关系定义为一种契约关系，在这种契约下委托人聘用代理人代表他们来履行企业的经营与管理。有限理性的委托人与代理人都追求自身的效用最大化，且都面临不确定性风险，但通常代理人拥有私人信息。不对称信息是一种特殊的不完全信息，按照不对称发生的时间可以分为事前不对称和事后不对称，前者是指发生在当事人签约前的不对称，后者是指发生在当事人签约后的不对称；从不对称信息的内容看，不对称信息可以是关于参与者行动的，也可以是关于参与者知识的。

（二）行为动机与机会主义行为

人在从事任何行为的背后都有一定的原因，这个原因就是行为动机，动机是在需要刺激下直接推动行为发生的内部驱动力。行为主体的内在需要和外部刺激诱因结合是引起动机的两个条件，动机有引发行为、维持行为和导向调节行为等功能。影响动机的因素有客观环境、组织氛围、物质与精神诱因、心理需要等，心理需要尤为重要，对动机模式具有决定性影响。学者从不同的视角对行为动机的本质及其产生机制进行了解释，从而形成了许多不同的动机理论，如侧重分析人的内在需求的动机理论有马斯洛需求层次论、麦克利兰成就动机理论、赫茨伯格双因素理论等；侧重分析外部激励诱因的动机理论有斯金纳强化理论、弗鲁姆期望理论、亚当斯公平理论、洛克目标设置理论等；综合内在条件需求和外在条件诱因的动机理论有海德归因理论、班杜拉自我效能理论等。这些动机理论从不同的侧面解释了动机的实质，因此，它们之间并不是矛盾的，而是互为补充的。

经济主体的一个重要的行为特征是机会主义倾向，具有私人信息的代理人的机会主义行为是导致委托人无法实施帕累托最优资源配置的主要原因。人性假定是分析经济问题的逻辑起点，任何一项决策都离不开信息，决策是信息利用的过程。新古典经济学派把理性"经济人"（完全理性、利己）作为核心假设，分析具有完全信息的经济主体如何通过市场实现稀缺资源的最优配置。亚当·斯密将利己准则作为个体决策行为的基本准则，约翰·穆勒将斯密和西尼尔的思想综合成为经济人假设，此后以马歇尔为代表的新古典经济学家进一步扩展了经济人的内涵和利己准则，使得完全理性的经济人假设成为占主导地位的一种经济个体行为的心理假设。然而，现实生活中个体决策受到认知能力、信息处理、心理感知等多种因素的影响，西蒙的有限理性理论修正了完全理性经济人假设，突出了感知、认识等因素在个体决策中的作用。威廉姆森（Williamson）接受了西蒙的有限理性学说，指出经济活动中的人不仅"利己"还可能"损人"，并将分析的基本单位由行为决策拓展为交易，认为在交易活动中会出现有限理性导致的参数不确定及机会主义导致的行为不确定两类信息问题。威廉姆森认为，企业的本质是一种治理结构，是各组织成员之间的一系列交易或契约关系的总和，他提出了有限理性和机会主义这两个重要的行为假定,并在机会主义人假定下应用交易成本来分析企业运行中的各种问题。按照威廉姆森的定义,机会主义行为是指信息的不完整或信息被歪曲地透露,尤其是指为了谋取个人利益蓄意造成信息传播方面的误导、掩盖、搅乱、混淆、歪曲而做的蓄意行为。人的机会主义行为广泛存在,Stiglitz(1981)、Lamont 和 Polk(2002)、龚志文(2013)等从信贷配给、多元化折价、企业集团内部资本市场等不同的视角和领域描述了机会主义行为的各种表现。

国有企业集团中政府追求的目标是国有资产增值,总部管理者和分部经理作为"经济人"追求的目标都是个人效用最大化,委托人与代理人之间的目标差异直接导致了他们之间存在利益冲突。由于代理人掌握了企业的经营权和控制权,相对于委托人而言代理人掌握着更为全面、准确的有关企业经营的信息,他们可以通过欺诈、偷懒、合谋等手段获取个人利益。国有企业经理人员的薪酬结构对代理人激励不足,可能诱使自利的代理人采取损害委托人利益的机会主义行为,机会主义行为带来的收益强化了机会主义动机。国有企业集团所有者缺位、管理者的双重角色等导致公司治理结构不完善、内部监控约束不到位,职业经理人市场与相关法律制度的不完善导致外部监督约束不足,这都使得代理人的机会主义行为得不到有效的监督,相当于降低了实施机会主义行为的成本。经营环境是复杂的、多变的、不确定的,有限理性的人不可能获得关于环境变化的所有信息,并且许多信息都是事后不可验证的,从而导致委托人难以区分低效率到底是由环境的恶化导致的,还是由代理人机会主义行为(偷懒、合谋等)导致的。由于信息不对称引起的机会主义行为主要有事前机会主义行为和事后机会主义行为两种。事前机会主义行为是指交易双方签约之前利用信息不对称,掌握私人信息的一方通过隐瞒信息或扭曲信息达成签订利己合同的目的,这通常被称为逆向选择。事后机会主义行为是指交易双方签约之后利用信息不对称,处于信息优势的代理人通过隐蔽行动或隐藏信息的方法达到自我效用最大化的目标,这通常被称为道德风险。企业集团 ICM 能够节约交易成本、弥补 ECM 的功能欠缺,但我国特殊转轨经济环境决定了 ICM 具有典型的机会主义特征(饶静、万良勇,2007)。国有企业集团代理人的机会主义行为会影响委托人的最优决策,国有企业集团内部资本市场的机会主义行为主要表现为：分部经理寻租、隐藏信息、隐藏行动、过度投资、交叉补贴、利益输送、关联交易、与政府主管官员的合谋等。

二 国有企业集团管理层寻租

（一）寻租行为与国有企业集团管理层寻租

"经济人"对经济利益的追求可以分为生产性的寻利行为和非生产性的寻租行为两类。寻租这一概念虽然是 Krueger 于1974年研究政府对外贸的管制问题时最先使用的，但寻租思想早在1967年 Tullock 分析垄断的社会成本问题时就已提出，他将在竞争垄断利润中的租金耗散也视作一种社会成本。此后寻租理论逐渐发展成为现代经济学的一门分支学科，并被广泛应用于经济学、社会学、政治学等领域的研究中。学者对寻租进行了不同的解释。Krueger（1974）认为，寻租是"那种利用资源通过政治过程获得特权，从而构成对他人利益的损害大于租金获得者收益的行为"。Buchanan（1980）引入制度因素，从区别寻租与寻利的角度来界定寻租，指出"满足私利的个人竭力使价值最大化造成了社会浪费而不是社会剩余"。Tullock（1989）将寻租的定义拓展到私人部门，认为判定寻租活动的标准是该行为的后果导致社会福利损失而寻租者的个人利益增加。Bhagwati（1982）认为，没有产出的活动不一定造成资源浪费，Tullock、Buchanan 等学者的寻租定义没有表明寻租活动与其他经济活动的根本区别，提出了直接非生产性寻利（Directly Unproductive Profit-seeking Activities）这一概念。邹薇和钱雪松（2005）研究了企业内部管理者的寻租行为，认为寻租行为是指企业管理者为提高自身私人利益从事的各种非生产性活动。刘劲松（2009）认为，寻租活动有狭义和广义之分，狭义的寻租是指利用行政法律手段阻碍生产要素在不同产业之间自由竞争以维护或攫取既得利益的行为；广义的寻租是指人类社会中非生产性的追求经济利益的活动。这些对寻租的不同解释都包含借助政府或其他权力部门的干预、游离于生产过程之外、具有负外部性等特点。随着寻租理论的不断发展，寻租也被引入企业集团内部资本市场的研究之中。ICM 的寻租行为主要表现为企业集团中各层级代理人的非生产性寻利活动，具体表现形式有过度投资、关联交易、隐藏信息、游说、偷懒、合谋等，这些寻租活动也是导致 ICM 配置低效的主要原因。

国有企业集团 ICM 中复杂多重的代理关系及信息不对称为管理层进行寻租活动创造了条件，行为的不可观测性及经营目标的多重性为管理层进行寻租活动提供了借口。无论是总部管理者还是分部经理都追求自身利益最大化，握有实现自身目标的主动权。ICM 配置资源更多地依赖于总部权力或权威、等级制度并配合使用价格机制，总部管理者掌握了集团的实际控制权，决定各项财务决策的制定、高管团队的升迁待遇等，与政府追求的目标存在着本质上的区别，这种情况下，为谋求更大的私人利益，总部管理者就不可避免地发生寻租行为，如利用职权来调配资源、调整预算、建造企业帝国、过度投资、交叉补贴等（Jensen, 1993；Scharfstein and Stein, 2000）。总部管理者为谋求更大的私人利益、获得较高的评价可能会贿赂政府主管官员，使主管官员放松监督或选择对管理者有利的决策。在较强的薪酬管制背景下，容易导致具有职权的总部管理者为获取自身利益最大化而主动与分部经理合谋，在获得租金后对分部经理隐藏信息、偷懒等谋取私利的行为采取默认放任态度。总部管理者通常由大股东任命，因此容易出现大股东与总部管理者合谋，通过关联交易、资金占用等手段实现"隧道挖掘"进行利益输送（潘泽清、张维，2004；刘星等，2010）；在股权激励作用下，总部管理者会通过关联交易、粉饰财务报表、提供虚假财务信息、进行盈余管理等手段实现自身效用最大化（Ndofor et al., 2015）。集团总部利用行政权威通过 ICM 对内部资源集中调配，投向高收益项目所在的分部。各分部在 ICM 争夺具有准公共资源性质的集团资金，分部经理为了追求私人利益，会向具有职权的总部管理者进行寻租，具有寻租动机的分部经理会通过实施一些影响活动、游说使总部给予他们更多的补偿、权利或资源（Rajan et al., 2000；Wulf, 2002），分部经理努力提高自身的议价能力，从总部争取更多的资本配置（Edlin and Stiglitz, 1995），国有代理人普遍采用股权融资资金对经营者寻租的外部价值选择权进行补偿，由此导致了屡屡突破预算的过度投资行为（郝颖等，2007），多元化经营的各分部之间是相互影响的，不同分部经理可能会串谋以获取他们各自的利益最大化（Wulf, 2009），由于分部经理的寻租行为、权力斗争和代理问题，导致 ICM 资源配置容易出现交叉补贴现象（Scharfstein and Stein, 2000）。分部经理的任免、薪酬和考核都取决于集团总部管理者，分部经理的收入包括在职消费和经营业绩收入两部分，分部经理所掌握的投资越大，在职消费越高，分部经营业绩越高，分部经理的经营业绩收入就越高。分部经理通过提高投资回报率或与总部管理者搞好关系，从总部获得追加投资，国有企业集团的分部经理会倾向于将更多的精力投放在与总部管理者搞好关系的公关活动上（王明虎，2007）。分部经理可以采取的寻租行为有多种，如耗费额外的成本来包装、虚夸本分部项目的盈利性，谎报分部状态信息，花费时间为自己的履历润色，参加各种社交活动以提高自身的知名度，还可以在自己负责的部门建立一套最便于自己操作的规章制度，以提高自身和其上级管理层的谈判力（Ozbas，2005；邹薇、钱雪松，2005；Choe and Yin，2009）。

(二) 信息租金与信息租金的作用

所谓的寻租就是寻求经济租金的行为，租金的含义经历了一个外延不断放大的演进过程。古典经济学中的租金专指地租，亚当·斯密将地租看成土地所有权所要求的一种垄断价格，大卫·李嘉图提出了级差地租论，认为地租是土地收入减去成本之后的剩余。马歇尔将地租拓展为准地租，指各种在某段时间内供给量不变的生产要素的报酬，阿尔钦将租金定义为"使用土地、劳动、设备、思想甚至货币等资源所做的支付"。目前，学者进一步将租金的含义拓展为由于不同体制、权力和组织设置而获得的超额利润，将租金的基本特征推广到任何有形或无形的要素，一般地支付给任何生产要素的报酬中超过正常价格的余额称为租金。信息广泛存在于人类社会的各个阶段，经济中的一切决策都是需要信息的（Hayek，1945），企业之所以存在是因为市场机制存在信息收集成本、处理成本、执行成本等各种交易成本（Coase，1937）。当前信息经济时代，信息已经成为最关键的生产要素，具有商品属性是决策者的需求对象，已经参与到经济决策行为过程中。信息的商业价值已使其成为企业管理者进行经济决策的核心资源，是任何决策的基础（胡婕，2016），基于信息不对称和有限理性，信息这一特殊商品也具有稀缺性和垄断性。因此，学者进一步将租金的含义扩展到信息租金，指利用信息这一稀缺资源获得的超额收入。根据已有的国内外研究可以看出，信息租金能够很好地刻画市场或组织中利益主体利用信息不对称获得超额收益的现象。张春霖（1995）分析了委托代理关系中"信息租金"的产生，认为信息不对称性和外部环境不确定性是产生信息租金的必要条件。张维迎（1996）指出，只有委托人提供给代理人足够的货币的或非货币的激励，才能促使代理人如实报告自己的类型。只要存在信息不对称就会出现配置效率和信息租金的矛盾，要达到更高的配置效率就要让有私人信息的人获得信息租金，如果要减少他的信息租金，就必须牺牲资源的配置效率（Mirrlees, 1999）。Laffont 和 Martimort（2002）首先提出了"信息租金"的概念。他们认为，信息租金是给予代理人揭示其私人信息的激励，通过给予代理人信息租金减小甚至消除委托人和代理人之间的信息差距，以使资源配置达到帕累托有效的程度。通常地，这类租金对于委托人却是一种成本。由此可以看出，信息租金实际上是部分收入在存在信息差距的代理人与委托人之间的转移。拉丰（Laffont）、梯若尔（Tirole）、莫里斯（Mirrlees）等进一步深化了信息租金理论。Jensen 和 Meckling（1976）定义的代理成本在本质上与信息租金是一致的，都是指信息不对称情况下代理人获得的超过信息对称情况下的收益。只不过代理成本更多地适用于道德风险，而信息租金更加适用于逆向选择（张勇，2005）。道德风险与逆向选择一样本质上都是由于信息不对称导致的机会主义行为，因此，本书将两种情况下获得的超额收益统称为信息租金，即将信息租金界定为拥有信息优势的代理人利用信息获得的超额收益。

信息租金实际上是一把"双刃剑"：它的存在一方面弥补了人们获取信息的成本，使得人们有动机去获取信息，减少信息不对称的程度；但另一方面如果这个动机过度的话，有可能导致人们为了获取信息租金，故意操纵信息，人为制造信息不对称（曹和平、翁翕，2005）。信息租金可以发挥激励作用，缩小委托人与代理人之间的信息差距，改善配置效率，提高企业价值。给予代理人信息租金能够诱导其如实揭示私人信息，使资源配置达到帕累托有效（Baron and Besanko, 1984），基于信息租金与投资终止成本的权衡，总部管理者会选择一个投资终止的最优机制，以达到总部管理者的净利润最大（康进军等，2007）。信息租金是激励报酬机制的组成部分（郭彬等，2004），支付分部经理一个非负的信息租金可以制衡其机会主义行为，从而提高多元化企业集团

ICM 的配置效率（Choe and Yin，2009）。薪酬激励本质上是一种信息租金（徐玉德、张昉，2018），只有当薪酬激励的收益大于成本时，薪酬激励才会对企业绩效产生正向作用。王新等（2012）的研究指出，当外部环境为奖励机制时，博弈冲突与信息租金的交互作用能够提高项目绩效。为追求信息租金，代理人可能会扭曲信息或偷懒，从而直接或间接地影响资源配置效率，降低企业价值。Laffont 和 Martimort（2002）指出，信息租金的存在会扭曲交易量，需要委托人权衡信息租金与配置效率的冲突以优化契约。在信息不对称情形下，总部管理者必须依赖自利的分部经理提供关于项目质量的私人信息，基于信息租金与配置效率的权衡，总部管理者会对资本配给施加限制，从而造成低效率项目的投资不足（李欣、康进军，2006）。有学者提出，信息租金是公司和项目部这两个利益集团争执的利益点，并导致它们之间冲突的产生。信息不对称条件下，分部经理为追求信息租金会降低其对自身项目及其他项目的努力水平，从而加剧 ICM 的平均主义现象（张学伟、陈良华，2015）。

第三节 国有企业集团对管理层的激励监督

一 理论基础

（一）激励理论

在两权分离为主要特征的现代企业中，信息不对称、委托代理双方的利益不一致等一系列问题的存在，使对管理层的激励成为现代公司治理中最重要的问题。基于信息不对称的代理人机会主义行为是导致委托人扭曲资源配置的主要原因，委托人面临的主要问题是如何设计有效的激励机制，以引导代理人实施有利于委托人的行为，激发代理人的工作积极性，优化资源配置，提高企业绩效。学者从管理学和经济学两种不同的视角对激励问题进行了研究，形成了不同的激励理论。

按照研究的侧重点的不同，管理学视角的激励理论可以分为内容型激励理论、过程型激励理论、行为修正型激励理论和综合激励理论四类。内容型激励理论主要围绕影响行为内在因素的需要展开对激励的研究，代表性理论主要有马斯洛需求层次论、麦克利兰成就动机理论、赫茨伯格双因素理论、奥德弗 ERG 理论等。过程型激励理论侧重从心理学的角度分析行为发生的过程，代表性理论主要有斯金纳强化理论、弗鲁姆期望理论、亚当斯公平理论、洛克目标设置理论等。行为修正型激励理论围绕外部环境因素对行为的影响展开对激励问题的研究，着重分析如何修正和改造人的行为使其达到目标，如海德归因理论、亚当斯挫折理论等。综合激励理论是综合多个激励理论后形成的新的理论，如波特和劳勒在期望理论和公平理论等理论的基础上提出的综合激励过程模型，罗宾斯整合了期望理论和目标设置理论等激励理论后提出了综合激励模型，豪斯综合期望理论和双因素理论提出了综合激励力量理论。马斯洛需求层次论是最基本的激励理论，其他理论是在其基础上从不同角度或不同途径展开对激励问题的研究。

从经济学的角度看，企业激励理论主要有交易费用理论、委托代理理论、产权理论、契约理论、信息租金理论等，这些理论都是关于不对称信息下企业内部的交易关系和契约安排的研究，激励对象主要是企业经营者，在"经济人"假设这一前提下分析如何设计合理的激励制度，引导代理人与委托人的利益目标趋于一致，避免代理人的机会主义行为。

（二）分权制衡理论

国有企业集团可以看作国家的一个缩影，两者的共同点体现在权力来源、成立条件以及组织机构等方面，因此其治理可以借鉴现代国家"分权制衡"的宪政理念。随着国有企业改革的不断深化，国有企业集团公司制改革已全面完成，随之而来的是所有权、经营权、监督权的分离。由于国有企业集团所有者虚位、层层授权的经营管理模式以及放权让利改革的不断推进等，导致管理层权力不断被强化，内部人控制问题、高管机会主义行为等现象屡见不鲜。为防止内部人控制，约束管理层机会主义行为，降低信息租金（或称代理成本），必须在国有企业集团内部建立起有效的分权制衡机制，以实现优化组织机构，合理分配决策权、执行权和监督权，形成有效的权力制衡机制，维护股东利益等目标。因此，分权制衡理论成为国有企业集团建立监督机制的理论基础，分立制衡型产权关系是现代公司治理的内在动力。

股东委托职业经理人（管理层）来经营管理公司，有利于资金的优化配置，从而实现了现代公司所有权与经营权的分离。所有权与经营权分离度越高，作为实际经营者的管理层的权力也越强，从而出现权力滥用的可能性也越高，因此亟须建立监督机构制约管理层行为，制衡各组织机构之间的权力，平衡公司、股东及管理层之间的利益。按照分权制衡的理念，公司权力被分为决策权、执行权和监督权。由全体股东组成的股东大会是公司的最高权力机构，《中华人民共和国公司法》规定了股东大会拥有选举和更换主要经营管理者、决议发行公司债券等 11 项职权，总的来说股东大会拥有公司重大事项的决策权；由股东通过股东大会选举产生的董事组成的董事会是公司的业务执行机构，该法还规定了董事会拥有高管任免、决定公司的经营计划和投资方案等 11 项职权，总的来说董事会拥有业务执行权；由股东大会选举产生的非职工代表监事及职工代表选举（或民主推荐）产生的职工代表监事组成的监事会是公司的监督机构，对董事会和经理层行使监督权，具体包括会计监督和业务监督，既有事后监督又有事前和事中监督。从公司机构的权力制约机制看，主要有美国单层制之独立董事制度、德国双层制之监事会制度及日本三角平行制之检查人制度三种分权制衡模式（周欢，2015）。随着以建立现代企业制度为目标的国有企业改革的不断推进，股东大会、董事会、监事会逐步进入国有企业，形成了以董事会为经营中心的"新三会"和以党组织为政治核心的"老三会"并存的内部权力安排（任广乾、田野，2018）。为缓解新老三会之间的冲突，多数国有企业通过"双向进入，交叉任职"的领导体制，实现了公司治理结构与党组织领导核心地位的结合，充分发挥党委的政治核心作用、股东大会的决策作用、董事会的执行作用、监事会的监督作用以及经理层的经营管理作用。

（三）公司治理理论

随着组织结构的不断发展，现代公司制企业呈现出所有权与经营权分离的主要特征，由此产生了内部人控制、经营者逆向选择和道德风险行为等一系列的代理问题，从而应当建立一套行之有效的制度来解决代理冲突。Berle 和 Means（1932）、Williamson（1975）、Jensen 和 Meckling（1976）等论述了企业所有权与经营权分离这一公司治理核心问题，指出代理成本决定企业所有权结构，并提出了公司治理的概念。此后众多学者围绕公司治理的内涵、目标、结构安排、机制改革等内容进行了研究，形成了以股东所有权理论为基础的单边治理理论与以利益相关者理论为基础的多边治理理论两种公司治理理论。实践中，具体的治理模式有股东会中心主义、监事会中心主义与经理层中心主义三种。外部投资者尤其是机构投资者发挥治理作用的途径有"用手投票"和"用脚投票"两种，直接与管理层沟通对持股比例有一定的要求，加之搭便车等问题会抑制投资者采用"用手投票"的动机，通过市场交易影响企业行为（"用脚投票"）较为普遍（连立帅等，2019）。公司治理的目标是降低代理成本、解决两类代理问题、实现企业价值最大化，其本质是一套对经营者激励监督的制度安排。狭义的公司治理是指所有者（主要是股东）对经营者的抑制监督、约束、激励和制衡的机制，以防止经营者对所有者利益的背离，保证股东利益最大化（张银平，2019）；广义的公司治理是指通过一套包括正式或非正式的、内部或外部的制度或机制，来协调公司与所有利益相关者之间的利益关系，以保证公司决策的科学化，从而维护公司各方面利益的一种制度安排（李维安等，2019）。一套有效的激励机制和治理机制，能够解决激励的不相容和责任的不对等问题，促使代理者（管理者、经理人等）更为积极主动地参与公司的投资行为；一套完善的监督机制，可以制约代理人的机会主义行为，降低他们粉饰信息、构建帝国、偷懒以及在职消费等可能性（李粮，2020）。国有企业改革的重点是如何规范公司治理（郑红亮等，2018），2003年国务院国资委的组建标志着国有资产管理体制新框架已初步形成，相关法律法规的颁布及分类监管、全面预算管理的推进等都推动了国有资产管理体制的发展和完善。

二 国有企业集团管理层的激励方式

在我国的上市公司中国有企业居多，且大多走集团化、多元化的发展道路，国有企业集团的内部资本市场运作非常活跃，具体表现为多元化投资、跨部门投资的不断增多。国内外的研究表明，ICM在资本的配置、监督和激励以及缓解外部融资约束等方面的优势提高了资本配置效率，而委托代理冲突、平均主义、管理层寻租等问题的存在又限制了ICM的效率。管理层代理问题尤其是分部经理的机会主义行为是导致企业集团ICM低效率的主要原因（Berger and Ofek，1995；Scharfstein and

Stein，2000；陈良华等，2014），因此，基于激励理论，设计合理的管理层激励（包括对总部管理者的激励和分部经理的激励）方式是提高 ICM 效率的重要途径（Wulf，2002；蒋艳霞、王海霞，2009；张昉等，2011）。国有企业集团中股权集中度普遍较高，使分散的中小股东没有对经营者进行监督的激励，所有者缺位、管理者的任免特点及经理人市场的不完善导致对管理层的内外部监督不足。在契约不完备与信息不对称的背景下，更为冗长的委托代理链条及更为复杂的代理关系，使得追求自利的管理层有着充足的实施机会主义行为的机会，为了实现其个人目标会以 ICM 为媒介，通过寻租、扭曲或隐瞒信息、合谋、掏空、关联交易等活动损害委托人和集团的利益，导致国有企业集团 ICM 配置低效甚至是无效。内部资本市场是否有效的判断准则是集团内部资金是否被分配给了高效率分部，总部管理者掌握着资源分配权，通过分部过去的会计信息或分部经理传递的信息来评估分部的投资机会，分部经理的行为会影响这两个变量，进而影响 ICM 的资源分配，因此对分部经理的激励是基础。管理层激励是历次国有企业改革的重要内容，不少学者围绕国有企业集团的双重定位和国有企业管理层的特殊性对国有企业管理层激励进行了研究，总结已有研究发现，国有企业管理层激励的方式主要有薪酬激励、股权激励、政治晋升和在职消费四种，总部管理者对分部经理的激励一般包括薪酬激励和资本激励。

（一）薪酬激励

薪酬激励是企业目前普遍采用的一种激励手段，薪酬契约的激励效果直接影响企业效率（甄朝党等，2005）。总部管理者的薪酬激励能够有效改善内部资本的低效率分配决策（Datta et al.，2009）；将分部经理的薪酬与企业整体业绩联系起来，能够激励其减少寻租活动，提高企业绩效（安杰、蒋艳霞，2010；Wulf，2002）。伴随着国有企业改革的不断推进，国有企业的管理层薪酬激励也经历了一个动态的调整过程。1956 年国务院通过的《关于工资改革的决定》确定了按级别定工资的薪酬体系，级别工资制基本沿用了 30 年，这一阶段的国有企业的工资标准、职工级别、升级制度均由中央政府统一规定。《国务院关于国营企业工资改革问题的通知》（国发〔1985〕2 号）规定企业实行工资总额随同本企业经济效益浮动的办法，国家不再统一安排企业职工的工资改革和工资调整。为了调动国有企业经营者的积极性，政府的相关部门出台了一些规定①，允许企业经营者与其他职工合理拉开薪酬差距，这体现了管理层薪酬与经济效益、责任、风险的关联性在不断增强。党的十四届三中全会后，国有企业改革的目标转移到建立现代企业制度上来，产权改革引致国有企业高管的人事安排和薪酬制度都发生了变化。1992年上海部分国有企业开始进行年薪制试点，《关于"九五"时期企业工资工作的主要目标和政策措施》（劳部发〔1997〕44号）提出，要在具备条件的国有企业中积极稳妥地推行企业经营者年薪制办法，经营者年薪收入包括基本收入和效益收入两部分。国务院国资委相继出台《中央企业负责人薪酬管理暂行办法》《中央企业负责人年度经营业绩考核补充规定》《中央企业负责人经营业绩考核暂行办法》等对年薪制予以完善。党的十八届三中全会以后，国有企业改革进入新阶段，改革的方向包括分类监管、建立职业经理人制度等，这就引致国有企业管理层薪酬结构向多元化、差异化改进。2014年，中共中央政治局审议通过的《中央管理企业负责人薪酬制度改革方案》，将企业负责人的薪酬由以往的基本年薪和绩效年薪两部分，调整为由基本年薪、绩效年薪、任期激励收入三部分构成，提出要建立与企业负责人选任方式相匹配、与企业功能性质相适应、与经营业绩相挂钩的差异化激励约束机制。2019年国务院国资委修订印发的《中央企业负责人经营业绩考核办法》指出，国务院国资委依据年度和任期经营业绩考核结果对企业负责人实施物质激励（绩效年薪、任期激励收入）与精神激励（给予任期通报表扬）。

（二）股权激励

股权激励是一种中长期激励方式，能更好地诱导管理层与股东利益保持一致，主要有现股、期股、股票期权、虚拟股票和股票增值权等方式（卢邦贵，2001）。Morck等（1988）指出，管理层持股会产生一致效应和分离效应，这两种效应共同影响公司业绩。Bengt和Steven（2003）指出，股权激励本身不存在好或坏的价值判断，其能否有助于

---

① 《国务院关于深化企业改革增强企业活力的若干规定》（国发〔1986〕103号）、《全民所有制工业企业承包经营责任制暂行条例》（国发〔1988〕13号）、《关于改进完善全民所有制企业经营者收入分配办法的意见》（劳薪字〔1992〕36号）等。

激励管理层、缓解代理冲突，至少应具备以下三个条件：公司业务是否良好及是否有成长性、公司治理机制是否完善与股票价格是否能真实反映公司未来成长空间。伴随着国有企业股权分置改革、混合所有制改革与分类监管的不断推进，作为一种长期激励方式，股权激励受到广泛关注，国有控股上市公司实施股权激励是一项重大制度创新，具有较强的政策性。1999年党的十五届四中全会通过的《中共中央关于国有企业改革和发展若干重大问题的决定》指出，可以继续探索对国有企业经营管理者实施年薪制、持有股权等激励方式，这是中央首次将持有股权作为对国有企业经营管理者的激励方式。《国务院办公厅转发财政部科技部关于国有高新技术企业开展股权激励试点工作的指导意见的通知》（国办发〔2002〕48号）、《关于高新技术中央企业开展股权激励试点工作的通知》（国资厅发分配〔2004〕23号）对股权激励试点工作作出了一系列规定。2005年，证监会发布的《上市公司股权激励管理办法（试行）》（证监公司字〔2005〕151号）指出，已完成股权分置改革的上市公司可遵照本办法的要求实施股权激励，实行股权激励计划的方式有限制性股票、股票期权及法律、行政法规允许的其他方式。2006年以来，我国实施股权激励的环境逐步完善，为鼓励具备条件的国有控股上市公司推进股权激励，政府相关部门出台了一系列政策文件（见表3-1），这一阶段实施股权激励的国有上市公司数量明显增多，但所占比重依然较小。汪瑞（2017）的研究表明，在2006—2014年累计公布股权激励的756家上市公司中，国有企业仅有84家。2020年的国务院国资委数据显示，只有119家中央企业控股上市公司实施了股权激励。据《中国企业家价值报告（2021）》，2020年A股国有控股上市公司股权激励公告量再创新高。自2019年年初以来，中央企业控股上市公司实施股权激励的部署开始明显加速，《国务院关于印发改革国有资本授权经营体制方案的通知》（国发〔2019〕9号）明确提出，授权国有资本投资、运营公司董事会审批子企业股权激励方案，支持所出资企业依法合规采用股票期权、股票增值权、限制性股票、分红权、员工持股以及其他方式开展股权激励，股权激励预期收益作为投资性收入，不与其薪酬总水平挂钩。《中国国有上市企业股权激励年度报告（2020）》指出，国有控股上市公司主要的股权激励工具主要有限制性股票、股票期权、股票增值权、员工持股计划等，其中限制性股票与股票期权较为常用。

表 3-1　关于国有控股上市公司股权激励的部分相关政策和规定

颁布年份	相关政策、文件名称	文件号或发布部门
2006	《国有控股上市公司（境外）实施股权激励试行办法》 《国有控股上市公司（境内）实施股权激励试行办法》	国资发分配〔2006〕8号 国资发分配〔2006〕175号
2007	《关于严格规范国有控股上市公司（境外）实施股权激励有关事项的通知》	国资发分配〔2007〕168号
2008	《关于规范国有企业职工持股、投资的意见》 《关于规范国有控股上市公司实施股权激励制度有关问题的通知》	国资发改革〔2008〕139号 国资发分配〔2008〕171号
2009	《关于金融类国有和国有控股企业负责人薪酬管理有关问题的通知》	财金〔2009〕2号
2016	《国有科技型企业股权和分红激励暂行办法》 《关于国有控股混合所有制企业开展员工持股试点的意见》	财资〔2016〕4号 国资发改革〔2016〕133号
2017	《关于印发〈中央科技型企业实施分红激励工作指引〉的通知》	国资厅发考分〔2017〕47号
2018	《关于扩大国有科技型企业股权和分红激励暂行办法实施范围等有关事项的通知》 《关于修改〈上市公司股权激励管理办法〉的决定》	财资〔2018〕54号 证监会令第〔148号〕
2019	《中央企业负责人经营业绩考核办法》 《改革国有资本授权经营体制方案》 《关于进一步做好中央企业控股上市公司股权激励工作有关事项的通知》	国务院国资委令第40号 国发〔2019〕9号 国资发考分规〔2019〕102号
2020	《关于印发〈中央企业控股上市公司实施股权激励工作指引〉的通知》	国资考分〔2020〕178号
2021	《"双百企业"和"科改示范企业"超额利润分享机制操作指引》	国务院国有企业改革领导小组办公室
2022	《提高央企控股上市公司质量工作方案》	国务院国有资产监督委员会

（三）政治晋升

政治晋升是国有企业管理层所独有的一种隐性激励方式。尽管行政级别制度在国有企业管理层中已逐步弱化，但是国有企业高管大多仍由政府行政部门任命或指派（李维安，2018），因而国有企业高管通常兼具准官员和企业家的双重身份（杨瑞龙等，2013），对国有企业高管而言获得政治晋升比薪酬激励更具吸引力（陈信元等，2009；杜勇、张路，2020）。在国有企业高管人员面临较强的政府干预及货币薪酬管制背景下，从心理契约视角出发，由政企人才交流制度产生的政治晋升成为一种强有效的隐性激励。国内学者的多数研究表明，国有企业高管政治晋升是货币薪酬激励的有效补充，能够抑制高管的在职消费行为（王曾等，2014），提升企业绩效（梁上坤等，2019），促进国有企业创新投入，提高创新产出（周铭山、张倩倩，2016；卢馨等，2019），有效抑制管理者的过度投资（杜勇、张路，2020）。但是，政治晋升对企业绩效的促进作用也可能是高管为追求政治晋升而构建的"形象工程"，有损于企业的长期绩效（郑志刚等，2012），导致高管过度投资或投资不足（丁友刚、宋献中，2011；金宇超等，2016），减少研发投入、抑制创新投资（罗富碧、刘露，2017；李莉等，2018），加剧股东与管理层之间的代理冲突（钱爱民、张晨宇，2017）。生活实践中，很多地市级、省部级党政领导干部直接来源于国有企业高管政治晋升。近年来，政府出台了一系列文件（见表3-2），逐步完善了党政领导干部人事制度，指出要注重从国有企业、高校、科研院所等企事业单位领导人中培养选拔党政领导班子成员。

表3-2　　　关于党政领导干部人事制度的部分相关文件

颁布年份	相关文件名称	文件号或发布部门
2002	《党政领导干部选拔任用工作条例》	中发〔2002〕7号
2006	《党政领导干部交流工作规定》	中办发〔2006〕19号
2014	《党政领导干部选拔任用工作条例》	中发〔2014〕3号
2018	《2018—2022年全国干部教育培训规划》	中共中央
2019	《党政领导干部选拔任用工作条例》 《党政领导干部考核工作条例》 《干部选拔任用工作监督检查和责任追究办法》	中发〔2019〕8号 中共中央办公厅 中共中央办公厅
2022	《推进领导干部能上能下规定》	中共中央办公厅

（四）在职消费

在职消费是指企业高层管理人员在行使职权时所发生的各种货币消费，是一种隐性激励方式。作为公司正常经营及契约不完备的产物，国有企业中普遍存在在职消费现象，滞后而刚性的薪酬管制使在职消费成为国有企业管理层薪酬安排之外的一种替代性选择（陈冬华等，2005）。陈冬华等（2005）最先提出了度量在职消费的方法，他将管理费用中与在职消费有关的分为办公费、差旅费、业务招待费、通信费、出国培训费、董事会费、小车费和会议费八类，通过年报附注中的"支付的其他与经营活动有关的现金流量"项目汇总得到。李宝宝和黄寿昌（2012）提出了一个在职消费的经验估计量，先用管理费用剔除固定费用，再进一步剔除正常的商业费用，最终得到在职消费的经验估计量——异常管理费用。为了消除企业规模对在职消费的影响，有学者用管理费与总资产的比值来衡量在职消费（王满四，2006），也有的用在职消费的绝对数额与主营业务收入的比值来衡量（罗宏、黄文华，2008）。谭瑾（2021）的研究表明，国有企业高管超额在职消费有权力寻租与激励补偿两方面动因。关于在职消费的经济效应，已有研究主要形成了"代理观"（罗宏、黄文华，2008；罗进辉、万迪昉，2009）、"效率观"（李焰等，2010；陈冬华等，2010）和"中性观"（孙世敏等，2016；陈晓珊，2017）三种观点。为了规范国有企业管理层在职消费行为、遏制过度在职消费的发生，政府相关部门出台了一系列关于在职消费的政策文件（见表3-3）。

表3-3　关于国有企业管理层在职消费的部分相关政策和规定

颁布年份	相关政策文件名称	文件号或发布部门
2004	《中央企业负责人薪酬管理暂行办法》 《国有企业领导人员廉洁从业若干规定（试行）》	国资发分配〔2004〕227号 中纪发〔2004〕25号
2006	《关于规范中央企业负责人职务消费的指导意见》	国资发分配〔2006〕69号
2009	《国有企业领导人员廉洁从业若干规定》 《关于进一步规范中央企业负责人薪酬管理的指导意见》 《董事会试点中央企业高级管理人员薪酬管理指导意见》 《中央企业领导班子和领导人员综合考核评价办法（试行）》 《中央企业领导人员管理暂行规定》	中办发〔2009〕26号 人社部发〔2009〕105号 国资发分配〔2009〕55号 中组发〔2009〕17号 中共中央办公厅、国务院办公厅
2012	《国有企业负责人职务消费行为监督管理暂行办法》 《中央金融企业负责人职务消费管理暂行办法》	财企〔2012〕15号 财企〔2012〕125号

续表

颁布年份	相关政策文件名称	文件号或发布部门
2013	《党政机关厉行节约反对浪费条例》	中发〔2013〕13号
2014	《中共中央办公厅 国务院办公厅印发〈关于合理确定并严格规范中央企业负责人履职待遇、业务支出的意见〉的通知》	中办发〔2014〕51号
2015	《中央企业负责人履职待遇、业务支出管理办法》	国资发分配〔2015〕5号
2018	《中央企业领导人员管理规定》	中共中央办公厅、国务院办公厅
2019	《中央企业负责人经营业绩考核办法》	国务院国资委令第40号
2022	《国有企业工资内外收入监督管理规定》《关于进一步加强国有金融企业财务管理的通知》	人社部发〔2022〕57号 财金〔2022〕87号

三 国有企业集团管理层的监督方式

对国有企业的监督体现出监督任务重、监督难度大、监督主体众多三个特点，目前主要有党内监督（上级党组织、纪检监察、巡视组）、出资人监督（国资委、审计署）、法定专职业务监督（各业务监管部门）、司法监督（公安、检察院、法院）、社会监督（职工、公众和舆论）五大类监督主体，初步形成了纪检监察、行业监管、审计监督、巡视巡察等相结合的国有企业监督体系（张楠，2021）。伴随着国有企业改革的不断深化，监督制度经历了一个从无到有、从简到全不断完善的过程，为解决国有企业所有者缺位问题，提升国有企业监督工作的科学性、系统性、有效性、针对性，相关部门通过颁布一系列法规文件推动了国有企业全方位全链条监管体系的构建（见表3-4）。《国务院办公厅关于加强和改进企业国有资产监督防止国有资产流失的意见》（国办发〔2015〕79号）规定，我国国有企业监督制度包括内部监督、外部监督与社会监督三大类。依据监管主体的不同，从公司治理的角度看，对国有企业集团管理层的监督可以划分为内部监督和外部监督两类，内部监督包括以党内监督为主的党组织纪律监督、以财务监督为主的监事会监督以及内部审计监督等，监督主体主要包括国有企业的党组织、股东大会、董事会、监事会和内控、审计等机构；外部监督包括国有资产监管机构监督、外派监事会监督、外部审计监督、纪检监察、巡视监督、社会监督等，监督主体主要有国资监管机构、审计机关、纪检监察机构、新闻媒体和社会大众等。杨水利（2011）从市场监督、声誉监督和法律监督三个方面分析了对国有企业经营者的外部监督，张慧（2014）则将国有企业外部监督分为国家公权力的监督与社会监督两大类，并进一步分析了行政监督（政府审计、社会审计、检查监督）、人大监督、司法监督（审判监督、检察监督）、公民监督、社会组织监督、社会舆论监督等监督方式的特征及存在问题，提出了相关完善建议。

表 3-4　推动国有企业监督制度发展的部分相关法规文件

颁布年份	相关法规文件名称	文件号或发布部门
1993	《中华人民共和国公司法》	全国人大常委会
2000	《国有企业监事会暂行条例》	国务院令
2003	《企业国有资产监督管理暂行条例》	国务院
2004	《中国共产党党内监督条例（试行）》 《关于中央企业建立和完善国有独资公司董事会试点工作的通知》 《关于国有独资公司董事会建设的指导意见（试行）》	国务院 国务院国资委 国资发改革〔2004〕229号
2006	《关于加强和改进国有企业监事会工作的若干意见》 《监事会当期监督工作实施办法（试行）》 《监事会分类监督工作实施办法（试行）》 《监事会利用会计师事务所审计结果实施办法（试行）》	国资发监督〔2006〕174号 国有企业监事会工作办公室 国有企业监事会工作办公室 国有企业监事会工作办公室
2015	《国务院办公厅关于加强和改进企业国有资产监督防止国有资产流失的意见》 《中共中央　国务院关于深化国有企业改革的指导意见》	国办发〔2015〕79号 中共中央、国务院
2017	《关于进一步完善国有企业法人治理结构的指导意见》	国办发〔2017〕36号
2018	《中华人民共和国监察法》 《关于深化中央纪委国家监委派驻机构改革的意见》 《中央企业违规经营投资责任追究实施办法（试行）》 《审计署关于内部审计工作的规定》	第十三届全国人民代表大会 中共中央办公厅 国务院国资委 审计署令2018第11号

续表

颁布年份	相关法规文件名称	文件号或发布部门
2019	《中共中央关于坚持和完善中国特色社会主义制度推进国家治理体系和治理能力现代化若干重大问题的决定》 《中国共产党国有企业基层组织工作条例（试行）》 《关于进一步推动构建国资监管大格局有关工作的通知》 《关于加强中央企业内部控制体系建设与监督工作的实施意见》 《国务院关于印发改革国有资本授权经营体制方案的通知》	第十九届中央委员会第四次全体会议 中共中央 国资发法规〔2019〕117号 国资发监督规〔2019〕101号 国发〔2019〕9号
2020	《关于中央企业党的领导融入公司治理的若干意见（试行）》	中央深改委
2021	《关于中央企业在完善公司治理中加强党的领导的意见》 《关于进一步深化法治央企建设的意见》	中共中央办公厅 国资发法规〔2021〕80号
2023	《关于做好2023年中央企业违规经营投资责任追究工作的通知》 《中央企业财务决算审核发现问题整改和责任追究工作规定》	国资厅发监责〔2023〕10号 国资发监责规〔2023〕25号

管理层权力过大、信息不透明、监督机制不健全是导致国有企业高管滋生隐性腐败的主要原因，要抑制国有企业高管隐性腐败，就应当限制高管权力，进一步完善监督机制，"把权力关进制度的笼子里"（杨德明、赵璨，2014）。当前国有企业对管理层的监督中存在监督内容"碎片化"、监督主体"孤岛化"、规制体系"虚胖"、监督形式"老化"、运用效果欠佳等问题（董广银，2015）。杨宏军（2017）指出，我国国有企业财务监督机制取得了一定成绩，但仍然存在一些明显的缺陷：财务决策缺乏监督力度、高层经理经济状况缺乏监督力度、财务信息数据缺乏有效监督、中介财务机构不作为等。朱炜和刘雨萌（2019）从内控制度、董事会运作、监事会建设、民主监督和党组织保证监督等方面总结了国有企业内部监督制度建设取得的成效，从整体架构、分类

监管、执行效果和保障机制等方面分析了存在的问题，并提出了相关改进建议。自党的十八大以来，习近平总书记对坚持和加强党对国有企业的领导做出了许多重要论述，坚持和加强党对国有企业领导的实践路径是把党的领导融入公司治理各环节、把企业党组织内嵌到公司治理结构之中（姬旭辉，2020）。监事会专业知识不够、获取信息途径少、独立性低等原因可能导致监事会未能充分发挥其监督作用，内部审计人员兼任监事会成员能显著抑制公司盈余管理行为（王兵等，2018）。国有企业高管在职消费是官员腐败的一种重要体现，媒体监督能够有效地治理国有企业高管的在职消费（翟胜宝等，2015），国有企业的经营效率在"八项规定"实施之后有了显著的提升（应千伟、杨善烨，2021）。无论是内部监督还是外部监督，它们都是为了保证国有企业高管以实现国有资产的保值增值为目标开展经营管理活动，国有企业内部审计与纪检监察工作协作配合能够优势互补，从而对国有企业内部的工作实现有效的监督与管理（葛声，2020），应统筹协调两类监督以实现党和国家建设大监督系统的规划（翟艳艳，2021）。武鹏（2021）指出，以管资本为主的国有企业综合监管体系建设是混合所有制改革的重要内容，是改善国有企业经营绩效、实现国有资产保值增值的关键原因，但现行混合所有制企业内外部监管机制依然存在一些问题：①政府监管层面主要存在事前监管过于僵化、国资监管部门的行政资源相对于庞大的企业数量严重不足等问题。②集团管控层面主要存在未能形成与类型相适应的差异化管控模式、庞大复杂的科层体系导致难以形成运行高效的管控体系等问题。③内部监督层面存在监督理论分散、统筹监督工作的核心推进部门缺位等问题，并从这三个层面有针对性地提出了一系列改革建议。我国国有企业的公司治理模式呈现出由政府计划管控下的行政型治理向以市场机制为主的经济型治理演化的特征（李维安，2018），当前国有企业公司治理机制已初步形成，但仍存在诸多问题，国有企业的公司治理机制仍须进一步完善。表3-5展示了国有独资企业、国有独资公司、国有控股企业的公司治理现状及存在的主要问题。国有企业的公司治理经历了行政型治理、由行政型治理模式向经济型治理模式转变、经济型治理模式3个阶段。

表 3-5   三类国有企业公司治理现状及存在的主要问题

企业类型	国有独资企业	国有独资公司	国有控股企业
基本特征	享有自主经营权	不设股东大会，由国有资产监督管理机构行使股东大会职权	国有资本转化为优先股，优先股股东享有优先分配公司利润、优先享有剩余财产分配权、优先股转换和回购等权利
	以厂长为首的生产经营管理系统	设立由职工代表参加的董事会，行使股东大会的部分权力	
	管理委员会协助决定重大问题		
	职工通过职工代表大会行使民主管理权力	监事会负责对董事会、经营层和企业财务状况进行动态监督	通过特殊股权结构设计，使原始股东在股份制改造和融资过程中，有效防止恶意收购，并最终保有最大决策权和控制权
	厂长负责职工思想政治工作		
主要问题	企业经营者的短期化行为	内部人控制现象	在行政干预下，董事会效力失真、独立董事监督职能弱化
	政府对企业经营的监管和实际控制能力弱	董事会作用无法充分发挥	
	缺少群策和制衡机制	监事会不规范	董事会控制公司，具有强烈的政治动机而非市场动机
		职工参与制度存在缺陷	

第四节   本章小结

国有企业集团是推动我国经济发展和参与国际竞争的主导力量，本章梳理了我国国有企业集团化发展的过程，并将其划分为初创、发展、深化、做强四个阶段。学术界关于为何组建国有企业集团有经济学、社会学与政治学三种解释，国有企业集团既具备一般企业集团的经济性，其产权特征又决定了其具备社会性和政治性，因此既要承担经济责任又要承担社会责任和政治责任。国有企业集团作为社会主义市场经济中的一个经济实体，以市场经济组织的身份参与社会资源分配，向社会提供商品和服务的同时实现价值创造，引领国家经济发展；国有企业集团的国有属性要求其在实现经济目标的同时兼顾社会公共目标，除承担保护环境、开展公益事业等一般社会责任之外，还承担优化产业布局结构、落实国家宏观调控政策等特殊社会责任；国有企业集团的国别属性决定其发展过程中具有多元的经营目标，不但要实现经济增长、承担社会责任，还要以实现保障国家安全、提升国际竞争力为重要目标。根据不同的划分标准，可以将国有企业集团划分成不同的类型：①根据国有资产管理权限，可以分为中央企业集团和地方企业集团两类。②根据组建方式，可以分为部门转化型、联合重组型和自我发展型三类。③根据管控模式，可以分为操作管控型、财务管控型和战略管控型三类。④根据业务范围，可以分为商业类和公益类两类。当前信息经济时代，信息已经成为最关键的生产要素，管理层会利用自身的信息优势获得超额收益，追逐信息租金是国有企业集团管理层进行机会主义行为的直接动力。管理层寻租尤其 DMOB 是导致企业集团 ICM 低效率的主要原因，部分学者基于激励理论探讨如何设计合理的激励方式（包括对总部管理者的激励和对分部经理的激励）来激励管理层积极主动地参与集团的投资行为，提高与集团整体利益的一致性；部分学者基于治理理论探讨如何设计有效的监督机制来约束管理层机会主义行为，抑制非效率投资，提高企业价值。

第四章

国有企业集团 ICM 的配置有效性分析

第一节 问题提出

作为政府政策推动结果的国有企业集团更具有显著的中国制度背景（郑国坚等，2017），国内外学者的研究指出，国有企业集团中存在活跃的 ICM 运作（杨棉之等，2010；Duchin and Sosyura，2013），然而国有企业集团大而不强、经营效率低下、腐败问题易发多发等问题普遍存在，究其原因在于集团内部管理效率和资源配置效率的低下。国内外学者从多视角、多层面，用多种研究方法对国有企业集团的 ICM 配置效率问题展开了研究，有的认为，国有企业集团的 ICM 能够进行有效资源配置（王峰娟、粟立钟，2013；严嘉怡，2021），但更多的实证研究证实了国有企业集团内部资本市场无效性的存在（窦欢等，2014；王艳林，2016）。基于当前对立的理论推演与实证检验证据，本章通过实证检验的方法，从控股股东（总部）利用 ICM 资金配置情况、成员企业（分部）对 ICM 资金的再配置水平，以及企业集团组织形成的特殊股权形式引致的代理冲突层面进一步刻画和讨论国有企业集团 ICM 配置的效率高低，以及引起国有企业集团 ICM 配置效率出现问题的具体原因。本章选取构成集团的上市公司作为研究对象，通过 PSM 的方法构建实验组与对照组，采用平衡面板回归方法说明国有产权组织属性是如何影响企业集团 ICM 配置效率的。

Khanna 和 Palepu（2000）将新兴经济体的企业集团视为不完善制度环境的组织反应，可以有效提高成员企业应对融资波动风险的能力，扩大融资规模。在 ICM 的运作下，集团内成员企业受到 ICM 与外部资本市场的共同影响，通过 ICM 的建立可以将原外部交易内部化，从而降低交易成本水平，提高资金配置效率。因此，集团组织常常通过分散投资、协同效应、共享基础资源等获得收益。然而，集团化组织也可能产生交叉补贴、平均主义、接受成员企业游说与寻租等引起组织管理交易成本上升等问题，其运行成本远高于外部资本市场，此时的 ICM 低效或无效。Pindado 和 De La Torre（2009）指出，集团组织可能产生新的收益，也同时产生新的成本。随着集团组织规模的变大，导致组织运行成本上升。我国国有企业集团的建立是市场规律与政府推进双重作用下的产物，其具有成立时间长、资源雄厚、经营稳健等特征，国有企业集团的 ICM 配置效率规律是能够遵循降低交易成本，提高资金使用效率，还是因其规模效应递减而出现 ICM 配置低效或无效的现象？是何种原因引致国有企业集团 ICM 配置效率遵循不同的规律？本章试图通过实证的方法揭开国有企业集团 ICM 配置情况以及其背后的成因机制与内在逻辑。

第二节　理论分析与研究假设

一　国有企业集团 ICM 配置有效性

企业集团（business groups）是企业间由某种特定纽带关系关联在一起的企业联合体，这种联合体通常有共同控制权[①]。我国国有企业集团是在以市场规律、经济发展需求，以及在政府主导和推动的基础上形成的，其目的是进一步整合资源，优化国有资产配置，集中力量办大事，以及在落实国家战略中起到"领头羊"的作用（贺勇、何红渠，2014），是一种"半被动"形式组建起来的企业集团，因而国有企业集

[①] 共同控制权主要包括股权控制、经营性控制以及家族和血缘关系的协调控制（Khanna and Palepu, 2000a），但各国的集团企业形成过程和组织形式大有不同，我国相关法规对企业集团的定义为"以资本为主要纽带，两家或两家以上独立企业，组成具有稳定控制和被控制关系的企业法人联合体"。

团组织大多具有成立时间长、资源雄厚、经营较为稳健等特征。与国有企业集团组建形成过程中带有浓重的政府色彩不同，我国民营企业集团更多的是"自发式"的资源整合，为了缓解融资约束、提高资源集中以更好地适应市场竞争，民营企业集团的组建过程更符合市场经济竞争的要求。

更可观的是，国有企业集团的建立与管理往往依托各级国资委，拥有政府背书，其在融资、交易及投资等方面所需付诸的搜寻成本、执行成本以及信息成本都可得到有效降低，而其所获得的资源则更为丰富，本身试图通过 ICM 将外部交易内部化，通过分散投资、协同效应、资源共享等形式降低交易成本的动机将大大减少，取而代之的是要如何合理地分配更丰富的资源（黎文靖、严嘉怡，2021）。在行政命令组建和管理的国有企业集团因政治组织关系等因素，易产生交叉补贴、平均主义、求稳的经营目的等，易使其更愿意将资金分配给低风险的企业，造成分配资源的冗余。以上各种情况均可能造成国有企业集团 ICM 配置效率较低。据此，本章提出假设 4-1：

假设 4-1：与民营企业集团相比，国有企业集团的内部资本市场效率较低，即产权性质对企业集团内部资本市场配置效率影响呈负相关。

二　代理冲突的调节作用

我国企业集团的组织形式大多采用金字塔形式的控股，"控制权与现金流权"是否分离是金字塔持股的主要特征，其最明显的经济后果是控制人可以较少的现金流权（成本）获得较大的控制权（收益）。由于两权分离，控股股东可用较少的资金控制企业，以获取超额收益（吴凡等，2019）。当控股股东在 ICM 上的控制权超过其现金流权时，他就有动机利用自身的控制权通过将现金流权较少的公司资源转移到现金流权较多的公司，以攫取其控制权的私人利益。但是，国有集团控股股东在公司事务中的"缺席"可能令其无法实行上述活动（谢军、王娃宜，2010）。因此，国有企业集团 ICM 配置效率是否受到上述股权控制引致的代理冲突影响值得探究。据此，本章提出假设 4-2：

假设 4-2：总部与分部之间的代理冲突在产权性质对内部资本市场配置效率的影响关系中起调节作用。

第三节 数据来源与研究设计

一 数据来源与样本选取

本章数据选取 2010—2020 年在沪深 A 股上市交易的企业为研究样本，剔除 ST 企业、金融类企业、财务数据不全以及营业收入为负的企业；本章对所有连续变量进行了 1%—99% 水平的 winsorize 处理以减少极端值的影响。国有企业按照 2019 年上市公司的终极控股股东所有权进行划分。国有企业集团的样本筛选参考谢军和王娃宜（2010）的方法，采用如下筛选标准：①对每家公司的第一大股东进行追溯，如果两家或者更多上市公司的终极控制人可以追溯到同一经济主体，这些上市公司被定义为集团成员公司。②同一集团附属成员公司在数据期间没有变更终极控制人。按照上述标准筛选出来的国有企业集团有 27 个，归属于这些集团旗下的上市公司为 64 家。为了保证实证结果的严谨性，本章还采用 PSM 的方法以减少内生性的问题，即同时筛选了非国有企业集团 38 个，归属于这些企业集团的上市公司有 90 家，以构建对照组。所有数据均来自国泰安（CSMAR）数据库，部分数据来自上市公司年报手工收集。对数据的处理在 Excel 2016 中进行，对其回归分析在 Stata14.0 中进行。

二 变量设计与概念界定

（一）内部资本市场配置效率（ICMe）

关于内部资本市场配置效率测度的模型主要分为两大类四种主要方法：一类是通过回归模型计量出残差，以此作为内部资本市场配置效率值，主要为投资—现金流敏感性模型；另一类则是通过模型计算值的正负，直接判断内部资本市场配置有效或无效，主要为价值增加法、托宾 Q 敏感性模型以及现金流敏感性模型。

1. 投资—现金流敏感性模型

Shin 和 Stulz（1998）构建了投资—现金流敏感性模型。该模型假设分部的投资机会和自身现金流与其他分部现金流无关，和分部整体的投资机会相关，拥有更好投资机会的分部将得到更多的资源配置，投资机会用销售收入增长率表示。Shin 和 Stulz（1998）实证得出，如果多元化企业存在融资约束，投资机会好的分部得到了更多的资源配置，或者投资机会差的分部得到较少的资源配置，则内部资本市场有效，否则内部资本市场无效。投资—现金流敏感性模型详见式（4-1）。

$$\frac{I_{j,t}}{BA_{j,t-1}} = \alpha_0 + \alpha_1 \frac{SS_{j,t-1} - SS_{j,t-2}}{SS_{j,t-2}} + \alpha_2 \frac{CE_{j,t}}{BA_{j,t-1}} + \alpha_3 \frac{CE_{i,t}}{BA_{i,t-1}} + \alpha_4 q_{j,t-1} + \varepsilon_{j,t} \quad (4-1)$$

其中，I 表示投资额，j 表示分部，t 表示期数，BA 表示资产，SS 表示营业收入，CE 表示现金流，CE_i 表示其他分部现金流合计，q 表示托宾值，ε 表示随机误差项。对模型（4-1）进行回归分析可求出内部资本市场效率，残差为正表明内部资本市场有效，否则无效。

2. 价值增加法

Ranjan 等（2000）认为，投资—现金流敏感性模型（Shin and Stulz，1998）用销售收入增长率表示投资机会仅适用于知名企业，知名企业的销售收入增长率符合可持续增长率，大多数企业销售收入增长率不是投资机会的理想代理变量，因为销售收入增长率不等于企业可持续增长率，销售收入增长率过高或过低都会损害企业价值。投资—现金流敏感性模型没有考虑内部资源配置的代理成本，公司高管可能会进行有利于自身的资源配置、进行商业帝国建造、过度投资，分部管理者可能会进行寻租，为分部争取更多的资源，从而导致内部资本市场无效，此时，实际销售收入增长率不等于可持续增长率。如果内部资本市场有效，则会创造企业价值，内部资本市场投资机会应该使用托宾 Q 作为代理变量，托宾 Q 反映了企业价值的增长。所以，Rajan 等（2000）对投资—现金流敏感性模型（Shin and Stulz，1998）进行了改进，用企业价值增加法测度内部资本市场资源配置效率，分为绝对价值增加法如式（4-2）所示与相对价值增加法如式（4-3）所示。

$$AVA = \sum_{j=1}^{n} \frac{BA_j}{BA}(q_j - 1)\left(\frac{I_j}{BA_j} - \frac{I_j^*}{BA_j^*}\right) \quad (4-2)$$

$$RVA = \sum_{j=1}^{n} \frac{BA_j}{BA}(q_j - \bar{q}) \times \left[\frac{I_j}{BA_j} - \frac{I_j^*}{BA_j^*} - \sum_{j=1}^{n} w_j\left(\frac{I_j}{BA_j} - \frac{I_j^*}{BA_j^*}\right)\right] \quad (4-3)$$

其中，$\bar{q}$ 表示分部加权平均托宾值，$q_j - 1$ 和 $q_j - \bar{q}$ 分别代表 j 分部的绝对投资机会和相对投资机会，$q_j > 1$，$q_j > \bar{q}$ 表示 j 分部有好的投资机会，I_j^* 表示 j 分部的专业化投资，$\frac{I_j}{BA_j} - \frac{I_j^*}{BA_j^*}$ 以及 $\frac{I_j}{BA_j} - \frac{I_j^*}{BA_j^*} - \sum_{j=1}^{n} w_j \left(\frac{I_j}{BA_j} - \frac{I_j^*}{BA_j^*} \right)$ 分别表示绝对资本流向和相对资本流向，w 表示资产权重，当 $q_j > 1$，$q_j > \bar{q}$ 时，应该配置更多的内部资源。若式（4-2）和式（4-3）计算结果大于 0 表示内部资本市场有效，小于 0 表示内部资本市场无效。

3. 托宾 Q 敏感性模型

Peyer 和 Shivdasani（2001）结合投资—现金流敏感性模型（Shin and Stulz，1998）和价值增加法（Rajan et al.，2000）的优点，即认为分部的投资和本分部投资机会、自身现金流、其他分布现金流相关，与 Shin 和 Stulz（1998）观点一致，优化了分部的投资机会代理变量，改用托宾 Q，借鉴 Rajan 等（2000）的观点，认为多元化企业存在代理成本，采用因子分析，考虑了不同分部的比较优势 [Rajan 等（2000）的价值增加法模型则没有考虑]，以验证较好投资机会的分部是否得到较多的资源配置，投资机会较差的分部是否得到较少的资源配置，否则内部资本市场资源配置无效。Peyer 和 Shivdasani（2001）构建的内部资本市场资源配置效率的托宾 Q 敏感性模型 QS 如式（4-4）所示。

$$QS = \sum_{j=1}^{n} \frac{SS_j}{FS} \times (q_j - \bar{q}) \times \left[\left(\frac{CE}{SS} \right)_j - \frac{FE}{FS} \right] \qquad (4-4)$$

其中，SS 表示营业收入，FS 表示企业集团总营业收入，CE 表示分部得到的资本配置，FE 表示企业集团的全部资本支出，$q_j - \bar{q}$ 判断 j 分部投资机会的高低，而 $\left(\frac{CE}{SS} \right)_j - \frac{FE}{FS}$ 表示 j 分部资本配置的相对大小，两者同号，j 分部资本配置有效，即 QS 大于零；两者异号，j 分部资本配置无效，即内部资本市场无效。

4. 现金流敏感性模型

Masksimovic 和 Phillips（2002）认为，投资—现金流敏感性模型（Shin and Stulz，1998）和价值增加法（Rajan et al.，2000）均假设分部之间相互独立，多元化企业和各分部具有相同的组织能力和投资机会，忽视了并购出现的协同效应，用托宾 Q 衡量投资机会仅适用西方资本市场发达国家，用销售收入现金流回报率作为投资机会的代理变量，增大了模型的适用性。但是对于披露分部数据较少的发展中国家不具有可适用性。内部资本市场资源配置效率的现金流敏感性模型 CS 由 Masksimovic 和 Phillips（2002）构建，如式（4-5）所示。

$$CS = \sum_{j=1}^{n} \frac{SS_i}{FS} \times \left(\frac{CF_j}{SS_j} - \frac{CF}{FS} \right) \times \left[\frac{CE_j}{SS_j} - \frac{FE}{FS} \right] \quad (4-5)$$

其中，CF 表示企业现金流，$\frac{CF_j}{SS_j} - \frac{CF}{FS}$ 表示 j 分部销售现金比率大小，$\frac{CE_j}{SS_j} - \frac{FE}{FS}$ 表示 j 分部资本支出水平，如果 $\frac{CF_j}{SS_j} - \frac{CF}{FS}$ 与 $\frac{CE_j}{SS_j} - \frac{FE}{FS}$ 同号，资本配置正确，CS 大于 0，则表明内部资本市场有效；反之无效。

上述四种测定的方法各有优劣[①]，考虑到样本数量以及实际访谈所获经验证据，本章选择第一种方法——投资—现金流敏感性模型作为内部资本市场效率的测度。

（二）产权性质（Prop）

本章按照企业集团最终控制人性质划分国有企业集团与非国有企业集团，国有企业集团取 1，其他取 0。

（三）代理冲突（Conf）

本章拟采用控股股东的控制权和现金流权两权分离度来加以计量。

（四）控制变量

本章还参考谢军和王娃宜（2010）的方法[②]，选取企业的融资能力（Idebt 表示债务融资能力，Equitca 表示权益融资能力）、企业投资机会

[①] 韩俊华等（2018）依据我国情景对上述四种方法进行了比较分析，并对内部资本市场效率的测度方法进行了重构与检验。但本章考虑到，由于我国经济发展，企业集团日趋成熟，简单地判定内部资本市场有效或无效不太符合实际情景，仍采用投资—现金流敏感性模型，以残差的大小作为内部资本市场配置效率的测度。

[②] 本章主要参考谢军和王娃宜（2010）对国有企业集团 ICM 运行效率研究的主要变量及回归形式。其中，选取市净率为企业投资机会的刻画变量，是由于市净率为一种较好反映公司成长性和投资机会的指标。同时，本章在进行 PSM 时，选取了托宾 Q 值作为刻画企业投资机会的变量，进行匹配，若再使用托宾 Q 值，则会影响其回归结果。另外，本章企业样本为集团内上市子公司的样本，采用市净率刻画，具有一定客观性。

（Bookv）、企业财务杠杆（Lev）、企业内部资金融资约束程度（Div）、盈利能力（EPS）以及控制企业规模效应的企业成立时间（Age）与规模（Size）作为控制变量。

同时，选取企业成长性（Growth）、托宾 Q（TQ）、盈利水平（Pro）、现金流水平（Cash）、财务杠杆（Lev）、企业规模（Size）、年份（Year）、企业成立年限（Age）等作为 PSM 的协变量，对比对照组与实验组进行匹配（齐绍洲等，2017）。

另外，本章还设置了考察内部资本市场资金往来程度（Sub）以及企业投资支出（I）变量参与回归，作为进一步考察国有企业集团内部资本市场资金配置效率高低情况的补充说明。具体变量及计算方式如表 4-1 所示。

表 4-1　　　　　　　　　　变量定义

变量名称	变量定义	计算方式
ICMe	内部资本市场配置效率	由式（4-6）残差计算而来
Prop	产权性质	依据终极控制人性质，国有取 1，其他取 0
Conf	代理冲突	最终控制人的控制权比例/所有权比例
Sub	内部资本市场资金往来	其他应付款/总资产
I	投资支出	建造固定资产、无形资产和其他长期资产所支付的现金总额/总资产
Bookv	企业投资机会	市净率：每股市价/每股净资产
Ldebt	债务融资能力	长期借款/总资产
Equitca	股权融资能力	吸收权益性融资所收到的现金/总资产
Lev	财务杠杆	总资产/总负债
Div	内部资金约束程度	每股现金股利/每股收益
EPS	每股收益（盈利）	（净利润—优先股股利）/发行在外的普股加权平均
Age	企业成立时间	当期—企业成立时间
Size	企业规模	企业总资产取对数
Ind	行业	行业控制变量
Year	年份	年份控制变量

三　模型设定

（一）内部资本市场配置效率测定模型（投资—现金流敏感性）

本章采用投资—现金流模型估计企业集团内部资本市场的配置效

率，如式（4-6）所示：

$$\frac{I_{j,t}}{A_{j,t-1}} = \alpha_0 + \alpha_1 \frac{SS_{j,t-1} - SS_{j,t-2}}{SS_{j,t-2}} + \alpha_2 \frac{Cash_{j,t}}{A_{j,t-1}} + \alpha_3 \frac{Cash_{i,t}}{A_{j,t-1}} + \alpha_4 q_{j,t-1} + \varepsilon_{j,t} \quad (4-6)$$

其中，$I_{j,t}$ 表示 t 期分部 j 的投资额；$A_{j,t-1}$ 表示分部 j 滞后一期的资产数；SS 表示 j 分部营业收入，本章考虑用滞后一期与滞后二期的营业收入差值与滞后二期的营业收入的比值，来考察分部的成长性所带来的投资机会；$Cash_{j,t}$ 表示 j 分部 t 期的现金流，$Cash_i$ 表示其他分部现金流合计，q 表示 j 分部托宾 q 值，ε 表示随机误差项，对模型（4-6）进行回归分析后，提取残差 e，可求出内部资本市场配置效率，记为 $ICMe_{j,t}$。

（二）国有企业集团内部资本市场配置有效性

为考察国有企业集团内部资本市场配置效率是否有效，本章将国有企业集团内部资本市场配置效率设为实验组，与非国有企业集团内部资本市场配置效率（对照组）进行比较研究。考虑到我国集团组织形成发展的背景与特征，其并不是一个严格意义上的外生变量。为减少数据偏差、混杂变量以及内生性问题，本章采用倾向匹配方法（Propensity Score Matching，PSM）进行补充检验（齐绍洲等，2017）。PSM 是一种"反事实推断模型"，其核心是构造与实验组（国有企业集团）仅在产权性质是否国有这一点上存在差异而其余特征最为相近的对照组（非国有企业集团）。这样便可通过检验两组企业集团在产权性质对内部资本市场配置效率影响方面是否存在显著差异来考察产权性质（国有/非国有）是否为影响内部资本市场配置效率的原因，即：

$$P_i(K_i) = E(L_i^N \mid H=1, K_i) = E(L_i^N \mid H=0, K_i) \quad (4-7)$$

其中，L_i^N 表示不属于国有企业集团内部资本市场配置效率的影响结果变量；H 是处理变量，表示所测度的内部资本市场是否属于国有企业集团，1 表示隶属于国有企业集团，为国有企业集团的内部资本市场，0 表示不隶属于国有企业集团，为非国有企业集团的内部资本市场；K_i 表示用于倾向匹配的控制变量。对于上述 PSM 模型采用 Logistic 估计，可得到样本中每个企业的倾向匹配得分 $P_i(K_i)$，以此为依据采用最临近匹配、卡尺匹配和核匹配三种方式对得分相近的个体进行匹配，从而得到集团组织属性对投资—现金流敏感性的平均影响（ATT），

N_1 为处理组的样本个数：

$$ATT = 1/N_1 \sum_{i, H_i=1} \left[(L_i^{H=1} - L_{io}^{H=1}) \right] \quad (4-8)$$

其后，本章采用多元线性回归模型对产权性质差异（国有/非国有）是否影响内部资本市场配置效率进行检验，如式（4-9）所示：

$$ICMe_{j,t} = \alpha_0 + \alpha_1 Prop + \alpha \sum control_{j,t} + \varepsilon_{j,t} \quad (4-9)$$

其中，$ICMe$ 是本章通过式（4-6）计算得来的，$Prop$ 是产权属性，本章重点关注系数 α_1 的显著性及方向。若系数 α_1 显著为负，则表明国有产权性质影响了企业集团内部资本市场的配置效率，且降低了企业集团内部资本市场的配置效率。

（三）代理冲突的调节效应

本章在回归模型（4-9）的基础上加入产权性质 $Prop$ 与代理冲突 $Conf$（$Prop \times Conf$）的交乘项对代理冲突的调节效应进行考察，如式（4-10）所示：

$$ICMe_{j,t} = \alpha_0 + \alpha_1 Prop + \alpha_2 Prop \times Conf + \alpha \sum control_{j,t} + \varepsilon_{j,t} \quad (4-10)$$

在此，本章重点关注系数 α_2 的显著性及方向，考察总部与分部之间的代理冲突是否为国有企业集团内部资本市场配置效率不高的深层次原因。若系数 α_2 显著为负，则表明代理冲突是加剧国有企业集团内部资本市场配置低效的原因。

第四节 实证设计与回归分析

一 描述性统计

表4-2反映了主要变量的描述性统计结果。从描述性结果初步判断，总样本中ICM配置效率均值为负（-0.049），表明我国企业集团ICM配置效率均处于低水平，而从实验组与对照组的对比来看，国有企业集团组别（实验组）的ICM配置效率均值为负（-0.240），而对照组（非国有企业集团）的ICM配置效率均值为-0.083，从一定程度上表明，我国国有企业集团的ICM配置效率整体较低，对本章的假设做了初步的验证。

表 4-2 描述性统计

变量名称	整体		实验组		对照组	
	均值	标准误	均值	标准误	均值	标准误
ICMe	-0.049	1.791	-0.240	0.123	-0.083	0.045
Sub	0.117	2.042	0.339	0.196	0.034	0.002
I	0.047	0.095	0.044	0.002	0.049	0.003
Ldebt	0.021	1.693	0.021	0.068	0.023	0.047
Equitca	0.028	0.067	0.024	0.158	0.030	0.212
Lev	0.726	6.275	1.391	0.604	0.496	0.062
Div	-0.047	0.110	-0.053	0.004	-0.045	0.003
EPS	0.349	0.731	0.025	0.033	0.382	0.021
Size	22.616	1.341	22.777	0.038	22.150	0.059

为了控制变量之间多重共线性的影响，本章首先进行了方差膨胀因子的检验，同时，按照解释变量和控制变量的不同组合，建立了有控制变量参与及无控制变量参与的回归模型。

二 回归结果分析

（一）国有企业集团内部资本市场配置有效性

表 4-3 汇报了产权属性对企业集团 ICM 配置效率影响的检验结果，模型（1）是没有任何控制变量参与的回归结果，模型（2）则反映了加入控制变量后的回归结果。从整体上看，无论是否加入控制变量，产权属性（Prop）对 ICM 配置效率（ICMe）在显著性水平不高于 5% 时均显著负相关，则可说明企业集团 ICM 配置效率在受到产权性质（国有企业集团取值为 1，非国有企业集团取值为 0）的影响下，效率不高，因此假设 4-1 得证。

表 4-3 国有企业集团 ICM 配置有效性检验

变量	模型（1）	模型（2）
	ICMe	ICMe
Prop	-0.0277**	-0.0332***
	(-2.040)	(-3.030)

续表

变量	模型（1）	模型（2）
	ICMe	ICMe
Bookv	—	0.0296
		(0.79)
Lev	—	−0.001
		(−1.62)
Ldebt	—	0.029***
		(3.04)
EPS	—	−0.017***
		(−2.72)
Div	—	−0.00455
		(−1.12)
Equitca	—	−0.357***
		(−2.89)
Age	—	−0.309
		(−0.28)
Size	—	−0.440***
		(−3.39)
Ind	控制	控制
Year	控制	控制
N	1184	1184
Adj-R^2	0.0134	0.0574
F	2.680	4.900

注：括号内为 t 值，***$p<0.01$，**$p<0.05$，*$p<0.1$。

从表 4-3 中一些控制变量系数的显著性及符号可以看出，企业投资机会（Bookv）、债务融资能力（Ldebt）等对 ICM 的配置效率呈正相关，说明企业若遇到较好的投资机会，或是在外部融资约束较低的情况下，ICM 的配置效率会有所提升，从侧面说明 ICM 配置时会考虑到企业的投资前景；另外，企业在受外部融资约束不高的情况下，也会促进 ICM 配置效率的提升，从另一视角佐证了 ICM 与外部资本市场效率相互影响的研究（武晓芬等，2023）。而企业规模（Size）则对 ICM 配置效率有负向影响，这可能是由于成员企业规模越大，总部认为该成员企业在投、融资等方面越成熟，会尽量给其配置资金，但成员企业规模越大也越容易造成资金冗余、规模效应递减，引致总部无效或低效配置资金，从而对 ICM 配置效率呈负向影响。

为了进一步说明产权性质（Prop）对 ICM 配置效率的影响，论证国有企业集团 ICM 配置效率较低，佐证表 4-3 的实证结果，本章采用 PSM 方法构造了实验组与对照组，对比考察国有企业集团（实验组）与非国有企业集团（对照组）在 ICM 配置效率上的差异。表 4-4、表 4-5 反映了 PSM 的实证结果：ATT 值、Logistic 结果与匹配后变量平衡表。本章对邻近匹配、卡尺匹配与核匹配均做了检验，从表 4-4、表 4-5 的结果可以看出 ATT 值在显著性水平为 1% 时显著，匹配后的两组在各项协变量上均不存在显著差异，说明匹配结果有效。

表 4-4   PSM 检验结果

匹配方式	ATT	T-stat
最邻近匹配	0.006	3.05
卡尺匹配	0.005	3.10
核匹配	0.005	3.11

表 4-5   Logistic 估计结果与匹配后变量平衡表

	Logistic 估计结果		变量平衡表
Lev	0.478**	Lev	0.475
	(2.48)		(1.61)
Growth	0.330	Growth	0.330
	(0.39)		(0.24)
TQ	0.191**	TQ	0.193
	(2.94)		(0.12)
Pro	0.224***	Pro	0.223
	(5.74)		(1.52)
Cash	0.195***	Cash	0.194
	(3.99)		(1.41)
Size	0.229***	Size	0.229
	(6.98)		(1.50)

续表

Logistic 估计结果		变量平衡表	
Age	0.202*	Age	0.203
	(1.93)		(1.09)
Pseudo R	0.124	实验组	672
Log likelihood	61.94	对照组	512
行业	控制	行业	控制
年份	控制	年份	控制
N	1190	N	1184

匹配之后，本章进一步考察集团总部对成员企业运用 ICM 配置资金的状况，以为后文讨论相关机制做准备。首先，本章使用式（4-11）考察总部对内部资金的配置状况：

$$Sub_{j,t} = \alpha_0 + \alpha_1 Bookv_{j,t} + \alpha \sum control_{j,t} + \varepsilon_{j,t} \quad (4-11)$$

其中，Sub 表示 ICM 资金往来，主要考虑成员企业的借入资金，$Bookv$ 为成员企业的投资机会。这里着重考察当成员企业投资机会更高时，总部使用 ICM 对成员企业进行资金配置是否受到该投资机会的影响，其回归结果如表4-6模型（3）与模型（4）所示。

其次，本章使用式（4-12）考察总部将资金配置到各成员企业之后，成员企业再次配置资金的情况：

$$I_{j,t} = \alpha_0 + \alpha_1 Bookv_{j,t} + \alpha \sum control_{j,t} + \varepsilon_{j,t} \quad (4-12)$$

其中，I 表示成员企业的投资支出，$Bookv$ 则表示企业的投资机会。这里着重考察成员企业拥有更好投资机会时，其是否能够加大投资力度，其回归结果如表4-6模型（5）与模型（6）所示。

本章在对上述式（4-11）与式（4-12）进行回归时，分别基于 PSM 匹配后的结果区分国有企业与非国有企业样本进行对比考察，以进一步佐证本章的观点。同时将两项回归结果纳入同一张表格中汇报，则为了充分体现两项检验的关联性，即先考虑总部在观察到成员企业（样本企业）投资机会时，运用 ICM 进行资金配置的情况，再进一步观测收到配置资金后，成员企业进行再投资的水平，用于考察 ICM 配置效率的状况。

表4-6模型（3）与模型（4）分别考察了国有企业集团与非国有企业集团总部配置资金的情况。从总体上看，投资机会（Bookv）对内部资金往来（Sub）均为显著的正向影响，表明成员企业投资机会越高，其所收到的ICM资金配置就越高，即ICM的配置逻辑是按照成员企业投资机会的好坏来决定金额大小的。对比两组回归结果来看，非国有企业集团成员企业投资机会（Bookv）对内部资本市场资金往来（Sub）影响的回归结果为0.763，在显著性水平为1%时显著（2.98），而国有企业集团的影响则为0.164，t值为1.69，在显著性水平为10%时显著。尽管两者影响均为正，但非国有企业集团的影响结果更显著；尽管国有企业集团的总部确实发挥了ICM优化资本配置的效率，但与非国有企业相比仍有一定差距，这也是引致国有企业集团ICM配置效率不高的体现。另外，国有企业集团的盈利能力指标（EPS）对ICM资金内部往来（Sub）影响是正向的，且在显著性水平为1%时显著，表明国有企业集团在进行资金配置时会考虑成员企业的盈利能力，而非国有企业集团的影响虽然为正，但不显著。综上探究其内在原因，可能是由于相较于实力雄厚的国有企业集团，非国有企业集团的组建更带有缓解融资约束，提高竞争力的意味，从而优化集团ICM配置，提高资金使用率及投资效率，是非国有企业集团提高竞争力的保障。而国有企业集团依托各级国资委建立，在制度设计完善性上比非国有企业集团更具优势，因此会优先选择盈利能力高的企业进行资金配置，以求稳健发展。

表4-6　　　　　　　　ICM配置效率进一步考察结果

变量	模型（3）	模型（4）	模型（5）	模型（6）
	Sub	Sub	I	I
Bookv	0.763***	0.164*	0.024	0.091
	(2.98)	(1.69)	(0.42)	(0.85)
Ldebt	−0.199***	−0.218***	0.289	−0.218***
	(−9.41)	(−3.48)	(0.62)	(−3.19)
Equitca	0.140	−0.116***	−0.433	−0.344
	(0.44)	(−4.69)	(−0.63)	(−1.27)

续表

变量	模型（3） Sub	模型（4） Sub	模型（5） I	模型（6） I
Lev	0.333*** (9.37)	0.180*** (9.93)	0.110 (0.42)	0.894*** (4.52)
Div	0.137 (1.36)	0.0314** (2.22)	-0.254*** (-11.33)	-0.781*** (-9.75)
EPS	0.0249 (1.58)	0.096*** (4.07)	0.0258 (0.73)	0.0367 (1.43)
Size	0.227*** (7.98)	0.753 (1.16)	0.305 (0.48)	0.149** (2.10)
Age	0.058*** (2.75)	0.0641* (1.70)	-0.102** (-2.20)	0.348 (0.85)
Ind	控制	控制	控制	控制
Year	控制	控制	控制	控制
N	512	672	512	672
Adj-R^2	0.998	0.165	0.328	0.696
F	9.000	13.603	11.477	14.623

注：括号内为 t 值，***$p<0.01$，**$p<0.05$，*$p<0.1$。

表 4-6 模型（5）与模型（6）则汇报了国有企业集团与非国有企业集团成员企业接受了内部资金配置后的再配置情况。从总体上看，投资机会（Bookv）对成员企业进一步投资支出（I）的影响均为正，但并不显著。而内部资金约束程度（Div）对投资支出（I）则呈负向显著相关，这表明成员企业受到内部资金约束程度越大，其再投资的可能性就越低。而表中显示国有企业集团组别中内部资金约束程度（Div）对投资支出（I）影响的回归结果为 -0.781，而非国有企业集团的影响则为 -0.254，即国有企业集团组别中内部资本约束程度对投资支出的影响更显著，从另一层面上反映了国有企业集团内部资本市场配置效率较低。

（二）代理冲突的调节效应检验

表 4-7 反映了代理冲突调节效应的检验结果，模型（7）表示整体样本的回归结果，而模型（8）与模型（9）则分别考察了国有企业集

团与非国有企业集团子样本中代理冲突的调节效应。从总体上看，产权性质（Prop）对 ICM 配置效率（ICMe）的影响结果为-0.047，在显著性水平为 1% 时显著，而产权性质与代理冲突的交乘项（Prop×Conf）与 ICM 配置效率（ICMe）的回归结果为-0.206 且在显著性水平为 1% 时显著，则表明国有企业集团的 ICM 配置效率较低，且代理冲突是加剧国有企业集团 ICM 配置效率较低的原因。据此，假设 4-2 得证。

表 4-7　　　　　　　　代理冲突的调节效应检验

变量	模型（7） ICMe	模型（8） ICMe	模型（9） ICMe
Prop	-0.047*** (-4.57)	—	—
Prop×Conf	-0.206*** (-3.21)	-0.235*** (-3.53)	-0.485* (-1.65)
Bookv	0.281 (0.76)	0.259 (0.67)	-0.255 (-1.02)
Lev	-0.789 (-1.22)	0.732 (1.29)	-0.271*** (-2.77)
Ldebt	0.026*** (2.97)	-0.0210 (-0.11)	0.066*** (3.32)
Equitca	-0.012** (-2.11)	-0.091 (-1.32)	-0.020 (-1.49)
Div	-0.012*** (-3.03)	-0.130*** (-2.73)	-0.496 (-0.65)
DPS	-0.364*** (-3.09)	-0.426*** (-3.27)	-0.377 (-0.74)
Age	-0.285 (-0.30)	0.473 (0.41)	-0.325* (-1.94)
Size	-0.303** (-2.52)	-0.547 (-0.03)	-0.936*** (-3.41)
Ind	控制	控制	控制
Year	控制	控制	控制

续表

变量	模型（7）	模型（8）	模型（9）
	ICMe	ICMe	ICMe
N	1184	512	672
R-squared	0.091	0.085	0.181
r2_a	0.073	0.063	0.123
F	5.232	3.822	3.112

注：括号内为 t 值，＊＊＊p<0.01，＊＊p<0.05，＊p<0.1。

从分组检验结果来看，国有企业集团产权性质与代理冲突的交互项（Prop×Conf）的回归系数为－0.235，且在显著性水平为1%时显著，非国有企业集团产权性质与代理冲突交互项的回归系数为－0.485，且在10%的显著性水平上显著。说明代理冲突在非国有企业集团中更显著，这可能是由于非国有企业集团管控模式不完善，引致控股股东转移资源、实施控制权私利侵占，或进行利益输送的可能性更高，进而导致代理冲突对其 ICM 配置效率影响更明显。反观国有企业集团，代理冲突尽管对其 ICM 配置效率有所影响，但相较于非国有企业集团并不明显，则说明国有企业集团控股股东并不大量占用 ICM 进行利益输送，而其 ICM 配置效率一直处于较低水平，结合上述的实证检验，则可认为是由于成员企业进行资金再配置时，效率低而引致的国有企业集团 ICM 配置效率的下降。

三 稳健性检验

本章在构建 ICM 配置效率变量时，主要依据投资—现金流敏感性模型回归的残差进行提取，在稳健性检验中，本章采用韩俊华等（2018）的优化测度方式，测算出 ICM 配置效率进行回归，回归结果与前述相符。

第五节 本章小结

本章着重讨论了国有企业集团 ICM 配置效率情况及形成这种情况的成因。研究结果显示：①相较于非国有企业集团，国有企业集团 ICM

配置效率较低。具体来说，国有企业集团总部在运用 ICM 进行资金配置时，确实发挥了一定的作用。但国有企业集团一般成立时间长、规模大，容易造成资金的冗余；另外，在配置过程中常有"惯性思维"，引致配置资金时会优先选择以前配置过的成熟企业，进一步加剧了资金使用效率低。为了更好地说明国有企业集团 ICM 配置效率不高的原因，本章还对 ICM 资金往来情况与成员企业配置情况进行了实证分析。研究发现，总部通过 ICM 进行资金配置时，会受到成员企业投资机会大小的影响。即投资机会越高的成员企业，受到 ICM 配置的资金就越多。但与非国有企业相比，国有企业集团受到成员企业投资机会大小影响配置资金多少的程度较低，从另一层面也佐证了国有企业集团 ICM 配置效率较低的现象；从成员企业对 ICM 配置资金进行再配置的情况看，无论是国有企业集团成员企业，还是非国有企业集团成员企业，其进行再配置的情况都不尽如人意。②代理冲突是引发企业集团 ICM 配置效率较低的主要原因。具体来说，无论是否为国有企业集团，代理冲突都会加剧 ICM 的配置低效或无效，但非国有企业集团表现更为明显。究其原因，国有企业集团控股股东（总部）并不通过 ICM 的运作进行利益输送，而国有企业集团 ICM 配置效率一直处于低水平状态，可能是由于集团成员企业（分部）投资低效进而引致 ICM 效率低。至于更深入的原因，将在本书的后续章节中进一步论述。

第五章

DMOB 对国有企业集团 ICM 配置效率影响的一般分析

本章围绕分部经理机会主义行为对国有企业集团 ICM 配置效率的影响展开一般性分析,为后续第六章与第七章的拓展研究奠定基础。本章首先分析国有企业集团 ICM 的形成与运行机制,再次分析国有企业集团 ICM 的特点、分部经理的行为特征,以及对国有企业集团 ICM 配置效率的影响;最后,引入信息租金理论设计制衡机制,通过权衡成本收益,分析支付分部经理信息租金对国有企业集团 ICM 配置效率的改善作用。

第一节 问题提出

对于新兴市场国家而言,企业决策者会主动构造 ICM,利用 ICM 与 ECM 的互补性或替代性来创造价值(Khanna and Palepu, 2000;周业安、韩梅,2003)。随着改革开放的不断深入,我国外部金融市场得到了迅速发展,但在规模和结构等方面仍然与经济社会发展需求存在较大差距,通过构建 ICM 缓解融资约束、降低交易成本、提高企业价值是企业多元化、集团化发展的主要原因。我国的大部分上市公司是由国有企业改制而来,原改制企业后来大多成为国有企业集团的母公司或控股股东(杨兴全、张照南,2008),而国有企业集团的形成和发展更多地受到政府的政策引导和行政干预的支持和推动。政府常常通过推动国有企业兼并重组、资产划拨等行政干预方式构建"强强联合"的大型国有企业集团（李文海，2007），导致信息不畅、集而不团、管而不控的现象普遍存在。① 国有企业集团 ICM 的配置效率及其经济后果一直是理论界和实务界争论的核心和焦点。学者通过案例研究、规范分析、实证检验等不同的研究方法（周业安、韩梅，2003；邹薇、钱雪松，2005；杨棉之等，2010），从控股股东、总部、分部经理等不同视角对国有企业集团的 ICM 展开了一系列研究（刘星等，2014；谢军、王娃宜，2010；钱婷、武常岐，2016），总结他们的研究结论发现，我国国有企业集团 ICM 在资本配置效率上契合了 Stein（2003）的观点：既有"光明"的一面（bright side），又有"黑暗"的一面（dark side）。国有企业集团 ICM 中起主导作用的是管理层代理关系，国有企业集团的 ICM 能够缓解融资约束、有效配置资金，并未异化为控股股东利益侵占途径，集团总部与成员企业之间的委托代理问题是导致 ICM 低效的主要原因（谢军、王娃宜，2010）。集团总部根据分部经理传递的信息，按照一定的标准主导内部资金的流动，而追求自身效用最大化的分部经理常常会采取寻租、游说、谎报信息等机会主义行为，正是分部经理的机会主义行为扭曲了总部的资金配置，从而导致 ICM 的低效率（Scharfstein and Stein，2000；韩忠雪、朱荣林，2005；Ozbas，2005；Choe and Yin，2009；陈良华等，2014）。

在解决委托代理冲突问题的相关研究中，学者认为设计有效的激励机制是实现代理人与委托人目标兼容，提升 ICM 配置效率的重要途径（Datta et al.，2009；蒋艳霞、王海霞，2009），相对于总部 CEO 的激励，分部经理的激励问题更能反映内部资本市场的特点，做好分部经理的激励是提高企业集团 ICM 运行效率的基础（安杰、蒋艳霞，2010）。学者从约束分部经理机会主义行为的角度探讨了不同的激励方式。Wulf（2002）认为，把分部经理的薪酬与企业整体业绩联系起来有助于减少其寻租活动。安杰和蒋艳霞（2010）认为，总部对分部经理的资本激励和薪酬激励是相互补充的，对分部经理的薪酬激励既要考虑本分部的业绩，也要考虑企业集团的整体业绩，创造出一种良性的分部经理竞争

---

① 在 2012 年举行的中央企业全面开展管理提升活动视频会议上，国务院国资委主任指出，国有企业集团"总部高效管控能力薄弱，流程不顺、标准不一、信息不畅、集而不团、管而不控的现象普遍存在"，http://www.gov.cn/jrzg/2012-03/23/content_ 2098516.htm。

环境，以使各分部经理努力工作。Choe 和 Yin（2009）将支付一定的信息租金作为激励分部经理如实上报信息的手段，陈良华等（2014）也认为此种方式有助于约束分部经理的机会主义行为，从而提高 ICM 配置效率。吴大勤等（2011）从分部项目申请者身份分析了分部经理游说活动对 ICM 资金配置效率的影响，认为需要引入分部经理经营者身份，通过分部经理双重身份（资金申请者和资金使用者）的激励制衡来提高 ICM 配置效率。根据上述国内外文献，可以发现已有文献对国有企业集团 ICM 配置效率的研究大多采用案例分析或实证检验；部分文献基于分部经理行为视角探究内部资本市场低效的驱动因素，而部分文献则侧重设计有效的激励机制来约束分部经理的机会主义行为、提升内部资金配置有效性，鲜有研究能将两者置于同一个分析框架、综合分析影响机制与激励约束机制。因此，本章通过分析国有企业集团 ICM 的特点，在量化总部行为目标的基础上，引入信息租金理论来剖析分部经理机会主义行为影响国有企业集团 ICM 配置效率的作用机理，进而建立成本—收益权衡模型对信息租金的制衡作用进行一般性分析。

第二节　国有企业集团 ICM 的发展与分部经理的行为特征

一　国有企业集团 ICM 的形成、运行机制及运作模式

（一）国有企业集团 ICM 的形成

对于新兴市场国家而言，由于 ECM 发展不完善，企业面临较高的交易成本、信息成本、外部融资约束等，企业决策者会主动构建 ICM，通过多元化、集团化将下属企业之间的交易内部化，利用 ICM 与 ECM 的互补性或替代性来创造价值（Khanna and Palepu, 2000；周业安、韩梅，2003）。随着改革开放的不断深入，中国外部金融市场得到了迅速发展，但在规模和结构等方面仍然与经济社会发展需求存在较大差距（见表 5-1、表 5-2）。表 5-1 描述了 2000—2017 年全社会固定资产投资金额情况，可以看出实际到位的全社会固定资产投资额增长迅速，从 2000 年的 33110.3 亿元增长到 2017 年的 639369.4 亿元，增加了 18.3 倍。然而，从资金来源看，国内贷款所占比例呈下降趋势（从 20% 左

右下降至 11% 左右），利用外资进行投资的比例较小并且下降幅度较大（由 5.1% 下降至 0.3%），自筹资金占投资总额的比重极大（61.2% 左右），远远超过国家预算资金、国内贷款和利用外资的占比，且呈上升趋势，由 2000 年的 49.3% 不断上升至 2015 年的 71.0%。由表 5-2 可以看出，我国证券市场的筹资金额在全社会固定资产投资中所占的比例较小，2000—2014 年的占比在 4.0% 左右，从 2015 年开始有了大幅度提高，但比重依然较小，最高的 2020 年也仅有 19.1%。企业自身的融资需求及低效的 ECM 在客观上促成了中国企业集团 ICM 的形成，通过构建 ICM 缓解融资约束、降低交易成本、提高企业价值是企业多元化、集团化发展的主要动因之一。截至 2019 年末，中央国有企业和地方国有企业财务公司分别有 130 家和 77 家，占全部财务公司的比例分别为 50.39% 和 29.84%，吸收存款在负债总额中占比分别为 95.01% 和 96.81%（中国财务公司协会，2020）。

表 5-1　　　　　　　　全社会固定资产投资情况统计

年份	全社会固定资产投资额（亿元）						投资比例（%）				
	本年实际到位资金	国家预算资金	国内贷款	利用外资	自筹资金	其他资金	国家预算资金	国内贷款	利用外资	自筹资金	其他资金
2000	33110.3	2109.5	6727.3	1696.3	16317.3	6260.1	6.4	20.3	5.1	49.3	18.9
2001	37987.0	2546.4	7239.8	1730.7	18914.0	7556.1	6.7	19.1	4.6	49.8	19.9
2002	45046.9	3161.0	8859.1	2085.0	22813.7	8128.2	7.0	19.7	4.6	50.6	18.0
2003	58616.3	2687.8	12044.4	2599.4	31449.8	9834.9	4.6	20.5	4.4	53.7	16.8
2004	75195.4	3255.1	13788.0	3285.7	41902.9	12963.7	4.3	18.3	4.4	55.7	17.2
2005	94590.8	4154.3	16319.0	3978.8	55105.8	15033.0	4.4	17.3	4.2	58.3	15.9
2006	118957.0	4672.0	19590.5	4334.3	71076.5	19283.7	3.9	16.5	3.6	59.7	16.2
2007	150803.6	5857.1	23044.2	5132.7	91373.2	25396.4	3.9	15.3	3.4	60.6	16.8
2008	182915.3	7954.8	26443.7	5311.9	118510.4	24694.6	4.3	14.5	2.9	64.8	13.5
2009	250229.7	12685.7	39302.8	4623.7	153514.8	40102.6	5.1	15.7	1.8	61.3	16.0
2010	285779.2	13012.7	44020.1	4703.6	178744.3	45297.7	4.6	15.4	1.6	62.5	15.9
2011	345984.2	14843.3	46344.5	5062.0	229346.8	50387.5	4.3	13.4	1.5	66.3	14.6
2012	409675.6	18958.7	51593.2	4468.8	277592.4	56862.7	4.6	12.6	1.1	67.8	13.9
2013	491612.5	22305.3	59442.0	4319.4	334280.0	71265.8	4.5	12.1	0.9	68.0	14.5

续表

年份	全社会固定资产投资额（亿元）						投资比例（%）				
	本年实际到位资金	国家预算资金	国内贷款	利用外资	自筹资金	其他资金	国家预算资金	国内贷款	利用外资	自筹资金	其他资金
2014	543480.6	26745.4	65221.0	4052.9	379737.8	67723.4	4.9	12.0	0.7	69.9	12.5
2015	584198.8	30924.3	61054.0	2854.4	414802.4	74563.6	5.3	10.5	0.5	71.0	12.8
2016	616933.5	36211.7	67200.3	2270.3	413828.6	97422.6	5.9	10.9	0.4	67.1	15.8
2017	639369.4	38741.7	72435.1	2146.3	417700.0	108346.2	6.1	11.3	0.3	65.3	16.9

资料来源：笔者根据《中国统计年鉴（2018）》（http://www.stats.gov.cn/tjsj/ndsj/2018/indexch.htm）整理。

表 5-2 证券市场筹资金额占全社会固定资产投资的比重

年份	证券市场筹资金额（亿元）					全社会固定资产投资（亿元）	证券市场筹资金额占全社会固定资产投资的比重（%）
	境内股票发行金额	境内交易所债券发行金额	境外股票发行金额	新三板股票发行金额	合计		
2000	1515.8	—	562.1	—	2077.9	32918	6.3
2001	1238.1	—	73.0	—	1311.1	37214	3.5
2002	720.0	—	192.3	—	912.3	43500	2.1
2003	665.5	—	537.3	—	1202.8	53841	2.2
2004	650.5	—	647.7	—	1298.2	66235	2.0
2005	339.0	—	1666.3	—	2005.3	80994	2.5
2006	2374.5	—	3072.6	—	5447.1	97583	5.6
2007	7814.7	407.3	927.5	—	9149.5	118323	7.7
2008	3312.4	998.0	311.4	—	4621.8	144587	3.2
2009	4834.3	811.5	1067.7	—	6713.5	181760	3.7
2010	9799.8	1320.3	2343.1	—	13463.2	218834	6.2
2011	7154.4	1729.7	732.4	6.5	9623.0	238782	4.0
2012	4542.4	2770.9	997.8	8.6	8319.7	281684	3.0
2013	4131.5	3954.9	1060.2	10.0	9156.6	329318	2.8
2014	8498.3	4173.6	2253.4	132.1	15057.4	373637	4.0
2015	16361.6	21621.7	7090.1	1216.2	46289.6	405928	11.4
2016	20297.4	36668.3	1271.5	1390.9	59628.1	434364	13.7
2017	15535.0	39146.9	1829.2	1336.2	57847.3	461284	12.5

续表

年份	证券市场筹资金额（亿元）					全社会固定资产投资（亿元）	证券市场筹资金额占全社会固定资产投资的比重（%）
	境内股票发行金额	境内交易所债券发行金额	境外股票发行金额	新三板股票发行金额	合计		
2018	11377.9	56877.7	1387.6	604.4	70247.6	488499	14.4
2019	12538.8	71986.7	781.7	264.6	85571.1	513608	16.7
2020	14221.6	84777.4	1513.6	338.5	100851.1	527270	19.1

资料来源：笔者根据《中国统计年鉴（2021）》（http://www.stats.gov.cn/tjsj/ndsj/2021/indexch.htm）整理。

作为介于企业与市场之间的一种组织安排，企业集团已成为中国经济运行的重要主体之一，是中国参与国际竞争的重要力量（见表5-3）。从表5-3可以看出，我国上市公司的数量增长迅猛，从2000年的1088个增长到2020年的4154个，股票市价总值占我国GDP的比例较大（53.5%左右），2005年最低为17.5%，2007年最高为123.1%。我国的大部分上市公司是由国有企业改制而来，原改制企业后来大多成为国有企业集团的母公司或控股股东（杨兴全、张照南，2008），从已有研究对企业集团数量和规模的统计看，国有企业集团下属上市公司的数量远远大于民营企业集团的上市公司数量（徐慧，2017）；黎文靖和严嘉怡（2021）通过对2008—2016年沪深证券交易所A股上市公司的研究发现，国有企业集团的规模不小于民营企业集团，国有企业集团平均拥有41家成员企业，而民营企业集团平均拥有26家成员企业；我国A股上市公司绝大多数都有集团背景，国有上市公司附属于企业集团的比例超过80%（辛清泉等，2007；刘媛媛等，2016）。在2019年的《国有企业在构建新发展格局中的作用研究报告》中提到，国有企业数量从2012年的14.7万户增加到了2019年的21.7万户，增长了47.6%；国有资产总额从2012年的89.5万亿元增长到2019年的233.9万亿元，增加了161.3%；国有资产净总额从2012年的32.0万亿元增长到2019年的84.1万亿元，增加了162.8%；2019年国有企业资产总额占当年国内社会总资产的14.1%。企业集团的发展是市场经济与政府干预共同作用的结果，国有企业集团是按照国家自上而下的政策建立起来的，更多地受到政府政策引导和行政干预的支持和推动，如政府常常通过推动国有企业兼并重组、资产划拨、"拉郎配"等行政干预方式构建"强强联合"的大型国有企业集团（李文海，2007）。表 5-4 列示了部分推进国有企业改革及建立国有企业集团的政策措施。

表 5-3　　　　上市公司数量、股票市价总值占 GDP 比重

年份	上市公司数量（个）	股票市价总值（亿元）	GDP（亿元）	股票市价总值/GDP（%）
2000	1088	48091	99214.6	48.5
2001	1160	43522	109655.2	39.7
2002	1224	38329	120332.7	31.9
2003	1287	42458	135822.8	31.3
2004	1377	37056	159878.3	23.2
2005	1381	32430	184937.4	17.5
2006	1434	89404	216314.4	41.3
2007	1550	327141	265810.3	123.1
2008	1625	121366	314045.4	38.6
2009	1718	243939	340902.8	71.6
2010	2063	265423	401202.0	66.2
2011	2342	214758	473104.0	45.4
2012	2494	230358	518942.1	44.4
2013	2489	239077	588018.8	40.7
2014	2613	372547	636138.7	58.6
2015	2827	531463	689052.1	77.1
2016	3052	507686	744127.2	68.2
2017	3485	567086	820754.3	69.1
2018	3584	434924	900309.5	48.3
2019	3777	592935	986515.2	60.1
2020	4154	797238	1015986.2	78.5

资料来源：笔者根据《中国统计年鉴（2021）》（http：//www.stats.gov.cn/tjsj/ndsj/2021/indexch.htm）整理。

表 5-4 推进国有企业改革及建立国有企业集团的政策文件

颁布年份	相关政策文件名称	文件号或发文部门
1980	《关于推动经济联合的暂行规定》	国务院
1986	《关于进一步推动横向经济联合若干问题的规定》 《国务院关于深化企业改革增强企业活力的若干规定》	国务院 国发〔1986〕103号
1987	《关于大型工业联营企业在国家计划中实行单列的暂行规定》 《关于组建和发展企业集团的几点意见》	国务院 国家体改委、国家经委
1989	《企业集团组织与管理座谈会纪要》	国家体改委
1991	《关于选择一批大型企业集团进行试点的请示》 《试点企业集团审批办法》 《关于国家试点企业集团登记管理实施办法（试行）》	国务院 国务院 国家工商局、国家计委、国家体改委、国务院生产办
1994	100家国有大中型企业试点	国务院
1997	《关于深化大型企业集团试点工作的意见》	国务院
1999	《中共中央关于国有企业改革和发展若干重大问题的决定》	党的十五届四中全会
2000	《企业集团财务公司管理办法》 《国有大中型企业建立现代企业制度和加强管理的基本规范》	中国人民银行 国务院
2001	《关于发展具有国际竞争力的大型企业集团的指导意见》	国家经贸委、中央企业工委
2002	《关于向外商转让上市公司国有股和法人股有关问题的通知》 《利用外资改组国有企业暂行规定》 《关于向外商转让上市公司国有股和法人股有关问题的通知》	证监发〔2002〕83号 国家经贸委、财政部、国家工商总局、国家外汇管理局 证监会、财政部和国家经贸委
2003	《企业国有资产监督管理暂行条例》 《国务院办公厅转发国务院国有资产监督管理委员会关于规范国有企业改制工作意见的通知》 《企业国有产权转让管理暂行办法》	国务院令第378号 国办发〔2003〕96号 国务院国资委、财政部令第3号
2005	《国务院办公厅转发国资委关于进一步规范国有企业改制工作实施意见的通知》	国办发〔2005〕60号
2006	《国务院办公厅转发国资委关于推进国有资本调整和国有企业重组指导意见的通知》	国办发〔2006〕97号
2013	《中共中央关于全面深化改革若干重大问题的决定》	党的十八届三中全会

续表

颁布年份	相关政策文件名称	文件号或发文部门
2014	《关于进一步优化企业兼并重组市场环境的意见》	国务院
2015	《关于深化国有企业改革的指导意见》 《关于国有企业发展混合所有制经济的意见》 《关于国有企业功能界定与分类的指导意见》	中共中央、国务院 国务院 国务院国资委、财政部、国家发改委
2016	《企业国有资产交易监督管理办法》 《关于推动中央企业结构调整与重组的指导意见》 《中央企业负责人经营业绩考核办法》	国务院国资委、财政部 国务院办公厅 国务院国资委
2017	《国务院国资委以管资本为主推进职能转变方案》 《中央企业公司制改制工作实施方案》 《关于深化混合所有制改革试点若干政策的意见》 《国务院办公厅关于进一步完善国有企业法人治理结构的指导意见》	国务院办公厅 国务院办公厅 发改经体〔2017〕2057号 国办发〔2017〕36号
2018	《国务院关于推进国有资本投资、运营公司改革试点的实施意见》 《关于印发〈国企改革"双百行动"工作方案〉的通知》	国发〔2018〕23号 国资发研究〔2018〕70号
2019	《关于印发〈中央企业混合所有制改革操作指引〉的通知》 《关于进一步推动构建国资监管大格局有关工作的通知》	国务院国资委 国务院国资委
2020	《"双百企业"推行职业经理人制度操作指引》 《国企改革三年行动方案（2020—2022年）》 《关于中央企业党的领导融入公司治理的若干意见（试行）》 《国有企业公司章程制定管理办法》	国务院国资委 国务院国资委 中央深改委 国资发改革规〔2020〕86号
2021	《关于中央企业在完善公司治理中加强党的领导的意见》	中共中央办公厅

国务院国资委自2003年成立以来，一直在推动中央企业的兼并重组、分拆上市，推进国有企业强强联合，以尽快实现培育一批具有国际竞争力的特大企业集团的目标。2006年国务院国资委发布的《关于推进国有资本调整和国有企业重组的指导意见》提出，要加快国有大型企业的调整和重组，依法推进国有企业强强联合，提高企业的规模经济效应，形成合理的产业集中度，培育一批具有国际竞争力的特大型企业集团。党的十八大以来，国务院国资委将兼并重组作为新一轮深化国有

企业改革的重点，以提升资源配置效率和企业竞争力，国有企业并购重组的过程也是国有企业集团内部资本市场形成和改变的过程。2016年，习近平总书记在全国国有企业改革座谈会上做出的重要指示强调，国有企业是壮大国家综合实力、保障人民共同利益的重要力量，必须理直气壮做强做优做大。党的十九届五中全会审议通过的《中共中央关于制定国民经济和社会发展第十四个五年规划和二〇三五年远景目标的建议》中明确提出，深化国资国企改革，做强做优做大国有资本和国有企业。当前国有企业的组织形式是建立了母子公司体制的企业集团，母公司及旗下的子公司、分公司已经形成集团化大企业，因此国有企业改革的对象应该是国有企业集团，而对集团起决定性作用的是母公司，因此对其进行改革是国有企业改革的重点。国务院国资委一直在推进国有及国有控股企业集团的改革，2017年底国有企业公司制改革已基本完成，改制面已达96%。这样的政策背景必将进一步推动国有企业集团内部资本市场形成和改进，国有企业集团利用内部资本市场实现内部资金配置。

（二）国有企业集团ICM的运行机制

随着国有企业改革的不断深化，兼并重组是政府推进国有企业集团快速组建、调整产业结构、优化资源配置的重要方式和手段。国有企业并购重组的过程是国有企业集团内部资本市场形成和改变的过程，ICM因其在缓解融资约束、信息传递、资金成本等方面具有优势，逐渐成为企业集团的主要资本来源。那么，ICM是如何对集团内部资金进行统一调配管理的呢？内部资本市场是介于企业和市场之间的一种中间组织结构，因此其资源配置具有"科层组织"与"市场"的双层特性（袁奋强，2015），其资源配置是在行政机制和价格机制双重机制调节下进行的（冯丽霞、杨鲁，2009）。科层组织特性使得集团总部可以利用"权威"通过ICM进行资本配置；市场特性使得集团总部配置资金时，根据各分部项目投资回报率的高低，将有限的资金分配到边际收益最高的分部，实现"优胜者选拔"。国有企业集团的产权特征和政治特征导致决策层在考虑项目投资因素之外，还会考虑行政因素，即国有企业集团的ICM配置中行政机制更加明显。在内部资本配置系统中，集团总部是配置主体，各分部（子公司）是接受主体，内部资金是配置载体，信息传递、价格导向、行政导向、激励约束等属于配置机制，内部借贷、内部银行、内部担保、内部投资、内部产品或服务往来等是配置方式。内部资金流动及信息传递都具有双向性，集团总部首先通过内部资本市场将各分部的资金进行归集，然后将外部融资所得资金与内部归集的资金通过 ICM 分配给各个分部；集团总部向各分部传递激励、监督等方面的信息，各分部向集团总部传递分部项目的相关信息，分部经理结合集团总部的激励监督信息选择自身行为，集团总部根据分部经理传递的项目信息进行资金配置。国有企业集团 ICM 的运行机制见图 5-1。

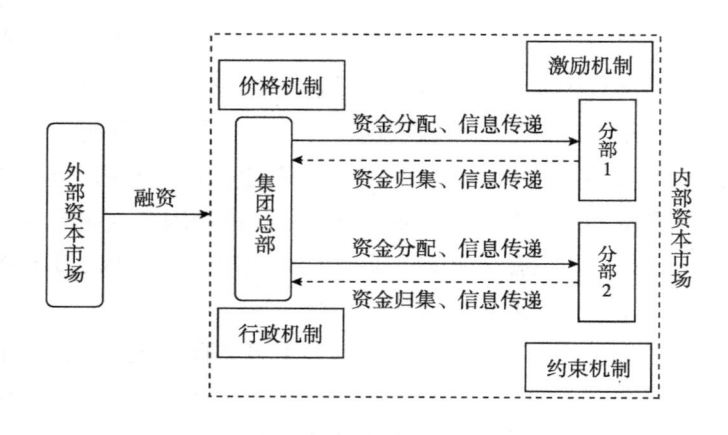

图 5-1　国有企业集团 ICM 运行机制

注：实线箭头表示从总部到分部的传递，虚线箭头表示从分部到总部的传递；虚线框表示内部资本市场。

（三）国有企业集团 ICM 的运作模式

国有企业集团通过 ICM 来实现内部资源配置的功能，为提升 ICM 运行效率及集团竞争力，必须加强对资金的集中管理，这就意味着要成立相应的内部资金管理机构，并且根据自身实际情况选择相应的资金集中管理模式。从我国国有企业集团的发展实践看，内部资金集中管理模式（ICM 的运作模式）主要有结算中心模式、内部银行模式与财务公司模式。

1. 结算中心模式

结算中心是在企业集团内部设立的职能机构，不具有独立的法人地位，隶属于集团财务部门或与之平行，由集团总部或母公司进行管理，用来办理各成员单位往来结算及现金收付业务。各成员单位可以设立独立的财务部门，但仍须在结算中心开立自己的结算账户，各成员单位超过限额的结余资金每天自动归集到结算中心账户，由结算中心集中管理、统一调配，按月支付利息。当各成员单位有资金需求时，可以向结算中心提出申请，结算中心查证其账户资金余额，如果账户余额大于申请金额，则由结算中心直接拨付；如果账户余额小于申请金额，则差额部分由结算中心提供借款，并收取利息。结算中心能够把各成员单位暂时闲置和分散的资金集中起来，以贷款的方式调配给有融资需求的内部成员单位，从而实现成员单位间的资金融通，降低融资成本，提高资金使用效率。结算中心模式的重要特点是集中程度高，集团总部（或母公司）通过设立总体管理账户，将各个成员单位暂时闲置的资金进行集中管理，根据各成员单位项目需求分配资金，各成员单位没有权力单独直接向外筹资。

2. 内部银行模式

内部银行是引入商业银行的基本职能和管理模式在企业集团内部建立的资金管理机构，与结算中心一样不具有独立法人地位，由集团总部或母公司管理，以商业银行的运作模式对企业集团内部资金进行统一调配。通过引入商业银行的信贷、结算、监督、调控与信息反馈职能，内部银行成为集团总部和各成员单位的经济往来结算中心、融资信贷中心、监督控制中心和信息反馈中心。内部银行模式除具有结算中心模式的功能外，还能依据有关规定通过内部银行发行只在集团各成员单位间流通的货币和支票。根据企业集团的层级结构，可以设立分级的内部银行，内部银行将集团的自有资金和商业银行的信贷资金在集团内部统一调配、融通运用。内部银行通过吸纳各成员单位的多余资金，利用信贷杠杆融通内部资金，缓解了各成员单位的融资约束，降低了资金使用成本。此外，内部银行也通过对各成员单位的收支、结余和经营状况等进行监督控制和信息反馈，及时为企业集团的决策提供准确的信息，提高了资金使用效率。

3. 财务公司模式

财务公司依托于大型企业集团，由集团投资成立是企业集团内部金融活动的中心，是 ICM 实现资金归集、资金配置等功能的主要运作平台之一。集团财务公司为企业集团成员单位提供财务管理服务的非银行金融机构，具有典型的 ICM 特征，是我国许多企业集团 ICM 运作的主要平台（王化成等，2011）。在我国，国家为了鼓励国有企业集团改制，将财务公司作为试点企业集团的配套政策之一（杜胜利、王宏淼，2001），作为发展"大公司、大集团"战略的配套措施，财务公司在中国已获得了迅速的发展（中国财务公司协会，2005）。2019 年国务院国资委印发的《关于加强中央企业金融业务管理和风险防范的指导意见》中，明确提出"支持央企财务公司发展，控制或限制与主业关联度不大的金融机构发展"的分类管理要求。在企业集团发展初期，中国的财务公司是以行政性主导的方式批设的，由企业集团申请，经过中国人民银行批准后在企业集团内部设立。随着政府对深化国有企业集团改革的不断推进，财务公司在助力国有企业集团发展提质增效的同时，自身也有了长足发展。自 1987 年中国人民银行批准设立第一家集团财务公司东风汽车工业财务公司以来，财务公司的数量及资产规模持续增长。截至 2019 年末，共有财务公司 258 家，其中国有企业财务公司 207 家（占 80.23%）；资产规模平稳增长，全行业表内外资产总额首次突破 10 万亿元，达 10.33 万亿元；资金集中度不断提高，年末全行业平均资金集中度高达 51.65%（中国财务公司协会，2020）。国家有关部门通过颁布、修订相关文件，逐渐明晰了财务公司的定义、业务范围等，① 银监会 2004 年修订的《企业集团财务公司管理办法》将财务公司界定为，以加强企业集团资金集中管理和提高企业集团资金使用效率为目的，为企业集团成员单位提供财务管理服务的非银行金融机构。因此，要利用 ICM 实现资金在企业集团各成员之间的流动与配置，就必须发展完善的企业集团财务公司作为基本的运行平台。财务公司是具有独立法人地位的企业集团附属金融机构，接受集团总部和银监会的双重监管，将企业集团内的资金进行集中管理，为各成员单位提供金融服务

---

① 为规范财务公司的行为，促进财务公司的健康发展，中国人民银行 1996 年颁布了《企业集团财务公司暂行管理办法》（银发〔1996〕355 号）、1997 年下发了《关于加强企业集团财务公司资金管理等问题的通知》（银发〔1997〕365 号）、2000 年颁布了《企业集团财务公司管理办法》，于 2004 年经银监会进行了修订，2006 年银监会通过了《中国银行业监督管理委员会关于修改〈企业集团财务公司管理办法〉的决定》。

（如消费信贷、资金借贷、资金内部调度、外汇结算等）。《企业集团财务公司管理办法》界定了成员单位，并规定了财务公司的业务范围。①中国财务公司协会（2020）将财务公司的业务总结为：资产业务（贷款业务、投资业务）、负债业务（存款业务）、同业业务（存放同业、同业拆借、买入返售与卖出回购）、中间业务（结算业务、担保类业务、委托类业务、顾问类业务）和国际业务（外汇交易、跨境资金池、其他国际业务、国际财资服务）；将财务公司的基本功能总结为集团资金归集平台、集团资金结算平台、集团资金监控平台、集团金融服务平台。财务公司的建立促进集团资金的集中管理，有利于增强内外部融资功能，为集团聚集资金、调节余缺，加快内部资金融通、提高资金配置效率。

二　国有企业集团 ICM 的特点及分部经理的行为特征

（一）国有企业集团 ICM 的特点

1. 产权特征

国有企业集团的产权特征，导致委托代理层次多、链条长，易出现所有者缺位、内部人控制等问题。较民营企业集团而言，国有企业集团的委托代理关系具有特殊性，具体表现为从初始委托人（全体人民）到政府的自下而上的授权链，以及从政府到最终代理人（业务员）的自上而下的授权链（张维迎，1995）。目前，国有企业公司制改革已基本完成，国有企业产权的根本特征是全民所有，国务院或各级人民政府代表全体人民行使所有权，从而形成第一层政治委托代理关系：全体公

---

① 成员单位包括母公司及其控股51%以上的子公司（以下简称子公司）；母公司、子公司单独或者共同持股20%以上的公司，或者持股不足20%但处于最大股东地位的公司；母公司、子公司下属的事业单位法人或者社会团体法人。

第二十八条　财务公司可以经营下列部分或者全部业务：（1）对成员单位办理财务和融资顾问、信用鉴证及相关的咨询、代理业务；（2）协助成员单位实现交易款项的收付；（3）经批准的保险代理业务；（4）对成员单位提供担保；（5）办理成员单位之间的委托贷款及委托投资；（6）对成员单位办理票据承兑与贴现；（7）办理成员单位之间的内部转账结算及相应的结算、清算方案设计；（8）吸收成员单位的存款；（9）对成员单位办理贷款及融资租赁；（10）从事同业拆借；（11）中国银行业监督管理委员会批准的其他业务。

第二十九条　符合条件的财务公司，可以向中国银行业监督管理委员会申请从事下列业务：（1）经批准发行财务公司债券；（2）承销成员单位的企业债券；（3）对金融机构的股权投资；（4）有价证券投资；（5）成员单位产品的消费信贷、买方信贷及融资租赁。

民—政府间的委托代理关系。国务院、各级地方政府设置国有资产监督管理委员会（以下简称"国资委"），由各级国资委代表政府履行出资人职责，从而形成第二层行政委托代理关系：政府—国资委间的委托代理关系。国资委委托国有资产经营管理公司或国有企业集团总部管理国有资产，负责集团整体统筹运作、资源调配等，从而形成第三层管理委托代理关系：股东（国资委）—集团总部间的委托代理关系。在国有企业集团总部管理下，各下属分部在分部经理领导下直接从事生产经营活动，从而形成第四层经营委托代理关系：集团总部—分部经理间的委托代理关系。在各分部下还有二级分部、三级分部、四级分部……在相邻的两级分部之间同样会形成相应的委托代理关系。从全体人民到最终代理人之间的代理链条，不仅包含第一等级由初始委托人到政府或相关政府部门的行政授权委托代理关系，还包含第二等级的由政府或相关政府部门到集团内部成员的经营授权委托代理关系，且经营权委托代理关系才是在经济中发挥实际作用的。集团总部及以下各级分部统称为国有企业集团的管理层级，伴随着国有企业集团规模扩张而来的是管理层级的不断增多，最长的高达19级。为提高管理效率，国务院国资委开展了"压缩管理层级、减少法人户数"行动，2016年"压减行动"开始时，35%的中央企业管理层级超过5级；2019年"压减行动"结束时，80%的中央企业管理层级低于4级；2022年中央企业压减工作'回头看'专项行动推进会启动了新一轮央企"压减"工作，指出新一轮"压减"工作的总目标是：下决心清理退出一批企业、优化整合一批企业、重点监控一批企业，进一步减少法人户数，力争将中央企业集团公司管理层级控制在4级以内、大多数企业法人层级控制在5级以内。

我国国有企业集团大多采用金字塔结构，国有大股东拥有集团总部（母公司）的绝大部分控制权，控股股东通过股权间接控制大量的低层级分部，但是控股股东只拥有这些低层级分部少部分的现金流权。"控制权"与"现金流权"的分离容易引发控股股东和中小股东的利益冲突，因此国有企业集团还存在第二类委托代理关系：控股股东—中小股东间的委托代理关系。由此可以看出，国有企业集团ICM的委托代理关系更加复杂、代理链条更加冗长（见图5-2）。国有企业集团的产权特征导致所有者是缺位的、虚拟的①，难以对管理者进行有效监督；管理者实际上控制了企业，但却几乎没有剩余控制权，从而容易滋生弱所有者、强管理者的内部人控制问题。

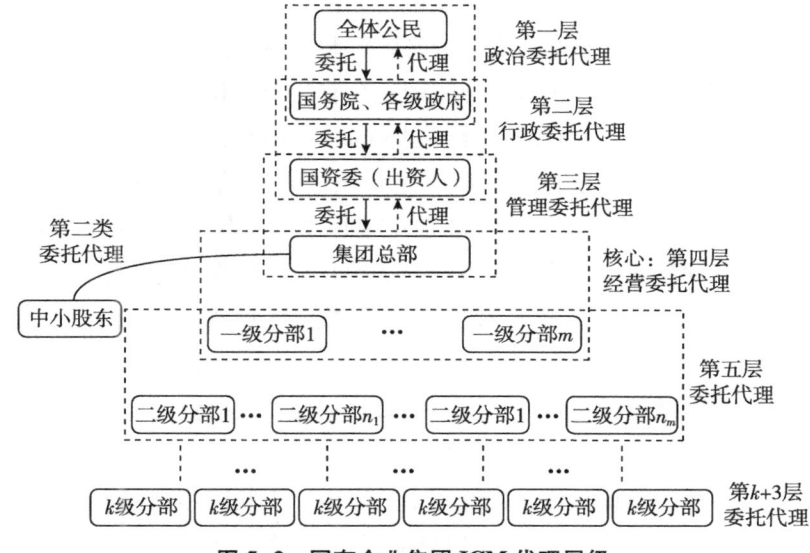

图 5-2　国有企业集团 ICM 代理层级

2. 组织属性

国有企业集团的双重组织属性（经济型组织与行政型组织）导致其公司治理模式与经营目标均具有双重性，公司治理模式普遍表现为行政型治理和经济型治理交织并存于组织内部，而经营目标除经济目标外，还有非经济目标（如社会责任目标、政治目标等）。随着深化国有企业改革的不断推进，国有企业公司制改革于 2017 年底已基本完成，国有企业改革的逻辑是由政府计划管控下的行政型治理（资源配置行政化、高管任免行政化和经营目标行政化的治理特征）向以市场机制为主的经济型治理转型（李维安，2018）。国有企业集团作为一种经济组织，是社会主义市场经济重要的微观基础，是国民经济的重要支柱，

---

① 所有者虚拟缺位的原因主要有两个方面：一方面，政府成为国有资产的代理人是依靠政权的力量，而不是初始委托人（全体人民）直接授权的结果；另一方面，初始委托人没有直接的剩余索取权，导致其缺乏监督代理人的积极性，即使进行监督也不能通过"以脚投票"的方式形成对代理人（政府）的威胁。

也是参与国际竞争的主导力量。国有企业集团的企业性，必然导致国有企业集团通过追求经济目标来保证国有资本的保值增值，从而实现国民经济的主导地位。此外，组建国有企业集团是除财政政策和货币政策之外，政府弥补市场功能缺陷、克服市场失灵、干预经济运行的另外一种方式。国有企业集团是政府实施经济政策和宏观调控的工具，加之全民所有的产权特征，导致国有企业集团还具有社会性和政治性。习近平总书记在 2019 年中共中央政治局会议上强调，"国有企业是中国特色社会主义的重要物质基础和政治基础，是党执政兴国的重要支柱和依靠力量"①。作为国家及政府意识形态的表现形式，国有企业集团肩负维护价格稳定、促进充分就业、实现产业结构升级、建设基础设施等使命职责，需要根据特定时期国家及政府的方针战略实现政治社会责任。由此可以看出，国有企业集团是一个复合型组织，具有经济和政治社会责任双重目标，既承担经济责任，又承担政治责任和社会责任。一方面，作为企业的国有企业集团需要通过提供产品或服务获得一定的收入和利润来支撑其存续，发挥其在国民经济中的作用，因此同非国有企业集团一样要追求利润最大化，实现经济目标；另一方面，作为全体人民的代理者，国有企业集团具备政治属性和社会属性，要维护全体人民的利益，因此还要追求社会福利最大化，实现政治社会责任目标。国有企业集团经济目标和政治社会责任目标是并列关系，而非国有企业集团只有在经济目标实现的前提下，才会关注社会责任目标。

3. 双重身份及属性

国有企业集团总部与分部经理不但都具有委托人与代理人双重身份，还都具备"经济人"与"政治人"双重属性。一方面，不论是作为企业集团管理者的总部，还是身为分部经营管理者的分部经理，都是国有企业集团这一经济组织中的参与者，都具有寻求经济收益的一面，因此他们都具备"经济人"属性。其中，集团总部在第三层国资委—集团总部委托代理关系中是代理人，在第四层集团总部—分部经理委托代理关系中则是委托人；而分部经理在第四层集团总部—分部经理委托

---

① 2019 年 11 月 29 日中共中央政治局召开会议，审议《中国共产党和国家机关基层组织工作条例》和《中国共产党国有企业基层组织工作条例（试行）》。

代理关系中是代理人，在第五层分部经理—员工（或分部经理—二级分部经理）委托代理关系中则是委托人。另一方面，国有企业集团具有政治组织属性，经营者往往来自政府、国资委等机构的行政委派（李维安，2018），因此集团总部与分部经理还具备"政治人"属性，将他们纳入行政管理是一种激励方式，同时也有助于政府与国有企业的干部交流。2006年中共中央办公厅颁布的《党政领导干部交流工作规定》中第16条明确提出，"实行党政机关与国有企业事业单位之间的干部交流。选调国有企业事业单位领导人才到党政机关任职，推荐党政领导干部到国有企业事业单位任职"。国有企业高管从政依旧延续，2019年中共中央修订后的《党政领导干部选拔任用工作条例》明确提出，"地方党政领导班子成员应当注意从担任过县（市、区、旗）、乡（镇、街道）党政领导职务的干部和国有企事业单位领导人员中选拔"。近年来，国有企业高管进入省级领导层的规模增长快速，2017年国有企业高管在现任省级领导中占比已超过16%，2021年3月31日全国8位履新的副省级干部中有3位是央企的高管。杨瑞龙等（2013）的研究表明，央企的发展方式仍然是"规模导向型"，央企领导更像是政府官员而非职业经理人。自党的十八届三中全会以来，深化国有企业改革的核心是市场化和去行政化，但国有企业集团的政治组织属性决定了国有企业高管的"政治人"属性仍将继续存在下去。由此可以看出，在高层级的委托代理关系中，总部与分部经理分别被委托进行集团与分部的经营管理，是代理人身份；在低层级的委托代理关系中，总部与分部经理分别作为集团与分部的资源提供方，则是委托人身份。即从不同层级的委托代理关系来看，总部与分部经理同时具备委托人与代理人双重身份。同时，国有企业集团既是经济组织又是政治组织，因此，总部与分部经理还同时具备"经济人"与"政治人"双重属性。

4. 外部资源优势

国有企业集团具有成立时间长、规模宏大、经营稳定等特征，加之国家信用背书使其具有较强的市场竞争力，此外其往往会受到更多的政府政策支持，因此拥有较强的外部资源优势，如政府部门、金融机构、社会信用对国有企业的软预算约束，使国有企业集团能够更便捷地获取外部资金，缓解内部融资约束。国有企业集团由于其国资属性通常能够更充分地利用金融、土地、劳动力等国家资源。在经济转型期间，由于外部资本市场尚未健全，政府通过行政手段促成了国有企业集团的形成，并出台了一系列的配套政策去扶持国有企业集团的发展，如组建集团财务公司、提供证券市场融资优先权、增加其进出口配额以及给予国有资产重组特权等，以期更好地推进制度改革以及融入世界经济（Guest and Sutherland，2010）。这些政策的本质是政府为国有企业集团提供发展所需的资金支持，从而导致了国有企业"预算软约束"的问题（Segal，1998；白少凡等，2021）。已有研究发现，政府对国有企业的隐性担保、金融机构的低风险偏好、中介机构和社会信用体系惩戒机制不健全使国有企业能够以较低成本获得融资是国有企业"预算软约束"的主要体现（白俊、连立帅，2012；汪莉、陈诗一，2015）。由于预算软约束的存在，国有企业集团相较于民营企业集团具有较强的信用和融资能力，而随着集团总资本的增加，集团成员企业的寻租动机也逐步增强，进而影响内部资本市场的资源配置效率。李艳荣（2007）研究发现，在我国部分以国有企业为核心的企业集团中，存在子公司为局部利益而不配合有效资本协作的行为。同时，国有企业集团面临较低的融资约束，也会使其缺乏有效分配内部资金的积极性，并且容易导致国有企业集团规模的不断扩张，使其内部资本市场的效率逐渐降低（冯丽霞、范奇芳，2007）。

（二）国有企业集团分部经理的行为特征

由于信息不对称、市场交易环境的复杂性、契约的不完全性、代理冲突、经理人市场不完善等问题，在"经济人假设"和"有限理性"的分析前提下，追求自身效用最大化的分部经理必然会尽最大努力保护和增加自己的利益，甚至不惜"损人利己"。国有企业集团中国有资产层层授权的经营管理模式，给予了分部经理进行"私利行为"的空间（王元芳、马连福，2014）；而国有企业开展的放权让利改革使得分部经理的权力不断被强化，从而导致内部人控制问题，进而强化了分部经理的机会主义行为动机（任广乾、田野，2018）。在集团总部与分部经理的委托代理关系中，总部与分部经理之间的权力和偏好并不相同。总部作为委托人，寄希望于各个分部尽可能地达到资金优化配置，从而实现集团整体利润最大化的目标；而分部经理作为代理人，其目标是实现部门利润最大化和自身利益最大化。因此，为了使自己所在部门能够获得更多的资源，分部经理有更强烈的意愿实施寻租活动，由此产生的代理问题被认为是内部资源配置低效乃至无效的重要原因（Scharfstein and Stein，2000；Rajan et al.，2000）。国有企业有一定的政治性和社会性负担，其与政府之间存在着一个隐含的长期契约，一方面由于信息不对称、市场交易环境的复杂性、契约不完全性等问题导致政府无法区分经营损失和政治损失；另一方面由于国有企业边界的刚性、保证就业权利、经理人市场不完善等问题导致政府和国有企业均无法以"退出"作为对违约的惩罚，从而导致并加剧了分部经理劳动努力程度下降和资产经营中的道德风险等机会主义行为问题。分部经理的机会主义行为主要体现在以下两个方面：一是隐藏信息；二是隐藏活动。

1. 在隐藏信息方面

分部经理存在消极地隐藏信息和积极地隐藏信息两种行为。在我国国有企业集团内部资本配置过程中，集团总部与分部的信息不对称现象普遍存在。一般而言，分部经理由于更熟知其所在部门的经营能力、项目潜力以及实际资金需求，因此占据信息优势地位；而集团总部则相对处于信息劣势，因此其在制定决策时往往更依赖于分部提供的信息，并据此比较不同分部投资项目的发展前景和盈利能力，从而对集团内部资源进行分配（王储等，2019）。然而，由于集团资源有限、各分部间权力斗争激烈等原因，在信息不对称的前提下，分部经理具有强烈的动机在竞争过程中隐藏信息以实现个人目的。一方面，分部经理采取消极的方式隐藏信息，即隐瞒、疏漏或拖延信息提供，主要包括以下几种形式：①隐瞒企业真实的经营状况与财务数据，如报喜不报忧。②隐瞒由于自身经营管理不力导致企业出现亏损的信息。③隐瞒企业真实的投资需求，或故意忽视未来投资的风险以骗取集团总部的内部资金、投资授权或投资计划核准等（Scharfstein and Stein，2000；陈菊花、周洁，2013；莫长炜等，2015）。另一方面，分部经理也会采取积极的方式隐藏信息，即伪造、捏造或篡改信息的方式向集团总部传递错误的信息，具体表现为：①虚夸企业的实际投资需求，如为了建构"企业帝国"而过度、盲目夸大企业投资需求。②为了增加自身竞争优势，夸大项目未来的投资盈利率（Ozbas，2005）。③即便部门经营状况不佳，也会夸大部门的重要性，伪造部门盈利状况良好的信息（Choe and Yin, 2009）。④扭曲对手部门的真实信息，或捏造对手部门的不利信息以赢取更多的资本配置（Edlin and Stiglitz, 1995；鄢翔等，2021）。无论分部经理是以消极的方式还是积极的方式隐藏信息，其行为都会加剧集团总部和分部之间的信息不对称，导致总部决策者对分部经营状况、项目竞争优势、资源配置方案等产生困扰和迷惑，难以做出最优的资源分配决策，从而为其后续的机会主义行为提供条件。分部经理也会与其他分部经理或集团总部管理层存在合谋的行为。国有企业的产权性质导致其损失与风险大都不需具体的行为人承担，国有企业集团总部要承担全部的监督成本，却只能分享剩余的很小一部分。因此，国有企业的代理人（总部CEO）不仅会容忍生产者（分部经理）的偷懒行为，甚至会与生产者合谋共同对付国家，从而导致国有资产的流失（杨瑞龙，1995）。分部经理对本部门的实际经营状况及投资需求收益等情况更为了解，相对于总部而言处于信息优势地位，尤其是在集团内部资金无法同时满足多个分部投资需求的情况下，分部经理往往通过隐藏不利于自身的信息，甚至与其他分部经理或总部CEO合谋伪造、篡改信息等方式，使本分部获得更多的资金配置，以实现自身效用最大化。

2. 在隐藏行动方面

分部经理也可能出于自身私利的考虑，产生浪费与滥用、偷懒、敲竹杠、寻租或影响力活动等机会主义行为。首先，分部经理的自利行为可能会造成企业内部资源的浪费与滥用，具体表现为过度投资和投资不足两个方面。在国有企业的委托代理经营中，分部经理作为代理人，其收入来源主要源于两个部分：一是针对其代理经营所授予的固定薪酬；二是根据其经营业绩（企业盈利）所授予的奖励薪酬。对于具有风险偏好态度的分部经理而言，其具有强烈动机利用内部资本市场获取的资金扩大投资规模、建造"商业帝国"（Jensen and Meckling, 1976），从而快速提升分部经营业绩，实现其获取高额薪酬、提升自身声誉等寻租的目的（王靖宇、张宏亮，2019；崔志霞等，2021），造成企业过度投资；而对于具有风险规避态度的分部经理而言，为避免承担投资失败风险、影响个人绩效考核，其更容易产生"偷懒"的行为，如规避任何创新或其他带风险性的投资，抑或放弃自身的决策权，把有利可图的投资项目拖黄，导致企业投资不足（辛清泉等，2007；郭晓冬等，2020）。以上行为均会造成国有企业内部资源的滥用和浪费，有损于所有者收益提升和企业价值增值。其次，分部经理也可能利用集团总部与分部之间的信息不对称实施"敲竹杠"行为，如故意引诱集团总部管理者分配高额资金，投入收益性低、发展潜力小的项目，进而游说集团总部在下一次资源配置时必须进行后期的巨额资金追加投入，以避免陷入项目前期投入"打水漂"之虞。最后，分部经理的寻租行为或者影响力活动往往是造成 ICM 配置低效的显著原因，最终损害企业价值（Milgrom and Roberts，1990；Scharfstein and Stein，2000）。为提高自身的私人利益，分部经理可以采取多种寻租行为，如花费时间为自己的履历润色，参加各种社交活动以提高自身知名度，加强与总部谈判的能力（邹薇、钱雪松，2005）。为了争取更多的资源或权利，分部经理愿意花费更多的时间和精力去进行外部公关活动，甚至通过贿赂总部经理、私下协议等方式，以期在内部资本市场中获取更高的资金配置。

信息不对称、契约不完全、委托代理冲突等为分部经理实施机会主义行为提供了条件，自利的分部经理在追求自身效用最大化时所产生的隐藏信息、隐藏行为等活动都属于机会主义行为，具体表现为：①夸大项目前景，瞒报、歪曲会计信息等。②偷懒、渎职、追求高在职消费，短期性经营行为等。③分部经理之间合谋、贿赂监督人员或与监督人员合谋、分部经理与总部合谋等。由于隐藏行为的活动通常不容易被识别，目前对分部经理的薪酬设计主要考虑的是如何激励其努力工作，并且本书主要围绕国有企业集团总部如何利用 ICM 开展资金配置的过程展开研究。因此，分部经理隐藏信息的机会主义行为是本书的研究重点。

三 DMOB 对国有企业集团 ICM 配置效率的影响

国有企业集团本质上是一组多重的契约关系，信息不对称、市场交易环境的复杂性等问题，导致了国有企业集团内母子公司间的管理契约与市场交易契约往往是不完全的。随着国有企业改革的不断深入，国有企业集团实现了两权分离、政企分离，必然会出现委托代理问题。在"经济人假设"和"有限理性"的分析前提下，国有企业集团经济活动的参与者（国资委、集团总部与分部经理）所追求的目标是不一致的，必然会导致委托人与代理人之间存在利益冲突。因此，追求各自利益

(效用)最大化的集团总部与分部经理之间必然存在代理冲突。Williamson(1985)将具有"损人利己"特征的机会主义行为作为影响资源配置效率的重要因素,并指出"人们在经济活动中总是尽最大努力保护和增加自己的利益。自私且不惜损人,只要有机会,就会损人利己"。集团总部委托分部经理经营分部,因此分部经理必然掌握了比总部更多的信息。有限理性的集团总部只能观测到分部经理的经营结果,而无法区分导致该结果是分部经理的行为,还是环境的不确定性,抑或是分部(成员企业)的政策性负担。在集团总部与分部经理之间存在利益冲突的前提下,契约的不完全、委托人的有限理性、环境的不确定性、信息的不对称、国有企业经营目标的双重属性等,是自利的分部经理实施机会主义行为的条件。此外,实施机会主义行为后是否被追究,被追究后需承担多少责任是影响机会主义行为是否发生或发生概率大小的核心原因。总部对分部经理的监管力度和强度,决定了分部经理在实施机会主义行为后被追究的程度,从而会影响分部经理的行为选择。本章的研究不考虑对分部经理的监管(下一章将考虑总部对分部经理的监管),此时自利的分部经理必然会实施机会主义行为。分部经理为了获得尽可能多的内部资源配给,在向集团总部传递项目的有关信息时,可能会实施夸大项目前景,隐瞒不利信息,混淆误导集团总部等隐藏信息的机会主义行为(Ozbas,2005;Choe and Yin,2009;陈良华等,2014)。下面通过一个简单模型来分析分部经理隐藏信息对 ICM 配置效率的影响。

假设分部所申请的项目质量 s 只有高(h)和低(l)两种,项目的投资收益为 $\pi(s) = \beta_s R(I) + \varepsilon$,其中,$\beta_h > \beta_l > 0$;$R(I)$ 为确定性投资收益,满足边际收益递减规律,即 $R'(I) > 0$,$R''(I) < 0$,且满足 $R(0) = 0$,$\lim_{I \to 0^+} R'(I) > 1$,$\lim_{I \to +\infty} R'(I) < 1$;$\varepsilon$ 为服从均值为零的正态随机扰动项。集团总部根据分部经理上报的项目信息,将内部资金按照一定的标准配置给各分部。与 ECM 资本配置是否有效的标准类似,判断 ICM 资本配置是否有效的理论测度是:配置给各分部的投资边际收益相等,且大于等于边际成本(Stein,2003)。假设总部与分部经理均为风险中性的,总部对分部经理的薪酬激励为 $a + b\pi(s)$,$0 < b < 1$,且不考虑资金机会成本。在不考虑融资约束的条件下,记高质量项目与低质量项目的最优投

资额分别为 I_h^* 与 I_l^*，根据利润最大化的一阶条件：$\beta_h R(I_h^*) = 1$ 及 $\beta_l R(I_l^*) = 1$。据前述对确定性投资收益的设定，可知 $I_h^* > I_l^*$，记 $I_h^* - I_l^* \equiv \Delta I > 0$；$R(I_h^*) > R(I_l^*)$，记 $R(I_h^*) - R(I_l^*) \equiv \Delta R > 0$。项目为低质量时，分部经理如实上报信息获得的期望收益为：$a + b\beta_l R(I_l^*)$；分部经理谎报信息获得的期望收益为：$a + b\beta_l R(I_h^*)$。由此可以看出，分部经理将低质量项目谎报为高质量项目，可以获得一个非负的超额收益，具体数值为 $b\beta_l \Delta R$。若将信息看作一种特殊的生产要素，则分部经理利用自身信息优势获得的该超额收益实际上是一种信息租金。然而，分部经理谎报会导致总部的期望投资净收益减少，减少数量为 $\beta_l \Delta R + \Delta I > 0$。

由此可以得出，当分部项目为低质量时，分部经理隐藏项目真实信息扭曲了总部的资金配置决策，获得了数量为 ΔI 的超额资金配给，以降低内部资金配置效率为代价（效率损失额为 $\beta_l \Delta R + \Delta I$），获得了一个数值为 $b\beta_l \Delta R$ 的正信息租金。若总部向分部经理支付其实施机会主义行为所能获得的信息租金 $b\beta_l \Delta R$（成本），则分部经理会如实传递信息，从而内部资金的经营绩效得到提升（收益），具体数量为 $(1-b)\beta_l \Delta R + \Delta I$。

第三节 DMOB 制衡与国有企业集团 ICM 配置效率

由前述分析可以看出，分部经理的机会主义行为是导致国有企业集团 ICM 配置低效的主要原因，向分部经理支付一定的信息租金，可以激励其向集团总部如实传递信息，从而提高国有企业集团 ICM 的配置效率。Choe 和 Yin（2009）、陈良华等（2014）将信息租金作为激励分部经理的一种手段，认为多元化企业 ICM 高效率配置的成本小于收益时，表现为多元化溢价；反之，表现为多元化折价。他们均假定集团总部只以利润最大化为目标，且集团总部管理者与分部经理均为风险中性。本章考虑国有企业集团经营目标的双重性，以及分部经理风险态度的差异性，引入信息租金理论基于成本收益的分析框架，在权衡信息租金（激励成本）与内部资金配置效率提升（收益）的基础上，构建"成本—收益权衡模型"，分析分部经理机会主义行为制衡与国有企业集团的 ICM 配置效率。

一 模型设计与假设提出

为提高国有企业集团的管理效率,2016年国务院国资委开展了"压缩管理层级、减少法人户数"行动（以下简称"压减行动"）,[①] 2019年"压减行动"结束时,80%的中央企业管理层级低于4级。郑国坚等（2017）通过对2005—2013年的国有企业集团进行描述性统计发现,国有企业集团的结构安排非常稳定,金字塔层级主要为3级（占全部样本的37.69%,只有一级分部）和4级（占全部样本的42.52%,拥有一级分部和二级分部）。徐慧（2017）的研究样本中,平均而言每家中央国有企业集团总部（或总公司）控制的A股上市公司约为3家,平均每家地方国有企业集团总部控制2.4家上市公司。因此,为分析简单起见,模型分析的是一个只有两个在各方面都类似的一级分部1和一级分部2组成的国有企业集团,内部资金在集团总部主导下通过ICM进行统一配置,从而实现资金在不同分部间的流动。集团总部处于控制、决策地位,分部经理拥有分部的经营权,其任命和管理通常隶属集团总部,总部与分部经理之间形成了委托代理关系,正是这一代理关系决定了国有企业集团ICM的配置效率。国有企业集团的总部较民营企业集团更具行政权威,总部依据一定的原则,对各分部经理申报的项目进行权衡,[②] 通过ICM将集团内部资金统一配置到各分部。总部很难从外部获得关于分部生产经营的可靠信息,而作为实际经营者的分部经理却拥有充分的内部信息,即总部与分部经理间存在信息不对称,加之产权结构扭曲使得分部经理有了实施机会主义行为的愿景,内部治理结构不完善,尤其是不考虑制约的条件下,分部经理的机会主义行为就一定会发生。假设每个分部归集到总部的资金均为$\bar{I}$,且都申请一个连续的投资机会$I \in (0, \infty)$,它主要由分部所申请的项目质量$s_i(i=1, 2)$决定,假定s_i只有高(h)和低(l)两种状态,且$P(s_i=h)=p$,则$P(s_i=l)=1-p$。若两个分部的项目所处状态之间相关,且记相关系数为$r(0 \leq r \leq 1)$,则

[①] 《关于中央企业开展压缩管理层级减少法人户数工作的通知》（国资发改革〔2016〕135号）。

[②] 总部也可以自己收集分部项目的相关信息,但这一收集成本可能很大,从而导致总部放弃自己收集。另外,如果总部可以独立获取信息并据此否决分部经理的提议,则会降低分部经理收集信息的激励。

$P(s_1=h, s_2=h) = p[1-(1-p)(1-r)]$,$P(s_1=l, s_2=l) = (1-p)[1-p(1-r)]$,$P(s_1=h, s_2=l) = P(s_1=l, s_2=h) = p(1-p)(1-r)$。只考虑资金这一投入要素，分部项目投入资金 I 可以获得的投资产出为 $\pi(s) = R(I, s) + \varepsilon$，其中，$R(I, s)$ 为确定性投资产出，满足边际报酬递减规律，即 $\frac{\partial R(I, s)}{\partial I} > 0$，$\frac{\partial^2 R(I, s)}{\partial I^2} < 0$，且满足 $R(0, s) = 0$，通常高质量项目的边际报酬较大，即 $\frac{\partial R(I, h)}{\partial I} > \frac{\partial R(I, l)}{\partial I} > 0$；$\varepsilon$ 为服从均值为 0、方差为 $\sigma^2(I)$ 的正态随机变量，表示投资产出的不确定性（风险），投资规模越大，由于规模效应、技术创新等因素，产出不确定性的波动应该越小，即 $\sigma^2(I)$ 为 I 的减函数。有效的薪酬契约设计有利于激励分部经理努力工作，现实中应用最广泛的是基于业绩的绩效薪酬制度（Jensen and Murphy, 1990），民营企业集团的分部经理中通常包括控股股东，而国有企业集团的分部经理几乎不拥有或拥有极少股份。因此，本书假定国有企业集团总部主导制定的分部经理薪酬为 $w(s) = a + \varphi \pi(s)$，其中，$0 < \varphi < 1$ 为分部经理的分享系数。

由于民营企业集团的经营绩效直接关系到股东利益，因此其总部的行为目标是股东利益最大化，具体到投资项目上而言就是利润最大化。根据前文的分析，国有企业集团是一个复合型组织，具有经济和非经济（政治、社会责任等）双重目标。与民营企业集团总部追求经济效益不同，国有企业集团总部的投资决策需要综合考虑政治方针、社会责任、经济效益等多种因素。国有企业集团的经济组织属性，要求其总部行为要以追求利润最大化为目标。国有企业集团的行政组织属性，要求其总部还要实现政府要求的增加就业岗位、稳定社会环境、增加税收、促进 GDP 增长等可能是非经济的经营目标。国有企业集团总部还会追求政绩之类与政治晋升相关的目标，而考核政绩的重要指标就是产值和财政收入，因此，追求规模扩张是实现产值最大化、满足政府要求的一个重要途径。国有企业集团规模越大，其总部所能控制的资源越多，他们能够得到的收入或能够享受的待遇也就越高。因此，国有企业集团总部的行为目标应该是利润和产值的加权最大化，假设利润与产值的权重分别为 η 与 $1-\eta$（$0 < \eta < 1$）。若 $\eta = 1$，则国有企业集团总部的行为目标只有

利润最大化（此种情形下与民营企业集团总部的行为目标一致）。不同的管理者在心理上对待投资产出不确定性（风险）的态度是存在明显个体差异的，学者将这种愿意接受的风险的程度称为风险态度，并将风险态度划分为风险厌恶、风险中性与风险偏好三种类型。模型主要涉及总部与分部经理两个参与人，总部代表政府（股东）的利益，以利润最大化和产值最大化的加权为目标，分部经理以自身效用最大化为目标。在内部资金配置过程中，总部可以通过组合不同分部项目来降低可分散风险，因此，假定总部是风险中性的，如果不考虑资本的机会成本，则民营企业集团总部期望利润最大化的行为目标可以表述为：$\max_I E[\pi(s)-I] = \max_I R(I,s) - I$；国有企业集团总部利润与产值加权的期望值最大化行为目标表述为：$\max_I E[\eta(\pi(s)-I)+(1-\eta)\pi(s)] = \max_I R(I,s) - \eta I$。分部经理只经营自己负责的分部，并且只能从分部产出中获得较小的一部分，通常在向总部申请项目时分部经理会选择自己熟悉的领域，因此，已有研究通常假定分部经理是风险规避的。分部经理不同的背景特征，往往会从心理上影响其对风险和收益的计量，从而影响分部经理的行为选择。不同个体对风险态度有共性，也有明显的个体差异，因此，我们考虑分部经理三种不同的风险态度。风险态度会影响个体的满意度，因此，通常用效用函数来量化风险态度。为分析简单起见，假设分部经理具有不变的绝对风险规避度 ρ，当 $\rho>0$ 时，表示分部经理是风险规避的；当 $\rho=0$ 时，表示分部经理是风险中性的；当 $\rho<0$ 时，表示分部经理是风险偏好的。综合全部假设如下：

假设 5-1：相对于总部，分部经理对其所申请项目的质量拥有更多信息，即总部与分部经理之间存在信息不对称；

假设 5-2：确定性投资产出 $R(I,s)$ 为连续递增凹函数，且高质量时的投资边际报酬较低质量时的大，即 $\dfrac{\partial R(I,h)}{\partial I} > \dfrac{\partial R(I,l)}{\partial I} > 0$，$\dfrac{\partial^2 R(I,s)}{\partial I^2} < 0$；投资产出的不确定性 ε 为服从正态分布的随机变量，即 $\varepsilon \sim N(0, \sigma^2(I))$，且 $\sigma^2(I)$ 为 I 的减函数；

假设 5-3：总部是风险中性的，分部经理的效用函数为 $U(w) = 1 - e^{-\rho w}$，即分部经理具有不变的绝对风险规避度 ρ，其随机性收益的确定性等价

收益 CE 为期望收益 $E[w(I,s)] = a + \varphi R(I,s)$ 扣除风险成本 $RC(I) = \frac{1}{2}$ $\rho \varphi^2 \sigma^2(I)$，具体表示为 $CE = a + \varphi R(I,s) - \frac{1}{2}\rho\varphi^2\sigma^2(I)$；进一步假定分部的项目为低质量时，分部经理的期望收益变化率不小于风险成本变换率的绝对值，即 $\frac{\partial R(I,l)}{\partial I} \geq \frac{1}{2}\varphi^2 \left| \rho \frac{\partial \sigma^2(I)}{\partial I} \right|$；

假设 5-4：不考虑资本的机会成本，总部的行为目标是利润 $(E[(\pi(s)-I)])$ 和产值 $(E[\pi(s)])$ 的加权最大化，利润与产值的权重分别为 η 与 $1-\eta$，即总部的目标函数为 $\max_I R(I,s) - \eta I$；

假设 5-5：在无预算约束时，优化问题 $\max_I R(I,s) - \eta I$ 总存在唯一的内解 $I_s^*(\eta)(s=h,l)$，即 $\lim_{I \to 0^+} \frac{\partial R(I,s)}{\partial I} > \eta$，且 $\lim_{I \to +\infty} \frac{\partial R(I,s)}{\partial I} < \eta$；

假设 5-6：不考虑总部对分部经理的监督，此时自利的分部经理必然会利用信息优势实施机会主义行为。

在无预算约束（资金足以支撑分部的任何投资需求）时，优化问题 $\max_I R(I,s) - \eta I$ 的一阶条件为：$\frac{\partial R(I,s)}{\partial I} = \eta(s=h,l)$。根据假设 5-2 可知，$1 > \frac{\partial R(I_l^*,l)}{\partial I_l^*} = \eta = \frac{\partial R(I_h^*,h)}{\partial I_h^*} > \frac{\partial R(I_h^*,l)}{\partial I_h^*}$，且 $\frac{\partial^2 R(I,s)}{\partial I^2} < 0$，可以得出：$I_h^*(\eta) > I_l^*(\eta)$，且 $\frac{\partial I_s^*(\eta)}{\partial \eta} = \frac{1}{\frac{\partial^2 R(I,s)}{\partial I^2}} < 0 (s=h,l)$，即项目为高质量时的最优投资水平大于低质量时的最优投资水平，并且利润最大化在经营目标中的权重 η 越大，最优投资额 $I_s^*(\eta)$ 越小。当 $\eta = 1$ 时，与民营企业集团总部的行为目标完全一致，利润最大化目标 $\max_I R(I,s) - I$ 的一阶条件为 $\frac{\partial R(I,s)}{\partial I} = 1$，其唯一存在的内解记为 $I_s^*(s=h,l)$，则 $I_s^*(\eta) > I_s^*$，即相对民营企业集团总部配给的最优投资而言，国有企业集团总部配给的最优投资通常呈现为过度投资。此外，分部经理将低质量项目谎报为高质量项目可以使其期望收益由 $a + \varphi R(I_l^*(\eta),l)$ 增加

为 $a+\varphi R(I_h^*(\eta), l)$，相应的风险成本也由 $\frac{1}{2}\rho\varphi^2\sigma^2(I_l^*(\eta))$ 变为 $\frac{1}{2}\rho\varphi^2\sigma^2(I_h^*(\eta))$。谎报使得分部经理获得超额的期望收益 $\varphi[R(I_h^*(\eta), l)-R(I_l^*(\eta), l)]>0$；风险成本变化的数值为 $\frac{1}{2}\rho\varphi^2[\sigma^2(I_h^*(\eta))-\sigma^2(I_l^*(\eta))]=\begin{cases}<0, & \rho>0 \\ 0, & \rho=0 \\ >0, & \rho<0\end{cases}$，即分部经理是风险规避型时，谎报使得风险成本下降；分部经理是风险中性型时，无须考虑风险成本，谎报不会影响风险成本；分部经理是风险偏好型时，谎报使得风险成本上升。自利的分部经理利用信息优势获得的超额确定性等价收益，即信息租金为 $IR(\eta)=\varphi[R(I_h^*(\eta), l)-R(I_l^*(\eta), l)]-\frac{1}{2}\rho\varphi^2[\sigma^2(I_h^*(\eta))-\sigma^2(I_l^*(\eta))]$。

二 模型构建与分析

为更好地说明分部经理行为对国有企业集团 ICM 资金配置的影响，本章引入信息租金理论，在经济学成本收益分析框架下，构建"成本—收益权衡模型"，对比分析分部经理机会主义行为的制衡，分析国有企业集团与民营企业集团的 ICM 配置效率。模型中的成本指的是总部为激励分部经理如实传递信息而支付的信息租金；收益指的是总部支付信息租金带来的 ICM 配置效率提升，即总部在分部经理如实传递信息时的投资净收益与实施机会主义行为后的投资净收益之差。在分部经理传递的项目信息基础上，国有企业集团总部通过 ICM 按照利润与产值加权最大化的行为目标，将归集到的全部资金 $2\bar{I}$ 统一调配，实现内部资金在两个分部间的流动。国有企业集团总部的行为目标函数为：

$$\begin{cases}\max \sum_{i=1}^{2}[R(I_i, s)-\eta I_i] \\ I_1+I_2 \leq 2\bar{I}\end{cases}$$

当 $\eta=1$ 时，与民营企业集团总部的行为目标函数相同为：

$$\begin{cases}\max \sum_{i=1}^{2}[R(I_i, s)-I_i] \\ I_1+I_2 \leq 2\bar{I}\end{cases}$$

预算约束的强弱（全部资金能够支撑两分部资金总需求的程度）会影响总部的资金配给量，按照预算约束强弱分为如下几种情况：

（1）在无预算约束时，集团内部资金充足，足以支撑分部进行任何数量的投资，相当于 $2\bar{I} \to +\infty$，此时集团总部的行为目标函数实际上是无约束的极值问题：$\max \sum_{i=1}^{2} [R(I_i, s) - \eta I_i]$，根据假设 5-5 可知该最优化问题存在唯一的内解 $I_s^*(\eta)$。结合假设 5-2 可以得出，$I_h^*(\eta) > I_l^*(\eta)$，且 $\dfrac{\partial I_s^*(\eta)}{\partial \eta} = \dfrac{1}{\dfrac{\partial^2 R(I, s)}{\partial I^2}} < 0 (s = h, l)$。若两分部所申请的项目均是高质量的，则每个分部都被配给数量为 $I_h^*(\eta)$ 的资金；若两分部所申请的项目均是低质量的，则每个分部都被配给数量为 $I_l^*(\eta)$ 的资金；若两分部所申请的项目质量不同，则高质量分部被配给数量为 $I_h^*(\eta)$ 的资金，低质量分部被配给数量为 $I_l^*(\eta)$ 的资金。若两个分部所申请的项目均是低质量的，此时每个分部经理的行为策略集都有如实与谎报两种，分部经理之间博弈的正则形式及他们在不同行为策略组合下的联合支付如表 5-5 所示。

表 5-5　　　　两个分部经理在各种策略组合下的联合支付

分部 2

分部 1		谎报	如实
	谎报	$a+\varphi R(I_h^*(\eta), l) - \dfrac{1}{2}\rho\varphi^2\sigma^2(I_h^*(\eta))$, $a+\varphi R(I_h^*(\eta), l) - \dfrac{1}{2}\rho\varphi^2\sigma^2(I_h^*(\eta))$	$a+\varphi R(I_h^*(\eta), l) - \dfrac{1}{2}\rho\varphi^2\sigma^2(I_h^*(\eta))$, $a+\varphi R(I_l^*(\eta), l) - \dfrac{1}{2}\rho\varphi^2\sigma^2(I_l^*(\eta))$
	如实	$a+\varphi R(I_l^*(\eta), l) - \dfrac{1}{2}\rho\varphi^2\sigma^2(I_l^*(\eta))$, $a+\varphi R(I_h^*(\eta), l) - \dfrac{1}{2}\rho\varphi^2\sigma^2(I_h^*(\eta))$	$a+\varphi R(I_l^*(\eta), l) - \dfrac{1}{2}\rho\varphi^2\sigma^2(I_l^*(\eta))$, $a+\varphi R(I_l^*(\eta), l) - \dfrac{1}{2}\rho\varphi^2\sigma^2(I_l^*(\eta))$

收益（分部 1，分部 2）

此博弈是一个囚徒困境问题，博弈的纳什均衡为（谎报，谎报），即两个低质量项目的分部经理均会实施谎报信息的机会主义行为。两个分部的项目同为低质量时，每个分部经理如实上报的激励相容约束为：

$$a+\varphi R(I_l^*(\eta), l) - \frac{1}{2}\rho\varphi^2\sigma^2(I_l^*(\eta)) + IR(\eta) \geq a + \varphi R(I_h^*(\eta), l) - \frac{1}{2}\rho\varphi^2\sigma^2(I_h^*(\eta))$$

一个分部的项目为低质量，另外一个分部项目为高质量时，低质量项目的分部经理如实上报的激励相容约束为：

$$a+\varphi R(I_l^*(\eta), l) - \frac{1}{2}\rho\varphi^2\sigma^2(I_l^*(\eta)) + IR(\eta) \geq a + \varphi R(I_h^*(\eta), l) - \frac{1}{2}\rho\varphi^2\sigma^2(I_h^*(\eta))$$

因此，分部经理谎报信息可以得到一个非负的信息租金：

$$IR(\eta) = \begin{cases} 0, & s_1 = s_2 = h \\ \varphi\Delta R(\eta, l) - \frac{1}{2}\rho\varphi^2\Delta\sigma^2(\eta), & otherwise \\ \varphi\Delta R(\eta, l) - \frac{1}{2}\rho\varphi^2\Delta\sigma^2(\eta), & s_1 = s_2 = l \end{cases}$$

其中，$\Delta R(\eta, l) \equiv R(I_h^*(\eta), l) - R(I_l^*(\eta), l) > 0$，$\Delta\sigma^2(\eta) \equiv \sigma^2(I_h^*(\eta)) - \sigma^2(I_l^*(\eta)) < 0$。总部对分部项目质量拥有较少信息，因此需要通过支付三种情况中的最大值来激励分部经理如实上报项目处于低质量这一信息，即此时总部实际需支付的信息租金为：$IR(\eta) = \varphi\Delta R(\eta, l) - \frac{1}{2}\rho\varphi^2\Delta\sigma^2(\eta) > 0$，结合假设5-2与假设5-3，显然该信息租金取值为正，即 $IR(\eta) > 0$。

（2）存在预算约束时，内部资金较少可能无法达到所需最优投资额之和，此时总部的资金配置行为目标函数为：

$$\begin{cases} \max \sum_{i=1}^{2} [R(I_i, s) - \eta I_i] \\ I_1 + I_2 = 2\overline{I} \end{cases}$$

两分部的项目质量相同时，总部平均分配内部资金；分部项目质量不同时，总部配给高质量项目的资金为 I_h，配给低质量项目的

资金为 I_l，总部最优配给资金的数值与 η 的大小无关，且由条件

$$\begin{cases}\dfrac{\partial R(I_h,\ h)}{\partial I}=\dfrac{\partial R(I_l,\ l)}{\partial I}>\eta\\ I_h+I_l=2\overline{I}\end{cases}$$ 决定。结合假设 5-2 确定性产出函数的性质

可知：$I_h>I_l$，$I_l<\min\{\overline{I},\ I_l^*(\eta)\}$，$\overline{I}<I_h<I_h^*(\eta)$。即存在预算约束且分部项目质量不同时，不论是高质量分部还是低质量分部均存在投资不足，并且资金从低质量分部向高质量分部转移，转移资金的数量为：$\overline{I}-I_l=I_h-\overline{I}>0$。按照预算约束程度的不同，进一步细分为如下三种情况：

①强预算约束：$\overline{I}<I_l^*(\eta)$，此时集团内部可用于投资的总资金很少，甚至无法支撑两分部项目同为低质量时的最优投资总额。两分部的项目质量相同时，总部平均分配内部资金，每个分部均被配给数量为 $\overline{I}$ 的资金；分部项目质量不同时，总部配给高质量项目的资金为 I_h，配给低质量项目的资金为 I_l。两个分部的项目同为低质量时，每个分部经理如实上报的激励相容约束为：$a+\varphi R(\overline{I},\ l)-\dfrac{1}{2}\rho\varphi^2\sigma^2(\overline{I})+IR(\eta)\geqslant a+\varphi R(\overline{I},\ l)-\dfrac{1}{2}\rho\varphi^2\sigma^2(\overline{I})$；一个分部的项目为低质量，另一个分部的项目为高质量时，低质量项目的分部经理如实上报的激励相容约束为：$a+\varphi R(I_l,\ l)-\dfrac{1}{2}\rho\varphi^2\sigma^2(I_l)+IR(\eta)\geqslant a+\varphi R(\overline{I},\ l)-\dfrac{1}{2}\rho\varphi^2\sigma^2(\overline{I})$。因此，分部经理谎报信息可以得到一个非负的信息租金：

$$IR(\eta)=\begin{cases}0,\ s_1=s_2=h\\ \varphi\Delta R(\overline{I},\ I_l,\ l)-\dfrac{1}{2}\rho\varphi^2\Delta\sigma^2(\overline{I},\ I_l),\ otherwise\\ 0,\ s_1=s_2=l\end{cases}$$

其中，$\Delta R(\overline{I},\ I_l,\ l)\equiv R(\overline{I},\ l)-R(I_l,\ l)>0$，$\Delta\sigma^2(\overline{I},\ I_l)\equiv\sigma^2(\overline{I})-\sigma^2(I_l)<0$。此时总部实际需支付的信息租金为：$IR(\eta)=\varphi\Delta R(\overline{I},\ I_l,\ l)-\dfrac{1}{2}\rho\varphi^2\Delta\sigma^2(\overline{I},\ I_l)$，结合假设 5-2 与假设 5-3，显然 $IR(\eta)>0$，即为获得低质量项目的真实信息，总部需向分部经理支付

一个非负的信息租金。

②较强预算约束：$I_l^*(\eta) \leq \bar{I} < \dfrac{I_h^*(\eta) + I_l^*(\eta)}{2}$，此时集团内部可用于投资的总资金较少，不足以支撑两分部项目同为低质量之外的最优投资总额。两分部的项目同为高质量时，每个分部都无法获得最优投资额，此时总部配给每个分部的资金数量均为 $\bar{I}$；两分部的项目同为低质量时，每个分部都可以获得最优投资额 $I_l^*(\eta)$；分部项目质量不同时，总部配给高质量项目与低质量项目的资金分别为 I_h 与 I_l。分部项目同为低质量时，每个分部经理如实上报的激励相容约束为：$a + \varphi R(I_l^*(\eta), l) - \dfrac{1}{2}\rho\varphi^2\sigma^2(I_l^*(\eta)) + IR(\eta) \geq a + \varphi R(\bar{I}, l) - \dfrac{1}{2}\rho\varphi^2\sigma^2(\bar{I})$；一个分部的项目为低质量，另一个分部的项目为高质量时，低质量项目的分部经理如实上报的激励相容约束为：$a + \varphi R(I_l, l) - \dfrac{1}{2}\rho\varphi^2\sigma^2(I_l) + IR(\eta) \geq a + \varphi R(\bar{I}, l) - \dfrac{1}{2}\rho\varphi^2\sigma^2(\bar{I})$。因此，分部经理谎报项目质量信息可以得到一个非负的信息租金：

$$IR(\eta) = \begin{cases} 0, & s_1 = s_2 = h \\ \varphi\Delta R(\bar{I}, I_l, l) - \dfrac{1}{2}\rho\varphi^2\Delta\sigma^2(\bar{I}, I_l), & otherwise \\ \varphi\Delta R(\bar{I}, I_l^*(\eta), l) - \dfrac{1}{2}\rho\varphi^2\Delta\sigma^2(\bar{I}, I_l^*(\eta)), & s_1 = s_2 = l \end{cases}$$

其中，$\Delta R(\bar{I}, I_l^*(\eta), l) \equiv R(\bar{I}, l) - R(I_l^*(\eta), l) > 0$，$\Delta\sigma^2(\bar{I}, I_l^*(\eta)) \equiv \sigma^2(\bar{I}) - \sigma^2(I_l^*(\eta)) < 0$。结合假设 5-2 与假设 5-3 可知，此时总部实际需支付的信息租金为：$IR(\eta) = \varphi\Delta R(\bar{I}, I_l, l) - \dfrac{1}{2}\rho\varphi^2\Delta\sigma^2(\bar{I}, I_l)$，显然该信息租金数值为正，即 $IR(\eta) > 0$。

③弱预算约束：$\dfrac{I_h^*(\eta) + I_l^*(\eta)}{2} \leq \bar{I} < I_h^*(\eta)$，此时集团内部可用于投资的总资金较充足，仅无法支撑两分部项目同为高质量时的最优投资总额。两分部的项目同为高质量时，每个分部都无法获得最优投资

额，此时，总部配给每个分部的资金数量均为 $\bar{I}$；两分部的项目同为低质量时，每个分部都可以获得最优投资额 $I_l^*(\eta)$；分部项目质量不同时，高质量项目与低质量项目的分部都可以获得最优投资额，分别为 $I_h^*(\eta)$ 与 $I_l^*(\eta)$。分部项目同为低质量时，每个分部经理如实上报质量信息的激励相容约束为：$a+\varphi R(I_l^*(\eta), l) - \frac{1}{2}\rho\varphi^2\sigma^2(I_l^*(\eta)) + IR(\eta) \geq a + \varphi R(\bar{I}, l) - \frac{1}{2}\rho\varphi^2\sigma^2(\bar{I})$；一个分部的项目为低质量，另一个分部的项目为高质量时，低质量项目的分部经理如实上报的激励相容约束为：$a+\varphi R(I_l^*(\eta), l) - \frac{1}{2}\rho\varphi^2\sigma^2(I_l^*(\eta)) + IR(\eta) \geq a + \varphi R(\bar{I}, l) - \frac{1}{2}\rho\varphi^2\sigma^2(\bar{I})$。因此，分部经理谎报信息可以得到一个非负的信息租金：

$$IR(\eta) = \begin{cases} 0, & s_1 = s_2 = h \\ \varphi\Delta R(\bar{I}, I_l^*(\eta), l) - \frac{1}{2}\rho\varphi^2\Delta\sigma^2(\bar{I}, I_l^*(\eta)), & otherwise \\ \varphi\Delta R(\bar{I}, I_l^*(\eta), l) - \frac{1}{2}\rho\varphi^2\Delta\sigma^2(\bar{I}, I_l^*(\eta)), & s_1 = s_2 = l \end{cases}$$

此时，总部实际需向分部经理支付的信息租金数值为 $IR(\eta) = \varphi\Delta R(\bar{I}, I_l^*(\eta), l) - \frac{1}{2}\rho\varphi^2\Delta\sigma^2(\bar{I}, I_l^*(\eta))$，结合假设5-2与假设5-3，显然 $IR(\eta)>0$，即总部需向分部经理支付一个非负的信息租金，以获取低质量项目的真实信息。

当分部经理传递项目质量的真实信息时，记 $S\pi_t = E[\sum_{i=1}^{2} R_i(I_i, ts_i) + \varepsilon_i - I_i] = \sum_{i=1}^{2} R_i(I_i, ts_i) - I_i$ 为两个分部总的期望净收益，其中，ts_i 表示第 i 个分部经理如实传递项目信息；当分部经理实施机会主义行为（谎报项目信息）时，两分部总的期望净收益记为 $S\pi_m = E[\sum_{i=1}^{2} R_i(I_i, ms_i) + \varepsilon_i - I_i] = \sum_{i=1}^{2} R_i(I_i, ms_i) - I_i$，其中，$ms_i$ 表示第 i 个分部经理谎报项目信息。通过向分部经理支付信息租金 $IR(\eta)$，总部可以获得的收益（总期望净收益的增加值）为 $\Delta S\pi = S\pi_t - S\pi_m$，对分部经理进行信

息租金制衡的净收益为 $N\Delta S\pi \equiv \Delta S\pi - 2IR(\eta)$，对分部经理行为进行制衡获得的投资净收益为 $NS\pi_t \equiv S\pi_t - 2IR(\eta)$。下面我们根据两个分部项目质量的不同组合来分析总部的成本与收益：

（1）当 $(s_1, s_2) = (h, h)$ 时，即两个分部项目都是高质量的，此时分部经理一定会向总部如实传递项目质量信息。因此，总部无须向分部经理支付信息租金，并且两分部总的期望净收益不变，数值为 $S\pi_t =$

$$S\pi_m = \begin{cases} 2[R(\bar{I}, h) - \bar{I}], & \bar{I} < I_h^*(\eta) \\ 2[R(I_h^*(\eta), h) - I_h^*(\eta)], & \bar{I} \geq I_h^*(\eta) \end{cases}, \text{即} IR(\eta) = 0, \text{且} \Delta S\pi = 0;$$

（2）当 $(s_1, s_2) = (h, l) = (l, h)$ 时，即两个分部的项目质量是不一致的，此时低质量项目的分部经理一定会向总部谎报信息，高质量项目的分部经理一定会向总部如实传递信息。为激励分部经理如实传递项目信息，总部需向其支付一个正的信息租金，数量为：

$$IR(\eta) = \begin{cases} \varphi\Delta R(\bar{I}, I_l, l) - \frac{1}{2}\rho\varphi^2\Delta\sigma^2(\bar{I}, I_l), & \bar{I} < \frac{I_h^*(\eta) + I_l^*(\eta)}{2} \\ \varphi\Delta R(\bar{I}, I_l^*(\eta), l) - \frac{1}{2}\rho\varphi^2\Delta\sigma^2(\bar{I}, I_l^*(\eta)) \\ \quad \frac{I_h^*(\eta) + I_l^*(\eta)}{2} \leq \bar{I} < I_h^*(\eta) \\ \varphi\Delta R(\eta, l) - \frac{1}{2}\rho\varphi^2\Delta\sigma^2(\eta), & \bar{I} \geq I_h^*(\eta) \end{cases}$$

分部经理如实传递信息获得的总期望净收益为：

$$S\pi_t = \begin{cases} R(I_h, h) + R(I_l, l) - 2\bar{I}, & \bar{I} < \frac{I_h^*(\eta) + I_l^*(\eta)}{2} \\ R(I_h^*(\eta), h) + R(I_l^*(\eta), l) - \\ \quad I_h^*(\eta) - I_l^*(\eta), & \bar{I} \geq \frac{I_h^*(\eta) + I_l^*(\eta)}{2} \end{cases}$$

分部经理谎报信息获得的总的期望净收益为：

$$S\pi_m = \begin{cases} R(\bar{I}, h) + R(\bar{I}, l) - 2\bar{I}, & \bar{I} < I_h^*(\eta) \\ R(I_h^*(\eta), h) + R(I_h^*(\eta), l) - 2I_h^*(\eta), & \bar{I} \geq I_h^*(\eta) \end{cases}$$

则总部获得的收益为：

$$\Delta S\pi = \begin{cases} \Delta R(I_h, \overline{I}, h) - \Delta R(\overline{I}, I_l, l), & \overline{I} < \dfrac{I_h^*(\eta) + I_l^*(\eta)}{2} \\ \Delta R(I_h^*(\eta), \overline{I}, h) - \Delta R(\overline{I}, I_l^*(\eta), l) + \\ \quad 2\overline{I} - I_h^*(\eta) - I_l^*(\eta), & \dfrac{I_h^*(\eta) + I_l^*(\eta)}{2} \leq \overline{I} < I_h^*(\eta) \\ I_h^*(\eta) - I_l^*(\eta) - \Delta R(\eta, l), & \overline{I} \geq I_h^*(\eta) \end{cases}$$

其中，$\Delta R(I_h, \overline{I}, h) = R(I_h, h) - R(\overline{I}, h)$，$\Delta R(I_h^*(\eta), \overline{I}, h) = R(I_h^*(\eta), h) - R(\overline{I}, h)$。结合假设 5-2 与假设 5-5 可知，总部向分部经理支付一个正的信息租金（数量为 $IR(\eta)$），可以获得一个正收益（制衡后得到的总期望净收益增加值），即 $IR(\eta) > 0$，且 $\Delta S\pi > 0$；

（3）当 $(s_1, s_2) = (l, l)$ 时，即两个分部项目都是低质量的，此时分部经理一定都会向总部谎报信息。为激励分部经理如实传递项目信息，总部需向其支付一个正的信息租金，总数量为：

$$IR(\eta) = \begin{cases} 2\varphi\Delta R(\overline{I}, I_l, l) - \rho\varphi^2\Delta\sigma^2(\overline{I}, I_l), & \overline{I} < \dfrac{I_h^*(\eta) + I_l^*(\eta)}{2} \\ 2\varphi\Delta R(\overline{I}, I_l^*(\eta), l) - \rho\varphi^2\Delta\sigma^2(\overline{I}, I_l^*(\eta)), \\ \quad \dfrac{I_h^*(\eta) + I_l^*(\eta)}{2} \leq \overline{I} < I_h^*(\eta) \\ 2\varphi\Delta R(\eta, l) - \rho\varphi^2\Delta\sigma^2(\eta), & \overline{I} \geq I_h^*(\eta) \end{cases}$$

分部经理如实传递信息获得的总期望净收益为：

$$S\pi_t = \begin{cases} 2[R(\overline{I}, l) - \overline{I}], & \overline{I} < I_l^*(\eta) \\ 2[R(I_l^*(\eta), l) - I_l^*(\eta)], & \overline{I} \geq I_l^*(\eta) \end{cases}$$

分部经理谎报获得的总期望净收益为：

$$S\pi_m = \begin{cases} 2[R(\overline{I}, l) - \overline{I}], & \overline{I} < I_h^*(\eta) \\ 2[R(I_h^*(\eta), l) - I_h^*(\eta)], & \overline{I} \geq I_h^*(\eta) \end{cases}$$

则通过向分部经理支付信息租金，总部获得的制衡收益为：

$$\Delta S\pi = \begin{cases} 0, & \overline{I} < I_l^*(\eta) \\ 2[\overline{I} - I_l^*(\eta) - \Delta R(\overline{I}, I_l^*(\eta), l)], & I_l^*(\eta) \leq \overline{I} < I_h^*(\eta) \\ 2[I_h^*(\eta) - I_l^*(\eta) - \Delta R(\eta, l)], & \overline{I} \geq I_h^*(\eta) \end{cases}$$

结合假设 5-2 与假设 5-5 可知，总部向分部经理支付一个正的信息租金，可以获得一个非负的收益(制衡后获得总的期望净收益增加)，即 $IR(\eta)>0$ 且 $\Delta S\pi \geq 0$。

综上可得，不论两个分部的项目质量是何种组合，均有 $IR(\eta) \geq 0$、$\Delta S\pi \geq 0$。即为激励分部经理约束其机会主义行为，总部均须向如实传递低质量项目信息的分部经理支付一个非负的信息租金，从而获得内部资金配置效率的提升。但只有 $\Delta S\pi > IR(\eta)$，即总部获得的资金配置效率提升(收益)大于其支付的信息租金(成本)时，才会通过向分部经理支付信息租金的方式来改善信息不对称，提高 ICM 配置效率。进一步可以得到，总部需支付的平均信息租金 $E[IR(\eta)]$、获得的平均收益 $E[\Delta S\pi]$ 及分部经理如实传递信息时两分部获得的总平均净收益 $E[S\pi_t]$ 分别为：

$$E[IR(\eta)]=\begin{cases}(1-p)\varphi[2\Delta R(\bar{I},I_l,l)-\rho\varphi\Delta\sigma^2(\bar{I},I_l)], & \bar{I}<\dfrac{I_h^*(\eta)+I_l^*(\eta)}{2}\\ (1-p)\varphi[2\Delta R(\bar{I},I_l^*(\eta),l)-\rho\varphi\Delta\sigma^2(\bar{I},I_l^*(\eta))], \\ \qquad \dfrac{I_h^*(\eta)+I_l^*(\eta)}{2}\leq\bar{I}<I_h^*(\eta)\\ (1-p)\varphi[2\Delta R(\eta,l)-\rho\varphi\Delta\sigma^2(\eta)], & \bar{I}\geq I_h^*(\eta)\end{cases}$$

$$E[\Delta S\pi]=\begin{cases}2p(1-p)(1-\tau)[\Delta R(I_h,\bar{I},h)-\Delta R(\bar{I},I_l,l)], & \bar{I}<I_l^*(\eta)\\ 2(1-p)\{p(1-\tau)[\Delta R(I_h,\bar{I},h)-\Delta R(\bar{I},I_l,l)]+\\ \qquad [1-p(1-\tau)]\Delta NR(I_l^*(\eta),\bar{I},l)\}, & I_l^*(\eta)\leq\bar{I}<\dfrac{I_h^*(\eta)+I_l^*(\eta)}{2}\\ 2(1-p)[\Delta NR(I_l^*(\eta),\bar{I},l)+p(1-\tau)\Delta NR(I_h^*(\eta),\bar{I},h)],\\ \qquad \dfrac{I_h^*(\eta)+I_l^*(\eta)}{2}\leq\bar{I}<I_h^*(\eta)\\ 2(1-p)\Delta NR(I_l^*(\eta),I_h^*(\eta),l), & \bar{I}\geq I_h^*(\eta)\end{cases}$$

其中，$NR(I,s)$ 表示投资 I 的净收益，$\Delta NR(m,n,s)$ 表示投资 m 的净收益与投资 n 的净收益之差，即

$$\Delta NR(I_h^*(\eta),\bar{I},h)=NR(I_h^*(\eta),h)-NR(\bar{I},h)$$
$$=[R(I_h^*(\eta),h)-I_h^*(\eta)]-[R(\bar{I},h)-\bar{I}],$$

$$\Delta NR(I_l^*(\eta), \overline{I}, l) = NR(I_l^*(\eta), l) - NR(\overline{I}, l)$$
$$= [R(I_l^*(\eta), l) - I_l^*(\eta)] - [R(\overline{I}, l) - \overline{I}],$$
$$\Delta NR(I_l^*(\eta), I_h^*(\eta), l) = NR(I_l^*(\eta), l) - NR(I_h^*(\eta), l)$$
$$= [R(I_l^*(\eta), l) - I_l^*(\eta)] -$$
$$[R(I_h^*(\eta), l) - I_h^*(\eta)];$$

$$E[S\pi_t] = \begin{cases} 2\{p[1-(1-p)(1-\tau)]NR(\overline{I}, h) + (1-p)[1-p(1-\tau)]NR(\overline{I}, l) + \\ p(1-p)(1-\tau)[NR(I_h, h) + NR(I_l, l)]\}, \overline{I} < I_l^*(\eta) \\ 2\{p[1-(1-p)(1-\tau)]NR(\overline{I}, h) + (1-p)[1-p(1-\tau)]NR(I_l^*(\eta), l) + \\ p(1-p)(1-\tau)[NR(I_h, h) + NR(I_l, l)]\}, I_l^*(\eta) \leq \overline{I} < \dfrac{I_h^*(\eta) + I_l^*(\eta)}{2} \\ 2\{p[1-(1-p)(1-\tau)]NR(\overline{I}, h) + (1-p)NR(I_l^*(\eta), l) + \\ p(1-p)(1-\tau)NR(I_h^*(\eta), h)\}, \dfrac{I_h^*(\eta) + I_l^*(\eta)}{2} \leq \overline{I} < I_h^*(\eta) \\ 2[(1-p)NR(I_l^*(\eta), l) + pNR(I_h^*(\eta), h)], \overline{I} \geq I_h^*(\eta) \end{cases}$$

为对比分析国有企业集团与民营企业集团之间的差异，将上述 $E[IR(\eta)]$、$E[\Delta S\pi]$ 及 $E[S\pi_t]$ 分别关于 η 求偏导数，具体表达式及符号如下所示：

$$\dfrac{\partial E[IR(\eta)]}{\partial \eta} = \begin{cases} 0, \overline{I} < \dfrac{I_h^*(\eta) + I_l^*(\eta)}{2} \\ (1-p)\varphi\left[\rho\varphi\dfrac{\partial \sigma^2(I)}{\partial I}\bigg|_{I=I_l^*(\eta)} - 2\eta\right]\dfrac{\partial I_l^*(\eta)}{\partial \eta}, \\ \qquad \dfrac{I_h^*(\eta) + I_l^*(\eta)}{2} \leq \overline{I} < I_h^*(\eta) \\ (1-p)\varphi\left[\left(2\dfrac{\partial R(I, l)}{\partial I} - \rho\varphi\dfrac{\partial \sigma^2(I)}{\partial I}\right)\bigg|_{I=I_h^*(\eta)}\dfrac{\partial I_h^*(\eta)}{\partial \eta} - \right. \\ \left. \left(2\eta - \rho\varphi\dfrac{\partial \sigma^2(I)}{\partial I}\right)\bigg|_{I=I_l^*(\eta)}\dfrac{\partial I_l^*(\eta)}{\partial \eta}\right], \overline{I} \geq I_h^*(\eta) \end{cases}$$

结合假设 5-2、假设 5-3 与假设 5-5 可知，存在预算约束（$\overline{I} < I_h^*(\eta)$）时，$\dfrac{\partial E[IR(\eta)]}{\partial \eta} \geq 0$。

$$\frac{\partial E[\Delta S\pi]}{\partial \eta}=\begin{cases}0, & \overline{I}<I_l^*(\eta)\\ 2(1-p)[1-p(1-r)](\eta-1)\dfrac{\partial I_l^*(\eta)}{\partial \eta}, & I_l^*(\eta)\leqslant\overline{I}<\dfrac{I_h^*(\eta)+I_l^*(\eta)}{2}\\ 2(1-p)(\eta-1)\left[p(1-r)\dfrac{\partial I_h^*(\eta)}{\partial \eta}+\dfrac{\partial I_l^*(\eta)}{\partial \eta}\right], & \dfrac{I_h^*(\eta)+I_l^*(\eta)}{2}\leqslant\overline{I}<I_h^*(\eta)\\ 2(1-p)\left[\dfrac{\partial I_h^*(\eta)}{\partial \eta}\left(1-\dfrac{\partial R(I,l)}{\partial I}\bigg|_{I=I_h^*(\eta)}\right)-(1-\eta)\dfrac{\partial I_l^*(\eta)}{\partial \eta}\right], & \overline{I}\geqslant I_h^*(\eta)\end{cases}$$

结合假设 5-2 与假设 5-5 可知，存在预算约束（$\overline{I}<I_h^*(\eta)$）时，$\dfrac{\partial E[\Delta S\pi]}{\partial \eta}\geqslant 0$。

$$\frac{\partial E[S\pi_t]}{\partial \eta}=\begin{cases}0, & \overline{I}<I_l^*(\eta)\\ 2(1-p)[1-p(1-r)](\eta-1)\dfrac{\partial I_l^*(\eta)}{\partial \eta}, & I_b^*\leqslant\overline{I}<\dfrac{I_h^*(\eta)+I_l^*(\eta)}{2}\\ 2(1-p)(\eta-1)\left[\dfrac{\partial I_l^*(\eta)}{\partial \eta}+p(1-r)\dfrac{\partial I_h^*(\eta)}{\partial \eta}\right], & \dfrac{I_h^*(\eta)+I_l^*(\eta)}{2}\leqslant\overline{I}<I_h^*(\eta)\\ 2(\eta-1)\left[(1-p)\dfrac{\partial I_l^*(\eta)}{\partial \eta}+p\dfrac{\partial I_h^*(\eta)}{\partial \eta}\right], & \overline{I}\geqslant I_h^*(\eta)\end{cases}$$

结合假设 5-2 与假设 5-5 可知，$\dfrac{\partial E[S\pi_t]}{\partial \eta}\geqslant 0$。

为分析分部项目质量间的相关性程度对国有企业集团 ICM 配置效率的影响，将 $E[IR(\eta)]$、$E[\Delta S\pi]$ 及 $E[S\pi_t]$ 分别关于相关性程度 r 求偏导数，具体表达式及符号如下所示：

$$\frac{\partial E[IR(\eta)]}{\partial r}=0,$$

$$\frac{\partial E[\Delta S\pi]}{\partial r}=\begin{cases}-2p(1-p)[\Delta R(I_h,\overline{I},h)-\Delta R(\overline{I},I_l,l)], & \overline{I}<I_l^*(\eta)\\ 2p(1-p)[\Delta NR(I_l^*(\eta),\overline{I},l)-\Delta R(I_h,\overline{I},h)+\Delta R(\overline{I},I_l,l)], \\ \qquad I_l^*(\eta)\leqslant\overline{I}<\dfrac{I_h^*(\eta)+I_l^*(\eta)}{2}\\ -2p(1-p)\Delta NR(I_h^*(\eta),\overline{I},h), & \dfrac{I_h^*(\eta)+I_l^*(\eta)}{2}\leqslant\overline{I}<I_h^*(\eta)\\ 0, & \overline{I}\geqslant I_h^*(\eta)\end{cases}$$

$$\frac{\partial E[S\pi_t]}{\partial r}=\begin{cases}-2p(1-p)[\Delta NR(I_h,\bar{I},h)+\Delta NR(I_l,\bar{I},l)],\ \bar{I}<I_l^*(\eta)\\ -2p(1-p)[\Delta NR(I_h,\bar{I},h)+\Delta NR(I_l,I_l^*(\eta),l)],\\ \quad I_l^*(\eta)\leqslant\bar{I}<\dfrac{I_h^*(\eta)+I_l^*(\eta)}{2}\\ -2p(1-p)\Delta NR(I_h^*(\eta),\bar{I},h),\ \dfrac{I_h^*(\eta)+I_l^*(\eta)}{2}\leqslant\bar{I}<I_h^*(\eta)\\ 0,\ \bar{I}\geqslant I_h^*(\eta)\end{cases}$$

结合假设 5-2 与假设 5-5 可知，$\dfrac{\partial E[S\pi_t]}{\partial r}\leqslant 0$。

此外，我们还关心分部经理的风险态度对其行为的影响，因此还需讨论平均信息租金关于风险规避度的变化情况，即分析 $E[IR(\eta)]$ 关于分部经理风险规避度的一阶偏导数。

$$\frac{\partial E[IR(\eta)]}{\partial \rho}=\begin{cases}-(1-p)\varphi^2\Delta\sigma^2(\bar{I},I_l),\ \bar{I}<\dfrac{I_h^*(\eta)+I_l^*(\eta)}{2}\\ -(1-p)\varphi^2\Delta\sigma^2(\bar{I},I_l^*(\eta)),\ \dfrac{I_h^*(\eta)+I_l^*(\eta)}{2}\leqslant\bar{I}<I_h^*(\eta)\\ -(1-p)\varphi^2\Delta\sigma^2(\eta),\ \bar{I}\geqslant I_h^*(\eta)\end{cases}$$

结合假设 5-2 可得，$\dfrac{\partial E[IR(\eta)]}{\partial \rho}>0$。

三 模型结论与比较

（一）关于最优投资额的结论

$\dfrac{\partial I_s^*(\eta)}{\partial \eta}<0(s=h,l)$，说明在不考虑融资约束的情况下，随着利润最大化目标在国有企业集团总部行为目标中所占权重的逐步上升，不论项目质量如何，分部被配给的资金均会减少。$I_s^*(\eta)>I_s^*(s=h,l)$，说明同一项目在国有企业集团中能够获得的资金配给较民营企业集团多，即国有企业集团总部通常会出现过度投资现象。由表 5-6 可以看出，只有在两个分部的项目质量不一致，且存在较强或强预算约束时，具有信息优势的 ICM 才会出现资金由低效率分部向高效率分部的转移。

表 5-6　　　　　　　不同情况下两分部获得的资金配给情况

预算约束程度 \ 分部质量组合	$(s_1, s_2)=(h, h)$	$(s_1, s_2)=(h, l)$	$(s_1, s_2)=(l, l)$
无预算约束 $\overline{I} \geq I_h^*(\eta)$	$(I_h^*(\eta), I_h^*(\eta))$ 不会谎报	$(I_h^*(\eta), I_l^*(\eta))$ 如实 $(I_h^*(\eta), I_h^*(\eta))$ 谎报	$(I_l^*(\eta), I_l^*(\eta))$ 如实 $(I_h^*(\eta), I_h^*(\eta))$ 谎报
弱预算约束 $\frac{I_h^*(\eta)+I_l^*(\eta)}{2} \leq \overline{I} < I_h^*(\eta)$	$(\overline{I}, \overline{I})$ 不会谎报	$(I_h^*(\eta), I_l^*(\eta))$ 如实 $(\overline{I}, \overline{I})$ 谎报	$(I_l^*(\eta), I_l^*(\eta))$ 如实 $(\overline{I}, \overline{I})$ 谎报
较强预算约束 $I_l^*(\eta) \leq \overline{I} < \frac{I_h^*(\eta)+I_l^*(\eta)}{2}$	$(\overline{I}, \overline{I})$ 不会谎报	(I_h, I_l) 如实 $(\overline{I}, \overline{I})$ 谎报	$(\overline{I}, \overline{I})$ 如实 $(\overline{I}, \overline{I})$ 谎报
强预算约束 $\overline{I} < I_l^*(\eta)$	$(\overline{I}, \overline{I})$ 不会谎报	(I_h, I_l) 如实 $(\overline{I}, \overline{I})$ 谎报	$(\overline{I}, \overline{I})$ 如实 $(\overline{I}, \overline{I})$ 谎报

（二）关于信息租金的结论

无论分部项目质量如何，都有 $IR(\eta) \geq 0$，进一步地，等号只在分部项目质量同时为高时成立。即总部为激励分部经理如实传递信息，需向低质量项目的分部经理支付一个正的信息租金，而无须向高质量项目的分部经理进行信息租金支付。$E[IR(\eta)] \geq 0$，说明为激励分部经理约束其机会主义行为，总部需向如实上报低质量项目的分部经理支付一个非负的平均信息租金。存在预算约束（$\overline{I} < I_h^*(\eta)$）时，$\frac{\partial E[IR(\eta)]}{\partial \eta} \geq 0$ 成立，说明随着利润最大化目标在国有企业集团总部行为目标中所占权重的逐步上升，总部需向分部经理支付的平均信息租金也会增加。存在预算约束（$\overline{I} < I_h^*(\eta)$）时，$E[IR] \geq E[IR(\eta)]$，说明相对于国有企业集团而言，在相同的情境下，民营企业集团总部需支付的信息租金成本较多。

当 $\frac{\partial E[IR(\eta)]}{\partial \rho} > 0$ 时，说明随着分部经理风险规避度 ρ 的增加，总

部需向分部经理支付的平均信息租金也会增加。总部需向风险规避型的分部经理支付的平均信息租金最多,向风险中性型的分部经理支付的平均信息租金居中,向风险偏好型的分部经理支付的平均信息租金最少。特别地,如果分部经理是风险偏好型的,此时所谓风险成本 RC 实际上是风险收益,当其风险规避度足够小使得 $\Delta RC(s_t, s_m) \geq \Delta E[w(s_m, s_t)]$ 成立时,分部经理不会谎报,这是因为分部经理谎报获得的信息租金为 $IR(\eta) = \Delta E[w(s_m, s_t)] - \Delta RC(s_t, s_m) \leq 0$。风险规避度足够小的风险偏好型分部经理,不会将真实质量信息 s_t 谎报为 s_m,因为谎报带来的期望收益的增加值不足以弥补风险收益的减少。

(三)关于总部收益的结论

当 $E[\Delta S\pi] \geq 0$ 时,说明总部向分部经理支付一个非负的信息租金,可以获得一个非负的收益,该收益是激励分部经理如实上报信息带来的内部资金配置效率提升。存在预算约束时,$\dfrac{\partial E[\Delta S\pi]}{\partial \eta} \geq 0$ 成立,说明随着利润最大化目标在国有企业集团总部行为目标中所占权重的逐步上升,总部对分部经理进行信息租金激励带来的收益逐步增大。存在预算约束时,$E[\Delta S\pi]|_{\eta=1} \geq E[\Delta S\pi]|_{\eta \in (0,1)}$ 成立,说明相对于国有企业集团而言,在相同的情境下,民营企业集团总部对分部经理进行信息租金激励带来的收益较多。在成本收益分析框架下有两种情况:若 $E[\Delta S\pi] > 2E[IR(\eta)]$ 成立,说明总部支付的成本小于其获得的收益,则总部应向分部经理支付信息租金以提升内部资金配置效率;若 $E[\Delta S\pi] \leq 2E[IR(\eta)]$ 成立,说明总部支付的成本不低于其获得的收益,则总部无须对分部经理进行信息租金激励。即总部是否对分部经理进行信息租金激励,取决于总部支付该信息租金激励所带来的内部资金配置效率净收益 $E[N\Delta S\pi] \equiv E[\Delta S\pi] - 2E[IR(\eta)]$ 是否大于零。

表 5-7　　不同情况下总部需向分部经理支付的信息租金情况

预算约束程度 \ 分部质量组合	$(s_1, s_2) = (h, h)$	$(s_1, s_2) = (h, l)$	$(s_1, s_2) = (l, l)$
无预算约束 $\overline{I} \geq I_h^*(\eta)$	0	$\varphi \Delta R(\eta, l) - \dfrac{1}{2}\rho \varphi^2 \Delta \sigma^2(\eta)$	$2\varphi \Delta R(\eta, l) - \rho \varphi^2 \Delta \sigma^2(\eta)$

续表

分部质量组合 / 预算约束程度	$(s_1, s_2)=(h, h)$	$(s_1, s_2)=(h, l)$	$(s_1, s_2)=(l, l)$
弱预算约束 $\dfrac{I_h^*(\eta)+I_l^*(\eta)}{2} \leq \overline{T} < I_h^*(\eta)$	0	$\varphi\Delta R(\overline{T}, I_l^*(\eta), l) - \dfrac{1}{2}\rho\varphi^2\Delta\sigma^2(\overline{T}, I_l^*(\eta))$	$2\varphi\Delta R(\overline{T}, I_l^*(\eta), l) - \rho\varphi^2\Delta\sigma^2(\overline{T}, I_l^*(\eta))$
较强预算约束 $I_l^*(\eta) \leq \overline{T} < \dfrac{I_h^*(\eta)+I_l^*(\eta)}{2}$	0	$\varphi\Delta R(\overline{T}, I_l, l) - \dfrac{1}{2}\rho\varphi^2\Delta\sigma^2(\overline{T}, I_l)$	$2\varphi\Delta R(\overline{T}, I_l, l) - \rho\varphi^2\Delta\sigma^2(\overline{T}, I_l)$
强预算约束 $\overline{T} < I_l^*(\eta)$	0	$\varphi\Delta R(\overline{T}, I_l, l) - \dfrac{1}{2}\rho\varphi^2\Delta\sigma^2(\overline{T}, I_l)$	$2\varphi\Delta R(\overline{T}, I_l, l) - \rho\varphi^2\Delta\sigma^2(\overline{T}, I_l)$

表 5-8　不同情况下总部进行信息租金激励带来的收益情况

分部质量组合 / 预算约束程度	$(s_1, s_2)=(h, h)$	$(s_1, s_2)=(h, l)$	$(s_1, s_2)=(l, l)$
无预算约束 $\overline{T} \geq I_h^*(\eta)$	0	$\Delta NR(I_l^*(\eta), I_h^*(\eta), l)$	$2\Delta NR(I_l^*(\eta), I_h^*(\eta), l)$
弱预算约束 $\dfrac{I_h^*(\eta)+I_l^*(\eta)}{2} \leq \overline{T} < I_h^*(\eta)$	0	$\Delta NR(I_h^*(\eta), \overline{T}, h) + \Delta NR(I_l^*(\eta), \overline{T}, l)$	$2\Delta NR(I_l^*(\eta), \overline{T}, l)$
较强预算约束 $I_l^*(\eta) \leq \overline{T} < \dfrac{I_h^*(\eta)+I_l^*(\eta)}{2}$	0	$\Delta R(I_h, \overline{T}, h) - \Delta R(\overline{T}, I_l, l)$	$2\Delta NR(I_l^*(\eta), \overline{T}, l)$
强预算约束 $\overline{T} < I_l^*(\eta)$	0	$\Delta R(I_h, \overline{T}, h) - \Delta R(\overline{T}, I_l, l)$	0

(四) 关于 ICM 配置效率的结论

无论分部项目质量如何，都有 $\Delta S\pi \geq 0$ 成立，即总部通过支付信息租金驱动分部经理如实传递信息，会使得总投资净收益增加，说明分部经理如实传递信息（相当于信息对称）时，集团内部资金的配置效率较高；$\dfrac{\partial E[S\pi_t]}{\partial \eta} \geq 0$，说明分部经理如实传递信息（相当于信息对称）时，国有企业集团 ICM 的配置效率随着利润最大化目标在总部行为目标中所占权重的上升而上升。特别地，$E[S\pi_t]|_{\eta=1} \geq E[S\pi_t]|_{\eta\in(0,1)}$，说明相对于国有企业集团而言，在相同的情境下，民营企业集团 ICM 的配置效率较高，这与本书第四章及部分学者的实证结果（窦欢等，2014；王艳林，2016）一致。在信息不对称时，自利的分部经理通过实施机会主义行为能够获得超额收益（非负的信息租金），但会导致集团内部资金配置低效（$S\pi_m \leq S\pi_t$），需对分部经理进行信息租金激励，才能实现 ICM 的高效配置。若满足条件 $\left[(1+\varphi)\eta - 1 - \dfrac{1}{2}\rho\varphi^2 \dfrac{\partial \sigma^2(I)}{\partial I}\Big|_{I=I_l^*}\right]\dfrac{\partial I_l^*(\eta)}{\partial \eta} + p(1-r)\dfrac{\partial I_h^*(\eta)}{\partial \eta} > 0$，则 $\dfrac{\partial E[S\pi_t - IR(\eta)]}{\partial \eta} > 0$ 成立，即总部进行信息租金制衡后获得的投资净收益为 η 的增函数。此时，国有企业集团对分部经理机会主义行为制衡获得的平均净收益，随着利润最大化目标在总部行为目标中所占权重的上升而增加。

(五) 关于项目相关性程度的结论

$\dfrac{\partial E[IR(\eta)]}{\partial r} = 0$，说明两分部项目质量间的相关性程度不影响总部所支付的平均信息租金。$E[\Delta S\pi]$ 与 r 有关，说明两分部项目质量间的相关性程度会影响总部进行信息租金制衡所获得的收益。若 $\Delta NR(I_l^*(\eta), \bar{I}, l) \leq \Delta R(I_h, \bar{I}, h) - \Delta R(\bar{I}, I_l, l)$，则 $\dfrac{\partial E[\Delta S\pi]}{\partial r} \leq 0$,[①] 说明

---

① $\dfrac{\partial E[\Delta S\pi]}{\partial r}$ 的符号只有在存在较强预算约束时不确定，其他三种预算约束情况下均为非正数。

总部进行信息租金制衡所获得的收益,随着两分部项目质量间的相关性程度增大而减小。$E[S\pi_t]$ 与 r 有关,说明两分部项目质量间的相关性程度会影响集团 ICM 的平均资金配置效率。当 $\frac{\partial E[S\pi_t]}{\partial r} \leq 0$ 时,说明集团 ICM 的平均资金配置效率随着两分部项目质量间的相关性程度增大而减小。注意,此时并未考虑两分部项目质量间的相关性程度带来的产出协同效应,该协同效应会使得 ICM 的平均资金配置效率随着相关性程度的增加而增大,因此,应该存在一个适度的相关性程度,使得 ICM 的平均资金配置效率达到最高。

四 数值模拟

为更好地理解前述模型中的主要参数(利润最大化目标在总部行为目标中的比重 η、分部经理的绝对风险规避度 ρ)对国有企业集团 ICM 配置效率的影响,本部分通过设定不同参数取值对模型分析进行数值模拟。根据模型对投资产出 $\pi(s)$ 的设定,本部分假定高质量项目与低质量项目的确定性产出分别为 $R(I,h)=6\sqrt{I}$ 与 $R(I,l)=2\sqrt{I}$,产出波动为 $\sigma^2(I)=e^{-I}$,且满足条件 $\varphi|\rho| \leq 2e^I I^{-\frac{1}{2}}$。分部经理如实上报信息的前提下,不考虑预算约束时,集团总部分别配给高质量项目分部与低质量项目分部的资金分别为 $I_h^*(\eta)=\frac{9}{\eta^2}$ 与 $I_l^*(\eta)=\frac{1}{\eta^2}$;存在较强以上预算约束,且两分部的项目质量不一致时,总部分别配给高质量项目分部与低质量项目分部的资金分别为 $I_h=1.8\bar{I}$ 与 $I_l=0.2\bar{I}$。设定 $p=0.5$,$\varphi=0.1$,$r=0$。

(1)若两个分部的项目都是高质量的,此时总部成本为 $IR(\eta)=0$,总部收益为 $\Delta S\pi=0$,两个分部总的期望净收益为:

$$S\pi_t = \begin{cases} 12\sqrt{\bar{I}}-2\bar{I}, & \bar{I} < \frac{9}{\eta^2} \\ \frac{36}{\eta}-\frac{18}{\eta^2}, & \bar{I} \geq \frac{9}{\eta^2} \end{cases}$$

要保证净收益的非负性,应有 $\eta>0.5$,否则集团处于亏损状态。

(2)若两个分部的项目质量是不一致的,此时分部经理如实传递信息获得的总期望净收益为:

$$S\pi_t = \begin{cases} 20\sqrt{0.2\bar{I}} - 2\bar{I}, & \bar{I} < \dfrac{5}{\eta^2} \\ \dfrac{20}{\eta} - \dfrac{10}{\eta^2}, & \bar{I} \geq \dfrac{5}{\eta^2} \end{cases}$$

总部收益为：

$$\Delta S\pi = \begin{cases} (20\sqrt{0.2} - 8)\sqrt{\bar{I}}, & \bar{I} < \dfrac{5}{\eta^2} \\ \dfrac{20}{\eta} - 8\sqrt{\bar{I}} + 2\bar{I} - \dfrac{10}{\eta^2}, & \dfrac{5}{\eta^2} \leq \bar{I} < \dfrac{9}{\eta^2} \\ \dfrac{8}{\eta^2} - \dfrac{4}{\eta}, & \bar{I} \geq \dfrac{9}{\eta^2} \end{cases}$$

总部成本（支付的信息租金）为：

$$IR(\eta) = \begin{cases} 2(1-\sqrt{0.2})\varphi\sqrt{\bar{I}} - 0.5\rho\varphi^2(e^{-T} - e^{-0.2T}), & \bar{I} < \dfrac{5}{\eta^2} \\ (2\sqrt{\bar{I}} - \dfrac{2}{\eta})\varphi - 0.5\rho\varphi^2(e^{-T} - e^{-\frac{1}{\eta^2}}), & \dfrac{5}{\eta^2} \leq \bar{I} < \dfrac{9}{\eta^2} \\ \dfrac{4}{\eta}\varphi - 0.5\rho\varphi^2(e^{-\frac{9}{\eta^2}} - e^{-\frac{1}{\eta^2}}), & \bar{I} \geq \dfrac{9}{\eta^2} \end{cases}$$

（3）若两个分部的项目都是低质量的，此时分部经理如实传递信息获得的总期望净收益为：

$$S\pi_t = \begin{cases} 4\sqrt{\bar{I}} - 2\bar{I}, & \bar{I} < \dfrac{1}{\eta^2} \\ \dfrac{4}{\eta} - \dfrac{2}{\eta^2}, & \bar{I} \geq \dfrac{1}{\eta^2} \end{cases}$$

总部收益为：

$$\Delta S\pi = \begin{cases} 0, & \bar{I} < \dfrac{1}{\eta^2} \\ 2\bar{I} - \dfrac{2}{\eta^2} - 4\sqrt{\bar{I}} + \dfrac{4}{\eta}, & \dfrac{1}{\eta^2} \leq \bar{I} < \dfrac{9}{\eta^2} \\ \dfrac{16}{\eta^2} - \dfrac{8}{\eta}, & \bar{I} \geq \dfrac{9}{\eta^2} \end{cases}$$

总部成本（支付的信息租金）为：

$$IR(\eta) = \begin{cases} 4(1-\sqrt{0.2})\varphi\sqrt{\bar{I}} - \rho\varphi^2(e^{-T} - e^{-0.2T}), & \bar{I} < \dfrac{5}{\eta^2} \\ (4\sqrt{\bar{I}} - \dfrac{4}{\eta})\varphi - \rho\varphi^2(e^{-T} - e^{-\frac{1}{\eta^2}}), & \dfrac{5}{\eta^2} \leq \bar{I} < \dfrac{9}{\eta^2} \\ \dfrac{8}{\eta}\varphi - \rho\varphi^2(e^{-\frac{9}{\eta^2}} - e^{-\frac{1}{\eta^2}}), & \bar{I} \geq \dfrac{9}{\eta^2} \end{cases}$$

在考虑 η 取值变化对 ICM 配置效率的影响时，假定分部经理是风险中性的，当 $\eta=0.6$、$\eta=0.8$ 与 $\eta=1.0$ 时，总部需支付的平均信息租金激励与制衡带来的平均收益变化分别见图 5-3 与图 5-4。

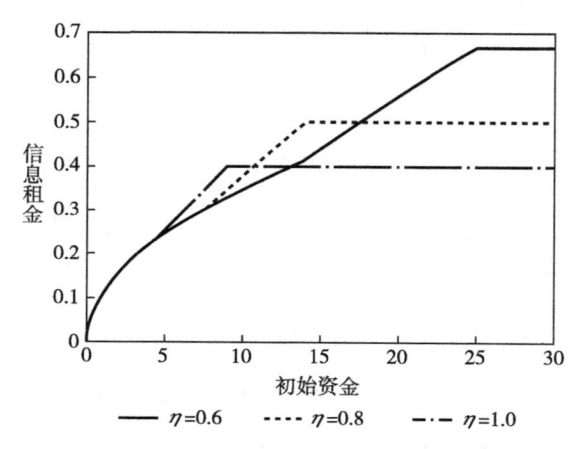

图 5-3 η 对平均信息租金 $E[IR]$ 的影响

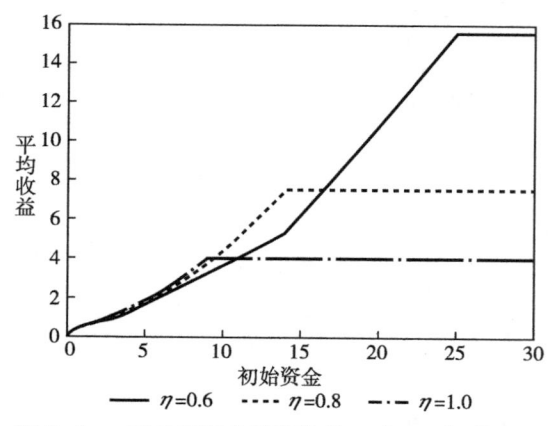

图 5-4 η 对信息租金制衡收益 $E[\Delta S\pi]$ 的影响

$$E[IR]|_{\eta=0.6} = \begin{cases} 0.2(1-\sqrt{0.2})\sqrt{\bar{I}}, & \bar{I} < \dfrac{125}{9} \\ 0.2\sqrt{\bar{I}} - \dfrac{1}{3}, & \dfrac{125}{9} \leqslant \bar{I} < 25 \\ \dfrac{2}{3}, & \bar{I} \geqslant 25 \end{cases}$$

$$E[IR]|_{\eta=0.8} = \begin{cases} 0.2(1-\sqrt{0.2})\sqrt{\bar{I}}, & \bar{I} < \dfrac{125}{16} \\ 0.2\sqrt{\bar{I}} - \dfrac{1}{4}, & \dfrac{125}{16} \leqslant \bar{I} < \dfrac{225}{16} \\ 0.5, & \bar{I} \geqslant \dfrac{225}{16} \end{cases}$$

$$E[IR]|_{\eta=1} = \begin{cases} 0.2(1-\sqrt{0.2})\sqrt{\bar{I}}, & \bar{I} < 5 \\ 0.2\sqrt{\bar{I}} - 0.2, & 5 \leqslant \bar{I} < 9 \\ 0.4, & \bar{I} \geqslant 9 \end{cases}$$

$$E[\Delta S\pi]|_{\eta=0.6} = \begin{cases} (10\sqrt{0.2}-4)\sqrt{\bar{I}}, & \bar{I} < \dfrac{25}{9} \\ (10\sqrt{0.2}-5)\sqrt{\bar{I}} + 0.5\bar{I} + \dfrac{5}{18}, & \dfrac{25}{9} \leqslant \bar{I} < \dfrac{125}{9} \\ 1.5\bar{I} - 5\sqrt{\bar{I}} + \dfrac{55}{18}, & \dfrac{125}{9} \leqslant \bar{I} < 25 \\ \dfrac{140}{9}, & \bar{I} \geqslant 25 \end{cases}$$

$$E[\Delta S\pi]|_{\eta=0.8} = \begin{cases} (10\sqrt{0.2}-4)\sqrt{\bar{I}}, & \bar{I} < \dfrac{25}{16} \\ (10\sqrt{0.2}-5)\sqrt{\bar{I}} + 0.5\bar{I} + \dfrac{15}{32}, & \dfrac{25}{16} \leqslant \bar{I} < \dfrac{125}{16} \\ 1.5\bar{I} - 5\sqrt{\bar{I}} + \dfrac{165}{32}, & \dfrac{125}{16} \leqslant \bar{I} < \dfrac{225}{16} \\ \dfrac{15}{2}, & \bar{I} \geqslant \dfrac{225}{16} \end{cases}$$

$$E[\Delta S\pi]|_{\eta=1} = \begin{cases} (10\sqrt{0.2}-4)\sqrt{\overline{I}}, & \overline{I}<1 \\ (10\sqrt{0.2}-5)\sqrt{\overline{I}}+0.5\overline{I}+0.5, & 1\leq\overline{I}<5 \\ 1.5\overline{I}-5\sqrt{\overline{I}}+5.5, & 5\leq\overline{I}<9 \\ 4, & \overline{I}\geq 9 \end{cases}$$

在考虑 ρ 取值变化对信息租金的影响时，假定 $\eta=1$，$\rho=20$、$\rho=0$ 与 $\rho=-20$ 时，总部需支付的平均信息租金变化情况见图 5-3。

$$E[IR]|_{\rho=20} = \begin{cases} 0.2(1-\sqrt{0.2})\sqrt{\overline{I}}-0.1(e^{-T}-e^{-0.2T})], & \overline{I}<5 \\ 0.2\sqrt{\overline{I}}-0.2-0.1(e^{-T}-e^{-1}), & 5\leq\overline{I}<9 \\ 0.4-0.1(e^{-9}-e^{-1}), & \overline{I}\geq 9 \end{cases}$$

$$E[IR]|_{\rho=-20} = \begin{cases} 0.2(1-\sqrt{0.2})\sqrt{\overline{I}}+0.1(e^{-T}-e^{-0.2T})], & \overline{I}<5 \\ 0.2\sqrt{\overline{I}}-0.2+0.1(e^{-T}-e^{-1}), & 5\leq\overline{I}<9 \\ 0.4+0.1(e^{-9}-e^{-1}), & \overline{I}\geq 9 \end{cases}$$

由图 5-3 和图 5-4 可以看出：在存在预算约束的情况下，为提高信息透明度，随着利润最大化在国有企业集团总部行为目标中所占权重的上升，总部支付的平均激励成本 $2E[IR]$ 与信息租金制衡获得的平均收益 $E[\Delta S\pi]$ 都将增加。在不存在预算约束的情况下，总部支付的平均成本与平均收益都随着利润最大化在国有企业集团总部行为目标中所占

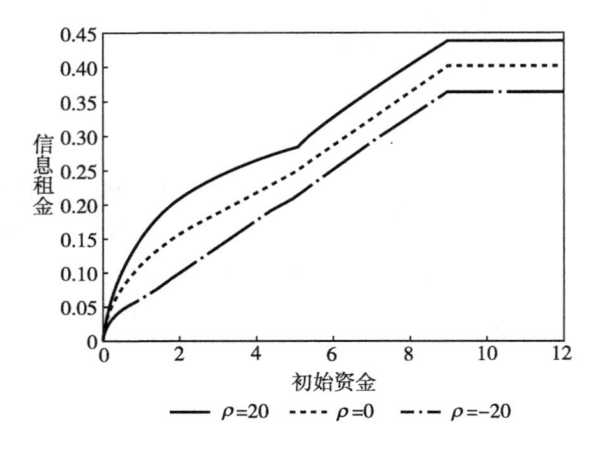

图 5-5 ρ 对平均信息租金 $E[IR]$ 的影响

权重的上升而减小。显然，总部支付的平均激励成本（信息租金）$2E[IR]$ 小于信息租金制衡获得的平均收益 $E[\Delta S\pi]$，因此，总部进行信息租金制衡有利于提升集团内部资金配置效率。由图 5-5 可以看出，通过实施机会主义行为，风险规避型的分部经理可以获得的平均信息租金 $E[IR]$ 最大，风险中性型的分部经理获得的居中，风险偏好型的分部经理获得的最小。

第四节 本章小结与研究启示

一 本章小结

随着改革开放的不断深入，中国外部金融市场得到了迅速发展，但在规模和结构等方面仍然与经济社会发展需求存在较大差距，利用 ICM 与 ECM 的互补性或替代性来创造价值是国有企业集团主动构建 ICM 的原动力。国有企业集团的 ICM 配置中行政机制更加明显，集团总部是配置主体，各分部（子公司）是接受主体，内部资金是配置载体，信息传递、价格导向、行政导向、激励约束等属于配置机制，内部借贷、内部银行、内部担保、内部投资、内部产品或服务往来等是配置方式。从我国国有企业集团的发展实践看，内部资金集中管理模式（ICM 的运作模式）主要有：结算中心模式、内部银行模式与财务公司模式。国有企业集团 ICM 呈现出委托代理层次多链条长、公司治理模式与经营目标均具有双重性、管理层身份除了委托人与代理人双重属性外还具有"经济人"与"政治人"双重属性、拥有较强的外部资源优势等特点。分部经理是集团运营的中坚力量，是战略决策的具体执行者，肩负着集团发展的管理职能，起到承上启下的作用。信息不对称、契约不完全、委托代理冲突、国有企业集团的政治社会责任目标等为分部经理实施机会主义行为提供了条件，自利的分部经理在追求自身效用最大化时，容易产生夸大项目前景、偷懒渎职、追求高在职消费、合谋等隐藏信息或隐藏行为的机会主义行为。本章分析了国有企业集团 ICM 的发展与分部经理行为的机会主义特征，立足国企业经济和非经济的双重目标，量化总部行为目标，引入信息租金理论在成本收益的分析框架下，对隐藏信息的 DMOB 影响 ICM 配置效率的作用机理以及信息租金对

DMOB 的制衡作用进行了一般分析，借助与民营企业集团的对比得出了以下结论：

（1）国有企业集团总部行为目标既追求利润最大化，又追求产值最大化，导致国有企业集团总部通常会出现过度投资现象，降低 ICM 配置效率，只有在两个分部的项目质量不一致，且存在较强或强预算约束时，信息透明度高的 ICM 才会出现资金由低效率分部向高效率分部的转移，进而有效提升集团价值。

（2）在存在预算约束的情况下，无论是在民营企业集团还是在国有企业集团，具有信息优势的分部经理都会通过实施机会主义行为获取超额私人收益（信息租金），但会导致总部资金配置扭曲，进而降低 ICM 配置效率；存在预算约束时，国有企业集团总部需向分部经理支付的信息租金，随着利润最大化目标在总部行为目标中所占权重的上升而增加，说明在相同情境下，民营企业集团分部经理实施机会主义行为能够获取更多的信息租金；总部需向风险规避型的分部经理支付的平均信息租金最多，向风险中性型的分部经理支付的平均信息租金居中，向风险偏好型的分部经理支付的平均信息租金最少。

（3）总部向分部经理支付一个非负的信息租金可以提高内部资金配置效率；存在预算约束时，总部对分部经理进行信息租金激励带来的收益，随着利润最大化目标在总部行为目标中所占权重的上升而增大；在相同的情境下，民营企业集团总部对分部经理进行信息租金激励带来的收益较多。

（4）总部是否对分部经理进行信息租金激励，取决于总部支付该信息租金激励所带来的内部资金配置效率净收益是否大于零；分部经理如实传递信息（总部进行信息租金制衡）时，国有企业集团 ICM 的配置效率随着利润最大化目标在总部行为目标中所占权重的上升而上升，且较民营企业集团的效率低，积极推进国有企业市场化的混合所有制改革有利于提高国有企业集团 ICM 的配置效率。

（5）两分部项目质量间的相关性程度不影响总部所支付的平均信息租金，但会影响总部进行信息租金制衡所获得的平均收益和 ICM 的平均资金配置效率，考虑相关性带来的协同效应，应该存在一个适度的相关性程度使得国有企业集团 ICM 的平均资金配置效率达到最优，对过度多元化的国有企业集团实施"归核化"战略有利于提高企业经营效率。

二 研究启示

本章通过对分部经理行为与国有企业集团 ICM 资金配置效率之间关系的一般分析，发现在存在预算约束时，信息透明度高的 ICM 确实存在资金由低效率分部向高效率分部的流动，即 ICM 有效提升了集团价值。总部的行为目标、分部经理的行为选择、分部经理的风险态度、分部项目间的相关性程度等因素都会影响国有企业集团的 ICM 配置效率。然而，由于信息不对称、契约不完备、委托代理冲突、经理人市场不完善等问题的存在，作为"有限理性经济人"的分部经理以追求自身效用最大化为目标，因此，有动机也有条件实施损害总部利益来增加自身利益的机会主义行为。总部对分部经理进行信息租金激励，是制衡分部经理机会主义行为、提高信息透明度的手段之一，能够提高资金配置效率、提升国有企业集团的价值，但其作用的发挥受到国企双重目标、分部经理风险态度、分部项目间相关性程度等因素影响。

本章的研究结论可以为国有企业集团开展混合所有制改革与分类治理改革、进行多元化战略整合的管理实践提供佐证；在对国有企业集团的分部经理激励时，应注意区分其风险态度。具体地，可以采取如下措施：①政府应积极推进分类国企混合所有制改革的落实，结合国有企业的行业类型和市场属性，尽可能引入较大比例的优质非国有资本，充分发挥市场机制作用，引导国有企业更多关注经济目标。②减轻国有企业集团的社会负担，加快推动国企剥离办社会职能，解决国有企业办社会负担和社会摊派问题，进一步深化政企分开，剥离与主业发展不符的公共服务职能，将其归位于相关政府部门和单位，集中资源进行生产经营。③分部经理的风险偏好在一定程度上影响其行为决策，在对国有企业分部经理进行信息租金激励时，应结合他们的特点了解他们的真正需求。④提高信息透明度，加强国有企业集团的信息管理，营造开放透明的企业文化，注重企业价值观建设。⑤对过度多元化的国有企业集团实施"归核化"战略，减小企业规模，增强核心竞争力，缓解信息不对称，降低企业的管理成本。

不过，本章的研究隐含着作为代理人的总部与其委托人国资委的利益目标一样的假设，且研究情境未考虑以下几种因素：①时间对决策者行为的影响。②分部间业务相关性的产出协同作用。③决策者行为决策中对价值的心理感知。④总部管理者对分部经理的监督。⑤分部经理与总部管理者的合谋。后面章节将逐步考虑上述因素，分别借助演化博弈理论与前景理论对一般分析进行拓展研究：第六章引入总部监督行为对一般分析进行拓展研究，同时考虑分部项目相关性的协同效应，构建演化博弈模型分析分部经理与总部管理者双方行为选择的互动机制，并分析他们行为策略的长期演化稳定性及影响稳定的因素；第七章考虑分部经理合谋行为对一般分析进行扩展研究，基于前景理论构建演化博弈模型分析政府、总部管理者与分部经理三方行为选择的互动机制。

第六章
考虑总部监督行为因素的扩展研究

分部经理行为是影响国有企业集团 ICM 配置效率的重要因素，分部经理的行为选择（规范行为或机会主义行为）受集团总部行为的影响。机会主义动机存在于所有追逐个人利益的经济人心中，只要没有有效的制约，就会发生。没有有效约束的激励很可能依然引发分部经理的机会主义行为，导致激励失效。前文的一般分析中，并未考虑集团总部对分部经理行为的约束机制，集团总部与分部经理的任何决策都是一个不断学习和调整的过程，而演化博弈理论借鉴了"生物进化"的思想，从有限理性角度出发研究博弈双方的行为策略更能贴近现实情形。因此，本章引入总部监督行为对一般分析进行拓展研究，运用演化博弈理论分析集团总部与分部经理行为策略选择的互动机制，并对影响该系统演化进程的因素进行分析，以探讨提高国有企业集团内部资金配置效率的有效途径。

第一节 问题提出

在国家政策引导和行政干预下，国有企业集团大多是以兼并重组为主要手段建立起来的，并购特别是横向并购必然会导致集团的多元化经营，此外多元化经营能够降低经营成本、形成规模经济效应，因此我国国有企业集团多数实施多元化战略。ICM 在多元化投资战略中发挥核心作用，完善公司治理机制有助于加强多元化投资与 ICM 运行的关系（Cui et al., 2019）。集团内部资金由总部在各经营分部之间的配置是否有效决定了整个企业集团财务效益，即 ICM 配置效率的高低在一定程度上影响着集团多元化与企业绩效间的作用方向（柯杰升等，2020）。集团总部依据各分部经理传递的项目信息做出配置决策，然而在信息不对称情况下，为追逐信息租金分部经理往往会实施寻租、游说、信息封锁、谎报信息等多种机会主义行为。设计合理的激励机制可以调动分部经理的积极性，引导分部经理规范其经营行为，然而只给予正向激励却忽略负向激励（约束机制）往往会出现"垄断高薪""门槛型激励"等激励失效现象。因此，在对分部经理进行正向信息租金激励的同时，还需要对其进行监督（负向激励）以保证激励目标更好地实现，实践中集团总部通常会利用监督机制来约束分部经理的机会主义行为。分部经理与集团总部的博弈结果决定了集团内部资金配置是否有效。内部控制失守、内部监督失效是引发国有企业集团重大风险的根本原因，健全有效的内部监督是防范国有资产流失的重要手段（满子君，2021），[①]应当加强对分部经理的监督管理（李蕾，2021）。因此，本章引入总部监督对一般分析进行拓展，分析集团总部与分部经理之间的不同行为策略组合对实施多元化战略的国有企业集团内部资金配置效率的影响。

已有研究认为分部经理的机会主义行为是导致ICM资金配置低效的关键因素（Rajan et al.，2000；Duchin and Sosyura，2013；陈良华等，2014），谢军和王娃宜（2010）的实证研究表明，影响国有企业集团ICM运行效率的主导代理关系是管理层代理关系，且分部经理层面的代理问题导致ICM的功能受损。本书第四章的实证结果也支持这一观点。因此，如何调动分部经理的积极性、引导其规范经营行为成为提升ICM资金配置效率的核心问题，已有研究从分部经理与集团总部两个层面、激励与监督两种手段对此问题展开探讨。部分学者研究分部经理的代理行为，认为给予分部经理适当有效的激励能够治理其机会主义行为，提升ICM的配置效率。Bernardo等（2006）的研究认为，将分部经理的薪酬与企业业绩相结合，能够激励其向总部报告真实信息，提高企业内部资本的配置效率；Choe和Yin（2009）、陈良华等（2014）的研究认为，向分部经理支付一定的信息租金可以激励其如实上报信

---

① 通过分析地方大型国有企业的风险高发区发现，7家风险损失企业中有5家管理层涉嫌管理层腐败，99.45%的损失是由管理层腐败的企业所导致。

息，改善信息不对称，提高 ICM 配置效率；黄贤环和王瑶（2019）认为，强化对高管的薪酬和股权激励，能够减少代理问题导致的投资决策偏差。然而，"垄断高薪""门槛型激励"等激励失效现象的切实存在，国有企业集团中普遍存在激励机制失效现象，使得学者意识到在对分部经理进行激励的同时，还应对其进行相应的监督，企业内部监督不到位是国有企业激励机制失效的主要内在原因之一（高鹏飞，2011）。[①] 在激励的同时采取监督是解决激励失效、资源浪费问题的主要手段（张勇，2005；张巍，2006），对经理人应强调约束而非激励（毕茜、刘娜，2007）。还有部分学者研究总部行为，认为建立有效的企业集团内部监督体系能够提高 ICM 的配置有效性（Holmostrom，1982；张巍，2006）。[②] 宋增基等（2011）的研究认为，董事会监督机制与管理层激励机制之间存在一定的替代效应。审计监督能够抑制管理层机会主义行为（Stanley et al.，2009），提高信息透明度，降低代理成本（陶玉侠，2016），提升企业资本配置效率，增加公司价值（褚剑、陈骏，2021）。张磊（2013）的研究认为，调整代理人的薪酬结构、合理运用非货币形式的激励、加强外部监督，能够促使代理人提供正确信息，提升国有资本的经营收益。窦欢等（2014）的实证结果表明，增强企业集团内部大股东的监督能力能够有效抑制子公司的过度投资行为。Cho（2015）的研究发现，实施严格的分部信息披露规则可以有效地约束分部经理的机会主义行为，提高 ICM 运行效率。钱婷和武常岐（2016）的实证研究表明，加强集团内部业务联系以及对成员企业的监督，能够有效抑制企业集团管理层的代理问题。徐悦等（2021）认为，对非CEO 高管而言，减少监督成本与提升激励效率这两个渠道都有助于提升国有企业的代理效率。

集团总部与分部经理并非完全理性的，由于信息不对称、有限理性等因素的存在，企业集团内部资金配置过程中存在机会主义现象。集团

[①] 国企激励机制失效的其他内在原因主要还有：产权不明晰、法人治理结构不健全、企业内部监督不到位和人才队伍专业素质较差等；外在原因主要有：缺少良好的公司治理制度和法律制度保障等。

[②] Holmostrom 最早提出"代理关系引起了对监督的需求"这一观点，张巍认为过分强调激励而忽略监督的作用会造成经理行为偏差的泛滥。

总部与分部经理的行为不是相互独立的，而是相互影响的。王惠庆和陈良华（2015）通过构建静态博弈模型分析了总部监督对分部经理行为选择的影响，认为总部监督可以降低信息租金的支付，部分替代激励功能。博弈参与人（集团总部与分部经理）的任何决策都是一个不断学习和调整的过程，而演化博弈理论借鉴了"生物进化"的思想，从有限理性角度出发研究博弈双方的行为策略更能贴近现实情形（龚志文、陈金龙，2017）。曾江洪和崔晓云（2015）通过建立演化博弈模型分析了企业集团母公司对子公司的治理问题，认为母子公司的博弈系统不存在最优的稳定策略。通过对已有文献的分析发现，关于分部经理与集团总部间委托代理行为的研究，大多通过静态或比较静态的博弈模型进行分析，未能充分考虑两者博弈过程中行为的动态性，缺乏对分部经理与集团总部间博弈过程的演化轨迹及演化稳定性的分析。此外，已有的研究较少考虑总部监督的负激励效应、企业集团的多元化战略类型以及企业组织规范等因素对博弈双方行为的影响。因此，本章引入监督的负激励损失、相关多元化的产出协同作用、分部经理的心理成本等参数，运用演化博弈理论分析集团总部与分部经理的行为策略选择互动机制，刻画博弈的演化过程，分析影响演化策略稳定性以及演化速度的因素，并探讨提高国有企业集团内部资金配置效率的有效途径。

第二节 分部经理的激励监督机制与演化博弈理论

一 激励监督的理论基础

自1993年党的十四届三中全会上提出国有企业改革的目标是建立现代企业制度以来，国有企业已普遍建立起"三会一层"的公司治理结构。现代企业所有权与控制权的分离导致了委托代理问题，委托代理双方利益相关但又存在目标冲突，如何对代理人进行激励与监督以降低由代理冲突、内部人控制等问题导致的国有资产流失成为国有企业公司治理的重要内容。长期以来关注激励的研究较多，而关注监督的相对较少。然而，随着现实中激励失效问题的不断出现，学者开始意识到在激励的同时还应注重发挥监督的作用。

（一）管理学视角的激励监督

管理学视角的研究主要立足于管理活动本身，把激励视作一种重要的管理职能，侧重研究处于组织中下层的企业员工。总的来说，较少反映企业经营者激励特性，缺乏对企业组织因素的考察。管理都是基于对人性的某种假设基础上进行的，管理实践中广泛使用"胡萝卜+大棒"管理法则，其背后体现的管理思想是在激发善的同时还要抑制恶，激励的赏与监督的罚要相互配合。

1. McGregor X-Y 理论（X-Y theory）

管理的背后是对人性善恶的假设，不同的人性假设在实践中体现为不同的管理观念和行为。McGregor 阐述了人性假设与管理理论的内在关系，指出人性有善、恶两种完全相反的假设，即 X——"人性本恶"假设和 Y——"人性本善"假设，进而提出了 X-Y 理论。X-Y 理论认为人性中善和恶并存，但善和恶的比例会因环境的不同而有所差异，从而导致 X-Y 假设的侧重点不同。就 McGregor 本人来说，更倾向于 Y 假设，认为企业需要调动员工的积极性、主动性和创造性。

2. Herzberg 双因素理论（Hygiene-motivational factors theory）

Herzberg 把员工管理中有关因素分为激励因素与保健因素。激励因素属于工作本身或工作内容方面的因素，包括成就、赞赏、工作本身的意义及挑战性、责任感、晋升、发展等，只有激励因素得到满足，才会调动员工的积极性。保健因素属于工作环境或工作关系方面的因素，包括政策与管理、监督、工资、同事关系和工作条件等，保健因素不能得到满足，则易使员工产生不满情绪、消极怠工。

3. Porter 和 Lawler 综合激励理论（Comprehensive theory）

Porter 和 Lawler 认为激励是一个非常复杂的问题，涉及人类行为的诸多方面。《大辞海（经济卷）》对此的解释是，先有绩效才能获得满足，奖励以绩效为前提，人们对绩效与奖励的满足程度反过来又影响以后的激励价值。人们对某一工作的努力程度，是由完成该工作时所获得的激励价值和个人感到做出努力后可能获得奖励的期望概率所决定的。人们活动的结果既依赖于个人的努力程度，也依赖于个体的品质、能力以及个体对自己工作作用的知觉。如果激励等于或者大于期望所获得的结果，那么个体便会感到满足；如果激励与工作结果之间的联系减弱，那么人们就会丧失信心。

(二) 经济学视角的激励监督

经济学家认为劳动分工与交易的出现带来了激励问题,对于许多经济学家而言,经济学在很大程度上已经成为研究激励问题的学科,如何设计制度(或机制)给经济主体提供正当的激励已成为当代经济学的一个核心问题(Laffont and Martimort, 2002)。Laffont 和 Martimort (2002) 回顾经济分析史,发现激励理论的基本思想散见于经济学的诸多领域中,但是并未成为经济思想史的核心。经济学意义上的激励理论起始于 Coase(1937)的《企业的性质》一文,直至 20 世纪 70 年代后博弈论的融入才奠定了目前较为成熟的委托—代理分析框架。激励理论(Incentive theory)与交易费用经济学(Transaction cost economics)、产权理论(Property rights theory)、实证代理理论(Positive agency theory)等构成了新制度经济学(New Institutional Economics)的微观部分,是对新古典框架下"无摩擦"的竞争模型和不完全竞争模型所作的补充(Furubotn and Richter, 2006)。一般认为,新制度经济学的宏观部分还包括公共选择理论与新经济史学等。20 世纪 30 年代,企业在 Arrow-Debreu 一般均衡分析范式中被看作生产函数,个人理性的假设可以转换成企业所有者追求利润最大化或成本最小化的行为。对此,Berle 和 Means(1932)率先提出了"所有权与控制权相分离"的命题,指出委托—代理关系下所有权与控制权之间存在的利益分歧,使把利润最大化作为企业唯一经营目标的厂商理论受到严峻挑战。Coase(1937、1960)从另一个角度批判了传统厂商理论,认为经济体系并非只通过价格机制来协调,企业和市场是相同交易活动的可替代模式,他引入"交易费用"概念来解释企业的存在性与合理边界,引导经济学分析转向企业"黑箱"内部。一批学者围绕"交易费用"产生的原因和降低"交易费用"的途径对组织制度结构进行了深入研究。

(1) 以 Williamson(1975、1985)为代表的交易费用经济学[①]用比较制度分析方法研究组织问题,认为由有限理性和机会主义所导致的契

[①] Alchian、张五常、Demsetz、Klein、Barzel 也为奠定交易费用经济学的基础作出了重要贡献。

约不完全会造成（事后的）交易费用，所以组织的规则是把各种交易与不同治理结构（科层、市场和混合形式）以交易费用最小化的原则对应起来。他们认为，组织运行及资源配置是否有效，主要取决于交易自由度的大小（用交易频率、不确定性和资产专用性来衡量）和交易费用的高低（包括信息的搜寻、发布、签约、监督、合约执行等一系列活动产生的费用）。

（2）以 Grossman 和 Hart（1986）、Hart 和 Moore（1990）为代表的产权理论在交易费用经济学基础上提出交易费用（GHM 模型中的交易成本包括预见未来、缔约和执行三方面）导致当事人只能签订无法概括所有可能的不完全契约，如果当事人在签约后进行专用性投资，（包括物质资本和人力资本）则将面临被对方分享剩余（敲竹杠）的风险，从而降低了事前专用性投资激励。因此他们认为，应当为投资决策者（更准确地表述为：对投资重要的或者不可或缺的当事人）配置物质资产所有权（财产权）或剩余控制权（Residual control right）来提高其事后谈判能力，以此激励专用性投资①，其研究重心在于财产权或剩余控制权的最佳配置问题。

（3）与交易费用经济学以事后适应性调整和产权理论以事前产权配置来化解交易费用②不同，激励理论（Laffont and Martimort，2002；Alchian and Demsetz，1972；Holmstrom，1982）和实证代理理论（Jensen and Meckling，1976；Jensen and Murphy，1990）用代理成本（Agency Cost）替代了交易费用讨论委托—代理关系的信息不对称问题。区别在于，前者集中于规范方面，在完全理性、利益冲突和信息不对称假设下讨论如何设计最优的（事前）契约来激励代理人最大化委托人的期望效用，Laffont 和 Martimort（2002）认为即使信息在事后是不可验证的（这被认为是契约不完全的主要因素），也可以设计出完全的激励契约；后者关注实证方面，在假定满足规范问题的条件下研究当事人面临的激励以及均衡性契约的决定因素，即代理人与委托人之间的关系，本质是

---

① 由于剩余控制权的配置是以牺牲一方为代价的，不完全契约下不可能达到最优（first-best）的专用性投资水平，最佳（optimal）的所有权结构只能到达次优（second-best）专用性投资水平。

② 交易费用经济学和产权理论之间的区别可参见聂辉华（2004）。

关于所有权结构的理论（Jensen and Meckling，1976）。

时至今日，激励理论的应用范围已不限于企业，"委托—代理关系在我们的经济生活中无处不在，无时不有"（阿罗、范秀成，1988），但是企业组织内部的激励问题仍然是激励理论的核心议题，企业经理人在其中扮演着极为关键的角色。①经理人作为股东代理人受托行使企业经营与投资的决策权。这是 Berle 和 Means（1932）提出的关于委托—代理关系的最原始命题，代理人在激励理论中的地位无须赘述。②经理人在企业"团队生产"（Team production）中承担监督功能。Alchian 和 Demsetz（1972）认为企业能节约交易费用的原因在于其对团队生产的监督结构，用剩余索取权（Residual claim）激励监督者有利于防止因个体产出难以计量而出现的道德风险问题。严格地讲，现代企业经理人与 Alchian 和 Demsetz（1972）所说的监督者并不等同，Alchian 和 Demsetz 假设所有团队成员都是同质的且监督是监督者专门从事的，而现代理论则认为监督者是企业家的功能之一（张维迎，1994），但是他们在科层制中的监督功能是相同的。③经理人在更复杂的现代企业集团中还扮演着委托人角色。在企业集团中，企业集团经理人将分部或子公司的经营与投资决策权委托给分部或子公司经理，形成了新的委托—代理关系。Scharfstein 和 Stein（2000）建立了一个两层委托—代理模型来描述企业集团内，作为委托人的总部经理人决定着内部资金配置以及对分部或子公司经理的激励监督，其代理效率受到上一层委托—代理关系（股东对总部经理人激励监督）的影响。

二 国有企业集团总部对分部经理激励监督机制的现状

（一）国有企业集团总部的定位及功能

1. 定位

企业集团总部角色一直是学术界研究的一个热点问题。作为最高层的管理机构，总部是国有企业集团最核心的部分，相当于分部或子公司的指挥中心，负责集团战略、决策和管理，其效率水平决定了集团的整体经营管理效益水平。Williamson（1975）基于交易费用经济学的视角指出，在市场交易内部化的情况下，企业集团总部的协调和规划，有助于提高内外部交易的效率、促进集团内部技能转移与知识共享。Jensen 和 Meckling（1976）、Collis 和 Montgomery（1997）等认为，企业集团总部承担着结果控制和行为控制的职能。前者侧重结果，对具体业务单位的介入程度较低，后者则广泛介入具体业务单元的大部分决策。Barney（1991）认为，企业集团总部能够通过合理整合企业独特的资源和能力，从而创造价值。Goold 等（2004）认为，企业组织架构是权变的，由于战略差异，母公司对子公司的管理风格可以分为财务管控型和战略管控型两类。财务管控型内部资本市场的总部以分部的财务绩效作为资源配置和业绩评价的主要参考指标，通过分部价值最大化实现整个集团价值最大化；而战略管控型内部资本市场的总部以分部与集团战略的匹配程度作为资源配置和业绩评价的主要参考指标（Carr et al.，2010）。Collis 等（2007）认为，总部具有信息收集、整理与理解的优势，带来规模经济。

2. 功能

中国国有企业集团总部的基本经济功能与上述研究所描述的基本一致，但国有企业的特殊性质赋予国有企业集团总部许多不同特征。2015年中共中央、国务院发布的《关于深化国有企业改革的指导意见》中指出，国有企业属于全民所有，是推进国家现代化、保障人民共同利益的重要力量，是我们党和国家事业发展的重要物质基础和政治基础。综合《关于深化国有企业改革的指导意见》、《关于改革和完善国有资产管理体制的若干意见》（国发〔2015〕63号）、《国务院关于推进国有资本投资、运营公司改革试点的实施意见》（国发〔2018〕23号）等文件的表述，国有企业集团总部承担着8个主要功能：

（1）党的建设。坚持党对国有企业的领导是深化国有企业改革必须坚守的政治方向、政治原则。国有企业集团总部在充分发挥国有企业党组织政治核心作用方面意义重大。一般来说，国有企业集团的党委（党组）设在总部，加强党的领导和完善公司治理统一起来首先体现在总部。比如，将党建工作总体要求纳入国有企业章程，明确国有企业党组织在公司法人治理结构中的法定地位，创新国有企业党组织发挥政治核心作用的途径和方式等。

（2）战略规划。战略规划是国内外各类企业集团总部的基本功能之一。国有企业党组织发挥着把方向、管大局、保落实的领导作用，董事会则发挥着定战略、作决策、防风险的经营决策作用。在经营管理方面，国有企业集团总部依据整个集团外部环境和自身情况制定和实施战略，并根据对实施过程与结果的评价和反馈来调整，制定新战略。

（3）制度建设。国有企业集团总部负责制定整个集团包括党的建设、公司章程、各分部（子企业）运行、人力资源管理、资本资产管理、财务会计制度、业绩考核、薪酬管理、内部控制、法律合规等方面在内的各项经营管理制度。

（4）资源配置。国有企业集团总部通过集中使用、优化配置集团独特的各类资源和能力，增强国有企业集团整体竞争力，提升价值创造能力。

（5）资本运营。在新一轮国有企业改革中，以管资本为主改革国有资本授权经营体制。国有企业集团总部负责集团国有资本运营工作，通过开展投资融资、产业培育、资本整合，推动产业聚集和转型升级，优化国有资本布局结构；通过股权运作、价值管理、有序进退，促进国有资本合理流动，实现保值增值。

（6）财务监督。国有企业集团总部对各分部（子企业）的财务实施管控，督促各分部（子企业）按照国家法律、法规及规章制度开展各项财务活动。主要包括全面实施财务预算管理，加强成本费用管理，合理筹集并使用各类资金，拟订公司利润分配方案和弥补亏损方案，对各分部（子企业）财务管理活动实施有效管控，规范重大财务事项管理。

（7）风险管控。国有企业集团总部通常设有专门的职能部门履行风险监控的职责，如成立风险管理部、设立首席风险官职位等，进行集团整体的风险评估和风险管理，增强集团抵抗风险的能力。

（8）绩效评价。国有企业集团总部对各分部（子企业）以及各级管理人员、员工进行绩效考核，强化激励约束，确保经营战略有效落实，从而不断提升国有企业集团的活力和市场竞争能力。

（二）国有企业集团分部经理人的激励机制

习近平总书记强调，国有企业领导人员是党在经济领域的执政骨干，是治国理政复合型人才的重要来源，肩负着经营管理国有资产、实现保值增值的重要责任（国务院国资委党委，2021）。《中华人民共和国刑法》第九十三条规定，本法所称国家工作人员，是指国家机关中从事公务的人员。国有公司、企业、事业单位、人民团体中从事公务的人员和国家机关、国有公司、企业、事业单位委派到非国有公司、企业、事业单位、社会团体从事公务的人员，以及其他依照法律从事公务的人员，以国家工作人员论。因此，国有企业各级经营管理人员既是国有企业经理人，同时也是国家工作人员。基于这个性质，国有企业集团分部经理人的激励机制分为两个部分：

1. 薪酬激励

《关于深化国有企业改革的指导意见》指出，实行与社会主义市场经济相适应的企业薪酬分配制度。企业内部的薪酬分配权是企业的法定权利，由企业依法依规自主决定，完善既有激励又有约束、既讲效率又讲公平、既符合国有企业一般规律又体现国有企业特点的分配机制。建立健全与劳动力市场基本适应、与企业经济效益和劳动生产率挂钩的工资决定和正常增长机制。推进全员绩效考核，以业绩为导向，科学评价不同岗位员工的贡献，合理拉开收入分配差距，切实做到收入能增能减和奖惩分明，充分调动广大职工积极性。对国有企业领导人员实行与选任方式相匹配、与企业功能性质相适应、与经营业绩相挂钩的差异化薪酬分配办法。对党中央、国务院和地方党委、政府及其部门任命的国有企业领导人员，合理确定基本年薪、绩效年薪和任期激励收入。对市场化选聘的职业经理人实行市场化薪酬分配机制，可以采取多种方式探索完善中长期激励机制。健全与激励机制相对称的经济责任审计、信息披露、延期支付、追索扣回等约束机制。严格规范履职待遇、业务支出，严禁将公款用于个人支出。

学术界就如何为国有企业经理人设计最优薪酬激励契约进行了广泛讨论。魏刚（2000）利用上市公司1998年年报数据，[①] 研究发现高管薪酬水平和持股数量与公司的经营绩效不存在显著的正相关关系，主张建立"以会计盈余为基础的短期激励与以市场价值为基础的长期激励相结合"的高管报酬结构，尤其提出了推广股票期权计划。李增泉（2000）做了与魏刚（2000）类似的实证研究后得出了基本相同的结果，他提出应建立"工资、奖金、股票期权三位一体的报酬体系"。何德旭（2000）也认为实施经理人股票期权是国有企业激励约束机制建

---

① 该文虽然以"上市公司"为题，但作者认为"上市公司是国有企业的'领头羊'"，所以实证是在谈国有企业的问题。

设的重要方向。谌新民和刘善敏（2003）的实证研究证明了"年薪制"对上市公司经营者提高绩效具有激励作用，但是国有控股公司经理人年薪和持股比例低于非国有控制公司。从改革实践看，以短期激励为目的的"年薪制"和以长期激励为目的的"股权激励"相结合的国有企业经理人薪酬激励机制得到了政策制定者的认可。然而，仍然有学者（周建波、孙菊生，2003；夏纪军、张晏，2008）对这种薪酬激励机制持审慎态度，他们认为"年薪制"和"股权激励"的有效性取决于企业的治理结构。更加值得关注的是，这些文献中的大部分都不约而同地揭示了一个现象：在国有企业产权改革告一段落后，国有企业经理人薪酬仍然在一定程度上受到管制，具体表现为国有企业经理人的年薪和持股比例低于非国有企业。

与西方的企业经理人薪酬由市场机制自发决定不同，我国国有企业中普遍存在着经理人薪酬管制，即通过核定企业年度工资总额并将经理人薪酬与职工平均工资水平挂钩以限定经理人薪酬区间。根据相关规定，[①] 国有企业工资总额由相关部门核准并与经济效益挂钩，随挂钩经济指标变化而浮动的比例系数一般控制在 1∶0.3—1∶0.7，最高不超过 1∶1；国有企业经理人年收入一般可高于企业职工年人均收入 1—3 倍，"经营者持股数额"以本企业职工平均持股数的 5—15 倍为宜。近年来，随着国有企业建立现代企业制度改革的深入，国有企业经理人市场逐步形成并得以较快发展，但仍然在一定程度上受到管制，薪酬管制依然作为重要管制手段广泛存在。比如，2003 年国务院国资委审议通过了《中央企业负责人经营业绩考核办法》（国资委令第 2 号），正式施行国有企业经理人年薪制。绩效年薪最高可以达到 3 倍基薪，因此经理人薪酬的最高限额被控制在职工平均薪酬的 12 倍。

---

① 例如《国务院批转〈劳动部、财政部、国家计委关于进一步改进和完善企业工资总额同经济效益挂钩的意见〉的通知》（国发〔1989〕25 号）、《关于印发〈国营企业工资总额同经济效益挂钩实施办法〉的通知》（劳薪字〔1989〕40 号）、《国有企业工资总额同经济效益挂钩规定》（劳部发〔1993〕161 号）、《国务院关于深化企业改革增强企业活力的若干规定》（国发〔1986〕103 号）、《全民所有制工业企业承包经营责任制暂行条例》（国发〔1988〕13 号）、《关于改进完善全民所有制企业经营者收入分配办法的意见》（劳薪字〔1992〕36 号）、《关于印发进一步深化企业内部分配制度改革指导意见的通知》（劳社部发〔2000〕21 号）等。

2. 政治激励

目前，国有企业领导职位的行政级别一定范围内依旧存在，政治晋升是薪酬激励之外的另一激励方式。以中央企业为例，截至2021年12月24日，国务院国资委履行出资人职责的中央企业共97家。其中，51家中央企业"一把手"（指企业董事长、党委书记及总经理）为"副部级"；其余46家中央企业"一把手"则为"正厅级"。地方国有企业大多也对应着厅级、处级、科级等不同行政级别。国有企业集团分部（子企业）亦然。许多学者的研究证明，国有企业高管主要由政府行政任命并拥有官员或准官员身份，不同程度地存在政治晋升现象（郑志刚等，2012；杨瑞龙等，2013；王曾等，2014）。据《湖南日报社》日报旗下"新湖南"客户端统计，截至2019年7月，全国14名"70后"省部级干部中，8人有企业管理经验，占比57.1%。此外，陈冬华等（2005）、刘银国等（2009）研究发现，一些国有企业经理人存在在职消费和腐败，他们把这些现象归结为自我激励。

（三）国有企业集团分部经理人的监督机制

习近平总书记指出，要着力完善国有企业监管制度，加强党对国有企业的领导，加强对国有企业领导班子的监督，搞好对国有企业的巡视，加大审计监督力度。国有资产资源来之不易，是全国人民的共同财富。要完善国有资产资源监管制度，强化对权力集中、资金密集、资源富集的部门和岗位的监管。从目前来看，国有企业集团分部经理人主要面临以下四个方面监督：

1. 党内监督

党内监督有纪检监察监督、巡视监督等形式，依据党章及其他党内法规等履职，主要是监督党员领导干部。2018年3月，第十三届全国人民代表大会第一次会议表决通过《中华人民共和国监察法》（以下简称《监察法》），国有企业管理人员等行使公权力的公职管理人员被纳入监察对象，新《监察法》的颁布和实施有效地解决了国有企业管理人员监察监督覆盖面偏小偏窄的突出问题，实现了国有企业管理人员监督的无盲区、无死角（朱珊珊，2020）。

2. 公司治理监督

对于法人性质的子企业，由股权董事、执行董事、独立董事组成的董事会，能够对经理人形成权力制衡与监督。若子企业设立监事会，监事会还将以出资者所有权为基础对企业财务和经营管理进行全面的监督，在企业内部形成有效制衡的监督机制，防范企业所有权与经营权分离带来内部人控制、经理人寻租等风险和问题。

3. 审计监督

包括国家审计、社会审计和内部审计。其中，审计部门以及财政、税务、海关、人民银行等专业审计机关对国有企业执行政府预算收支的情况和会计资料实施检查审核、监督。注册会计师依法接受委托对受托单位的会计报表进行审计并发表审计意见。内部审计则主要受国有企业集团总部指派，对分部（子企业）进行审计监督。随着全面从严治党的推进，国有企业中层管理者（分部经理）也作为重要管理人员被纳入审计对象（李蕾，2021）。

4. 集团内部监督

内部监督是规范分部经理行为，提升国有企业集团经营效率的重要手段。除了内部审计外，集团内部监督还包括内部控制、内部会计监督等。国务院国资委2012年下发的《关于加快构建中央企业内部控制体系有关事项的通知》（国资发评价〔2012〕68号），要求中央企业建立健全内部控制，加强内部监督。此后，相关部门发布了一系列文件来推进国有企业内部控制的建立健全，不断丰富和完善了国有企业内部监督的内容。① 内部会计监督是企业内部监督的重要组成部分，包括财务会计监督和管理会计监督，是确保会计信息真实可靠，提高企业经营效率最直接、有效的手段。

三 总部与分部经理行为选择的经典博弈分析

通过一般分析我们发现，在分部经理如实传递信息时，集团内部资金配置效率较高；在信息不对称时，自利的分部经理通过实施机会主义

---

① 2019年10月国务院国资委印发的《关于加强中央企业内部控制体系建设与监督工作的实施意见》，进一步强调内部控制在监督体系中的重要作用；2020年12月，全国人大常委会审议通过了《全国人民代表大会常务委员会关于加强国有资产管理情况监督的决定》，进一步强化内部监督，加强过程管控；2021年3月，国务院国资委下发《关于加强中央企业资金内部控制管理有关事项的通知》，将资金管控作为内部控制的重要环节进一步强化；国务院国资委办公厅2022年3月下发《关于做好2022年中央企业违规经营投资责任追究工作的通知》，从建立健全到加强监督再到责任追究，完成了内部监督的闭环管理。

行为能够获得超额收益（非负的信息租金），但会导致集团内部资金配置低效（$S\pi_m \leq S\pi_t$）。由此可以看出，ICM 的配置效率取决于分部经理的行为选择。对分部经理进行信息租金激励的目的是规范分部经理经营行为、提升信息透明度，然而，只给予分部经理正激励是否一定能杜绝其机会主义行为呢？现实中普遍存在的激励失效现象，引发了学者对激励有效性的思考，他们普遍认为适当监督是正激励有效的前提，也就是管理实践中所谓的"胡萝卜+大棒"法则。监督实际上是一种负激励，其关键在于对分部经理的威胁，当分部经理的行为违背集团利益被发现时，总部对其施以惩罚甚至解雇，因此总部进行监督时，分部经理不一定会实施机会主义行为。本部分利用以纳什为代表的经典博弈理论，构建静态博弈模型来说明总部监督对 ICM 配置效率的影响。

博弈参与人为总部（委托人）与分部经理（代理人），总部的纯策略空间为｛监督，不监督｝，分部经理的纯策略空间为｛如实，谎报｝。如果总部不监督，则分部经理必定会实施谎报信息的机会主义行为，并且获得数量为 IR 的超额收益（信息租金），谎报导致的总部资金配置效率损失为 $\Delta S\pi$；如果总部进行监督，需要支付一定的监督成本（记为 c），发现分部经理谎报的概率为 α，对谎报信息的分部经理进行处罚（记为 F）。监督成本的高低会影响总部进行监督的积极性，设总部进行监督的概率为 x，从而导致分部经理的行为选择也是不确定的，设分部经理如实传递信息的概率为 y。则总部与分部经理在不同行为策略组合下的支付矩阵如表 6-1 所示。

表 6-1　　总部与分部经理在不同策略组合下的支付矩阵

		分部经理	
		谎报（$1-y$）	如实（y）
总部	监督（x）	$-\Delta S\pi + \alpha F - c,\ IR - \alpha F$	$-c,\ 0$
	不监督（$1-x$）	$-\Delta S\pi,\ IR$	$0,\ 0$

收益（总部，分部经理）

此时，分部经理谎报信息获得的平均超额收益为 $IR - x\alpha F$，显然，该数值与实施机会主义行为获得的信息租金成正比，与总部监督概率及惩罚数量成反比。根据混合策略纳什均衡的定义，均衡时总部进行监督或不监督的收益应该无差异，即 $(1-y)[-\Delta S\pi+\alpha F-c]-yc=-(1-y)\Delta S\pi$，从中求出均衡时分部经理的谎报概率为 $1-\hat{y}=\dfrac{c}{\alpha F}$。若 $y>\hat{y}$，则总部不监督；反之，则总部应该进行监督。显然，均衡时分部经理的谎报概率是总部监督成本的增函数，是监督惩罚的减函数，是总部监督成功率的减函数。这是因为总部监督成本越高，总部监督意愿越低，则分部经理越可能实施机会主义行为；被发现后的惩罚越小对分部经理的威慑作用越小，分部经理越可能实施机会主义行为；总部监督成功率越高，对分部经理的威慑作用越大，分部经理实施机会主义行为的概率越小。同样，均衡时分部经理采取谎报或如实上报获得的收益也应是无差异的，即 $x[IR-\alpha F]+(1-x)IR=0$，从中求出均衡时总部的监督强度为 $\hat{x}=\dfrac{IR}{\alpha F}$。若 $x>\hat{x}$，则分部经理应该如实传递信息；反之，则分部经理谎报信息。显然，均衡时总部监督概率随着分部经理谎报产生的超额收益增大而增大，随着监督惩罚的增大而减小，随着总部监督成功率的增大而减小。这是因为分部经理谎报所产生的超额收益越高，分部经理越可能实施机会主义行为，总部越应该进行监督；被发现后的惩罚越大，对分部经理的威慑作用越大，分部经理越不可能实施机会主义行为，总部进行监督的概率（监督覆盖率）可以减小；总部监督成功率越高，对分部经理的威慑作用越大，分部经理实施机会主义行为的可能性越小，总部监督的覆盖率就可以适当减小。

由上述分析可以看出，当总部不进行监督时，分部经理一定会实施机会主义行为，从而导致 ICM 配置效率降低；即内部资金净收益减少，具体数值为 $\Delta S\pi$；当总部进行监督时，由于存在监督惩罚的威慑，分部经理的机会主义行为不一定会出现，说明总部监督可以约束分部经理的机会主义行为，提升信息透明度。分部经理实施机会主义行为的可能性受到总部监督成本、总部监督的成功率及对分部经理的惩罚三种因素的影响，分部经理谎报获得的超额收益、总部监督的成功率及对分部经理的惩罚影响总部的监督强度。因此，引入总部监督也可以提高 ICM 配置效率。

四 演化博弈理论与复制动态演化

以纳什为代表的经典博弈理论的前提是，假设博弈参与人是完全理性的，具有完全信息，并且强调参与人行为的瞬间均衡，注重分析均衡状态，而忽视达到均衡状态的过程。Simon（1972）认为，人的行为是"意欲合理，但只能有限达到"，提出了有限理性的概念；Williamson 分析了有限理性的原因，认为完全理性的人是不存在的。现实中的参与人是有限理性的，并且信息也是不完全的，博弈参与人的行为策略是一个动态选择及调整的过程。Lewontin（1961）将有限理性引入经典博弈理论中，提出了演化博弈理论，基于有限理性的演化博弈理论，借鉴达尔文的生物进化论，将进化思想引入博弈论模拟博弈均衡解的长期动态实现过程。在演化过程中，行为主体不断学习和模仿成功策略，以修正和改进自己的行为。Smith 和 Price（1973）最早提出了演化稳定策略（Evolutionary Stable Strategy，ESS）这一演化博弈论中基本的均衡概念，所谓的 ESS 是指在群体策略集合中那个无法被其他策略所代替的策略。这就意味着，如果一个群体中大部分个体采用了 ESS，则采用其他策略无法产生比使用该策略更高的收益，随着时间的演化，采用其他策略的突变群体将消失。

演化博弈分析的关键是确定参与人的学习机制和策略演化过程，由 Taylor 和 Jonker（1978）提出的基于微分方程的复制动态演化模型是应用最广泛的选择机制动态方程。复制动态方程的基本形式为：$\frac{dx_i(t)}{dt} = x_i [E[f_i(x)] - E[f(x)]]$，其中，$x_i$ 表示策略 i 在群体中被采用的频率，$E[f_i(x)]$ 表示策略 i 在群体中被采用获得的平均支付，$E[f(x)] = \sum_i x_i E[f_i(x)]$ 表示所有策略在群体中被采用获得的平均支付。表 6-1 总部与分部经理支付矩阵对应的总部复制动态方程为：$\frac{dx(t)}{dt} = x(1-x)(\alpha F - c - y\alpha F)$；分部经理的复制动态方程为：$\frac{dy(t)}{dt} = y(1-y)(x\alpha F - IR)$。由此得到总部与分部经理系统的复制动态方程组：$\begin{cases} \frac{dx(t)}{dt} = x(1-x)(\alpha F - c - y\alpha F) \\ \frac{dy(t)}{dt} = y(1-y)(x\alpha F - IR) \end{cases}$。该系统有 5 个平衡点：$(0, 0)$，

$(0,1)$，$(1,0)$，$(1,1)$，$\left(\dfrac{IR}{\alpha F}, 1-\dfrac{c}{\alpha F}\right)$，该系统的 Jacobian 矩阵为

$$J=\begin{pmatrix}(1-2x)(\alpha F-c-y\alpha F) & -\alpha Fx(1-x) \\ \alpha Fy(1-y) & (1-2y)(x\alpha F-IR)\end{pmatrix}$$，Jacobian 矩阵 J 的行列式

为 $Det(J)=\begin{vmatrix}(1-2x)(\alpha F-c-y\alpha F) & -\alpha Fx(1-x) \\ \alpha Fy(1-y) & (1-2y)(x\alpha F-IR)\end{vmatrix}=(1-2x)(1-2y)$

$(F-c-yF)(xF-IR)+F^2xy(1-x)(1-y)$，迹为 $tr(J)=(1-2x)(\alpha F-c-y\alpha F)+(1-2y)(x\alpha F-IR)$。由 Lyapunov 稳定性定理可知：若平衡点的 Jacobian 矩阵为负定的，则该平衡点为 ESS；若平衡点的 Jacobian 矩阵为正定的，则该平衡点是不稳定点；若平衡点的 Jacobian 矩阵特征值有正有负，则该平衡点为鞍点。Friedman（1991）提出，一个微分方程组平衡点的稳定性可由该系统的局部稳定分析得到：若平衡点的 Jacobian 矩阵的行列式为正，且矩阵的迹为负，即 $Det(J)>0$ 且 $tr(J)<0$，则该平衡点为 ESS。

第三节 演化博弈模型构建与分析

一 模型设计与假设提出

集团的内部资金具有准公共资源的特性，总部根据分部经理提供的项目信息进行"挑选胜者"活动，通过 ICM 实现内部资金的统一分配。总部难以准确判断不同项目的真实投资前景和实际资金需求（Peyer and Shivdasani，2001），分部经理有获取较大资金配额的倾向，这是因为丰富的资源可以代替经营上的努力（Harris and Raviv，1982）。信息不对称、代理冲突、契约的不完全性、国有企业的政治社会责任、环境的不确定性等为机会主义行为产生提供了条件，追求自身效用最大化的分部经理会通过虚报与项目相关的信息、游说集团总部等机会主义行为，实现本分部的投资预算最大化，以获得超额收益（Bernardo et al.，2006；Choe and Yin，2009）。除对分部经理进行信息租金激励以外，集团总部还可以对分部经理进行监督，以惩罚威慑分部经理约束其机会主义行为。一方面，集团总部通过支付一定的监督成本 c，以概率 γ 发现分部经理机会主义行为（监督效果），同时对分部经理处以惩罚 F（包括货币、职位晋升等方面的处罚），从而有规范分部经理行为的作用。

另一方面，总部监督通常只惩不奖，有可能激发分部经理的抵触情绪，从而出现消极怠工和出工不出力等现象，并导致分部投资产出的损失，最终导致分部经理和集团总部的收益损失，即总部监督存在负激励效应。以 α 表示总部监督负激励效应导致的产出损失，该损失由分部经理的情绪敏感性决定，且分部经理越敏感，总部监督造成的负激励损失 α 越大。

为分析简单起见，假设分部项目的投资前景只有"好"状态（g）与"坏"状态（b）两种，总部根据分部经理上报的信息 s 确定配给的资金数额 I_s，$s \in \{g, b\}$，得到的投资产出为 $\pi(s) = R(I_s, s) + \varepsilon$，其中，确定性投资产出 $R(I, s)$ 与不确定性 ε 的设定及含义与第五章一般分析相同。本章考虑相关多元化程度对项目投资产出的协同作用，假设协同作用将投资的确定性产出放大 k_r 倍，且 k_r 是相关多元化程度 r 的增函数，满足 $k_0 = 1$。依然假定国有企业集团总部主导制定的对分部经理的薪酬激励为 $w(s) = a + \varphi \pi(s)$，进一步假设集团总部与分部经理均是风险中性的，国有企业集团总部的行为目标是利润与产值的加权最大化，分部经理的行为目标是自身效用最大化。在不考虑资本的机会成本及预算约束条件下，根据总部行为目标函数的一阶条件：$\dfrac{\partial R(I_g, g)}{\partial I} = \dfrac{\partial R(I_b, b)}{\partial I} = \eta$，确定最优资金分配数额结合确定性投资产出函数的特征可知 $I_g > I_b$。显然，如果分部的投资前景处于坏状态（b）时，追求自身效用最大化的分部经理有将其包装为"好"状态（g），并申请较高预算（I_g）的倾向。分部经理通过谎报信息可以获得超额收益，包括超额薪酬收益（信息租金）$IR = \varphi k_r \Delta R(I_g, I_b, b) > 0$ 及超额预算收益 f，其中 f 为超额预算 $\Delta I \equiv I_g - I_b$ 的非负增函数，但会导致集团总部投资效率的损失，损失数额为 $\Delta I + k_r \Delta R(I_b, I_g, b) > 0$。一方面，分部经理需要将处于坏状态投资前景的项目伪装成"好"状态，此过程分部经理需承担一定的信息伪装成本；另一方面，谎报行为一般不为企业和社会所接受，导致分部经理谎报信息将会承担违反企业组织规范、个人社会声誉下降等的心理负担。因此，分部经理谎报信息需要同时承担信息伪装成本（以 M_1 表示）和心理成本（以 M_2 表示）。以 I_1 表示集团总部发现分部经理谎报时获得的即时奖励(如奖金), I_2 表示集团总部长期尽责履行监督职能获得的奖励(包括物质奖励、职位晋升、社会声誉等)。进一步假设总部在分部经理申请高预算时,以概率 p_h 配给高预算 I_g,以概率 $p_l = 1 - p_h$ 配给低预算 I_b。综合全部假设如下:

假设 6-1:总部与分部经理都是有限理性的,且他们之间存在信息不对称;

假设 6-2:确定性投资产出 $R(I, s)$ 为连续递增凹函数,且项目投资前景为好状态时的投资边际报酬较坏状态时的大,即 $\frac{\partial R(I, g)}{\partial I} > \frac{\partial R(I, b)}{\partial I} > 0$,$\frac{\partial^2 R(I, s)}{\partial I^2} < 0$;协同效应使得确定性投资产出增大为 $k_r R(I, s)$,k_r 是相关多元化程度 r 的增函数;投资产出的不确定性 ε 为服从均值为零的正态随机变量;

假设 6-3:不考虑资本的机会成本,总部与分部经理都是风险中性的,则总部的行为目标函数为:$\max_I R(I, s) - \eta I$;分部经理的行为目标函数为:$\max_I E[w(s)] = \max_I [a + \varphi k_r R(I, s)]$;

假设 6-4:在无预算约束时,优化问题 $\max_I R(I, s) - \eta I$ 总存在唯一的内解 $I_s^*(\eta)(s=g, b)$,即 $\lim_{I \to 0^+} \frac{\partial R(I, s)}{\partial I} > \eta$,且 $\lim_{I \to +\infty} \frac{\partial R(I, s)}{\partial I} < \eta$;

假设 6-5:总部对分部经理进行监督存在负激励效应,即监督导致项目产出出现损失,记为 α,产出损失 α 随着分部经理情绪敏感性增强而增大。

博弈参与人为分部经理与集团总部,分部经理在向总部传递信息时,有两种博弈策略:一种是如实传递项目信息,只获得薪酬收益;另一种是谎报项目信息,可以获得超额薪酬收益(信息租金)及超额预算收益 f,即分部经理的纯策略空间为{如实,谎报}。集团总部对分部经理的机会主义行为有两种策略:一种是监督,对分部经理的机会主义行为进行监督和处罚;另一种是不监督,容忍分部经理机会主义行为的存在而不采取任何监管措施,即总部的纯策略空间为{监督,不监督}。根据上述分析,可得总部与分部经理在不同策略组合下的支付矩阵如表 6-2 所示。

表 6-2　分部经理与总部在不同策略组合下的支付矩阵

		分部经理	
		如实	谎报
总部	监督	$a+\varphi k_r(R_b-\alpha)$, $NR_b-(1-\varphi)k_r\alpha-c+I_2$	$a+\varphi k_r(E(R)-\alpha)+p_hf-\gamma F-M_1-M_2$, $E(NR)-(1-\varphi)k_r\alpha-c+\gamma I_1+I_2$
	不监督	$a+\varphi k_rR_b$, NR_b	$a+\varphi k_rE(R)+p_hf-M_1-M_2$, $E(NR)$

其中，R 与 NR 分别表示项目的投资产出及总部的投资净收益，$E(R)$ 与 $E(NR)$ 分别表示项目投资产出及总部投资净收益的平均值，具体地：$NR_b=(1-\varphi)k_rR_b-a-I_b$，$E(NR)=p_lNR_b+p_hNR_g$，$E(R)=p_lR_b+p_hR_g$。

二　演化博弈模型构建与分析

在博弈的初始阶段，假设分部经理选择如实上报信息的可能性为 x，选择谎报信息的可能性为 $1-x$；集团总部选择监督的可能性为 y，选择不监督的可能性为 $1-y$。则分部经理选择如实传递信息与谎报信息的期望收益 U_{1Y} 与 U_{1N} 分别为：

$$U_{1Y}=y[a+\varphi k_r(R_b-\alpha)]+(1-y)(a+\varphi k_rR_b)=a+\varphi k_rR_b-\alpha\varphi k_ry$$

$$U_{1N}=y[a+\varphi k_r(E(R)-\alpha)+p_hf-\gamma F-M_1-M_2]+(1-y)[a+\varphi k_rE(R)+p_hf-M_1-M_2]$$

$$=a+\varphi k_rE(R)+p_hf-M_1-M_2-y(\alpha\varphi k_r+\gamma F)$$

分部经理群体的平均期望收益 $\bar{U}_1$ 为：$\bar{U}_1=xU_{1Y}+(1-x)U_{1N}$，从而得到分部经理的策略选择复制子动态方程为：

$$F(x)=\frac{dx}{dt}=x(U_{1Y}-\bar{U}_1)=x(1-x)(U_{1Y}-U_{1N})$$

$$=x(1-x)[M_1+M_2-p_h(\varphi k_r\Delta R+f)+y\gamma F] \quad (6-1)$$

集团总部选择监督与不监督的期望收益 U_{2Y} 与 U_{2N} 分别为：

$$U_{2Y}=x[NR_b-(1-\varphi)k_r\alpha-c+I_2]+(1-x)[E(NR)-(1-\varphi)k_r\alpha-c+\gamma I_1+I_2]$$

$$=xNR_b+(1-x)E(NR)-(1-\varphi)k_r\alpha-c+I_2+(1-x)\gamma I_1$$

$$U_{2N}=xNR_b+(1-x)E(NR)$$

集团总部群体的平均期望收益 $\bar{U}_2$ 为：$\bar{U}_2=yU_{2Y}+(1-y)U_{2N}$，从而得到集团总部的策略选择复制子动态方程为：

$$F(y) = \frac{dy}{dt} = y(U_{2Y} - \overline{U}_2) = y(1-y)(U_{2Y} - U_{2N})$$
$$= y(1-y)[I_2 + (1-x)\gamma I_1 - (1-\varphi)k_r\alpha - c] \quad (6-2)$$

由式（6-1）和式（6-2）组成分部经理与集团总部行为策略系统的复制动态方程组：

$$\begin{cases} \dfrac{dx}{dt} = x(1-x)[M_1 + M_2 - p_h(\varphi k_r \Delta R + f) + y\gamma F] \\ \dfrac{dy}{dt} = y(1-y)[I_2 + (1-x)\gamma I_1 - (1-\varphi)k_r\alpha - c] \end{cases} \quad (6-3)$$

（一）分部经理策略的演化稳定性分析

对分部经理的策略选择复制动态方程（6-1）求导得：

$\dfrac{dF(x)}{dx} = (1-2x)[M_1 + M_2 - p_h(\varphi k_r \Delta R + f) + y\gamma F]$。根据微分方程的稳定性定理可知，稳定的演化策略应满足$\dfrac{dF(x)}{dx} < 0$，下面分情况进行讨论：

① $y^* = \dfrac{p_h(\varphi k_r \Delta R + f) - M_1 - M_2}{\gamma F} < 0 \quad (6-4)$

此时，$\varphi k_r p_h \Delta R + p_h f - M_1 - M_2 < 0$，对任意的总部监督概率 y，$y > y^*$ 恒成立。$x = 0$，$x = 1$ 是 x 的两个稳定状态，根据演化稳定条件$\dfrac{dF(x)}{dx} < 0$，可知 $x = 1$ 是分部经理的演化稳定策略。即若 $p_h(\varphi k_r \Delta R + f) < M_1 + M_2$，则无论集团总部监督与否，分部经理的占优策略均为如实传递信息。其经济含义为：若分部经理谎报信息获得的全部收益（超额薪酬收益+超额预算收益）小于集团总部财务不监督时其付出的总成本（伪装成本+心理成本），则无论总部监督与否，经过长期演化，分部经理都将采取如实传递信息的策略。因此，从长期来看，尽可能提高分部经理谎报信息的成本，比如利用数字化提高信息透明度以增加伪装成本，或者强化社会道德或企业规范使其成为分部经理内置的行为准则以增加心理成本，有助于分部经理选择如实传递信息的策略。

② $y^* = \dfrac{p_h(\varphi k_r \Delta R + f) - M_1 - M_2}{\gamma F} > 1 \quad (6-5)$

此时，$p_h(\varphi k_r \Delta R + f) > M_1 + M_2 + \gamma F$，对任意的总部监督概率 y，$y < y^*$

恒成立。$x=0$，$x=1$ 是 x 的两个稳定状态，根据演化稳定条件 $\frac{dF(x)}{dx}<0$，可知 $x=0$ 是分部经理的长期演化稳定策略。即若 $p_h(\varphi k_r \Delta R+f)>M_1+M_2+\gamma F$，则无论集团总部监督与否，则分部经理的占优策略都是谎报。其经济含义为：若分部经理谎报信息获得的全部收益（超额薪酬收益+超额预算收益）大于总部监督时其付出的总成本（伪装成本+心理成本+监督惩罚），则无论总部监督与否，经过长期演化，分部经理必将采取谎报信息的机会主义行为。因此，对总部而言，如果监督效果不佳或对分部经理的惩罚较低起不到震慑作用；对分部经理而言，如果信息不对称严重以致其伪装成本较低或伦理道德匮乏以致其心理成本较低，那么自利的分部经理会选择谎报信息的策略。

③ $0<y^*=\dfrac{p_h(\varphi k_r \Delta R+f)-M_1-M_2}{\gamma F}<1$ (6-6)

此时，若 $0<p_h(\varphi k_r \Delta R+f)-M_1-M_2<\gamma F$，则当 $y>y^*$ 时，$x=1$ 是分部经理的演化稳定策略；当 $y=y^*$ 时，$F(x)\equiv 0$，所有 x 都是分部经理的演化稳定策略；当 $y<y^*$ 时，$x=0$ 是分部经理的演化稳定策略。

分部经理的复制动态相位图如图 6-1 所示。

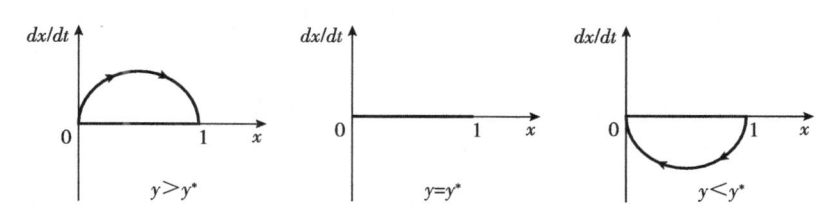

图 6-1 分部经理的复制动态相位

（二）集团总部策略的演化稳定性分析

对集团总部的策略选择复制动态方程（6-2）求导得：

$\dfrac{dF(y)}{dy}=(1-2y)[I_2+(1-x)\gamma I_1-(1-\varphi)k_r\alpha-c]$。根据微分方程的稳定性定理可知，稳定的演化策略应满足 $\dfrac{dF(y)}{dy}<0$，下面分情况进行讨论：

① $x^*=\dfrac{I_2+\gamma I_1-c-(1-\varphi)k_r\alpha}{\gamma I_1}<0$ (6-7)

此时，$I_2+\gamma I_1-c-(1-\varphi)k_r\alpha<0$，对任意的分部经理如实传递信息的概率 x，$x>x^*$ 恒成立。$y=0$，$y=1$ 是 y 的两个稳定状态，根据演化稳定条件 $\dfrac{dF(y)}{dy}<0$，可知 $y=0$ 是集团总部的演化稳定策略。即若 $I_2+\gamma I_1<c+(1-\varphi)k_r\alpha$，则不论分部经理选择何种策略，此时总部的占优策略是不监督。其经济含义为：若总部进行监督获得的长期奖励+即时奖励小于分部经理谎报时其付出的总成本（监督成本+负激励损失），则不论分部经理采取何种策略，经过长期演化，总部都将采取不监督策略。因此，从长期来看，如果对总部监督的长期奖励不足，或者总部进行监督的成本较高，或者分部经理较敏感以致监督产生的负激励损失较大，那么不论分部经理选择何种策略，总部都会选择不监督策略。

② $x^*=\dfrac{I_2+\gamma I_1-c-(1-\varphi)k_r\alpha}{\gamma I_1}>1$ (6-8)

此时，若 $I_2>c+(1-\varphi)k_r\alpha$，对任意的分部经理如实传递信息的概率 x，$x<x^*$ 恒成立。$y=0$，$y=1$ 是 y 的两个稳定状态，根据演化稳定条件 $\dfrac{dF(y)}{dy}<0$，可知 $y=1$ 是集团总部的演化稳定策略。即若 $I_2>c+(1-\varphi)k_r\alpha$，则无论分部经理选择何种策略，此时集团总部的占优策略是监督。其经济含义为：若总部进行监督获得的长期奖励大于分部经理如实传递信息时其付出的总成本（监督成本+负激励损失），则无论分部经理采取何种策略，经过长期演化，集团总部都将采取监督策略。因此，从长期来看，如果对总部进行监督的长期奖励足够大，或者总部进行监督的成本较低，或者分部经理敏感度较低从而监督产生的负激励损失较小，那么不论分部经理选择何种策略，总部都会选择监督策略。

③ $0<x^*=\dfrac{I_2+\gamma I_1-c-(1-\varphi)k_r\alpha}{\gamma I_1}<1$ (6-9)

此时，若 $-\gamma I_1<I_2-c-(1-\varphi)k_r\alpha<0$，则当 $x>x^*$ 时，$y=0$ 是集团总部的演化稳定策略；当 $x=x^*$ 时，$F(y)\equiv 0$，所有 y 都是分部经理的演化稳定策略；当 $x<x^*$ 时，$y=1$ 是集团总部的演化稳定策略。

集团总部的复制动态相位图如图 6-2 所示。

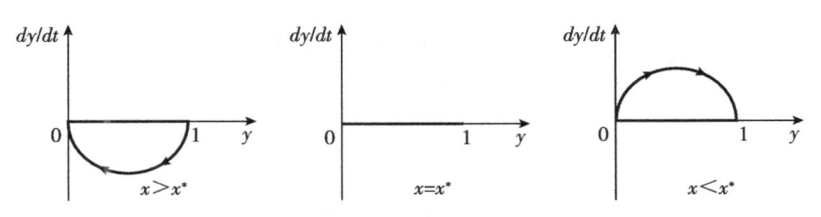

图 6-2　集团总部财务的复制动态相位

（三）分部经理与集团总部策略系统的演化稳定性

由动态系统复制方程式(6-3)来描述分部经理和集团总部行为策略系统的演化，设 $E(x_0, y_0)$ 为此系统的平衡点，当且仅当 $0<y^*<1$, $0<x^*<1$ 时，该系统共有 5 个复制动态均衡点：$(0,0)$，$(0,1)$，$(1,0)$，$(1,1)$，(x^*, y^*)。由李雅普诺夫（Lyapunov）稳定性定理和弗里曼（Friedman，1991）的方法可知，可以通过分析系统复制动态方程的雅可比（Jacobi）矩阵的局部稳定性，来分析系统的演化稳定策略。① 由式（6-3）可得分部经理和总部行为策略系统的复制动态方程雅可比矩阵 J 为：

$$J = \begin{pmatrix} \dfrac{\partial F(x)}{\partial x} & \dfrac{\partial F(x)}{\partial y} \\ \dfrac{\partial F(y)}{\partial x} & \dfrac{\partial F(y)}{\partial y} \end{pmatrix}$$

$$= \begin{pmatrix} (1-2x)[M_1+M_2-p_h(\varphi k_r \Delta R+f)+y\gamma F] & x(1-x)\gamma F \\ -y(1-y)\gamma I_1 & (1-2y)[I_2+(1-x)\gamma I_1-(1-\varphi)k_r\alpha-c] \end{pmatrix}$$

分部经理和集团总部行为策略系统的复制动态方程的 Jacobi 矩阵行列式 $Det(J)$ 为 $Det(J)=xy(1-x)(1-y)\gamma^2 FI_1+(1-2x)(1-2y)[M_1+M_2-p_h(\varphi k_r\Delta R+f)+y\gamma F][I_2+(1-x)\gamma I_1-(1-\varphi)k_r\alpha-c]$，迹为 $tr(J)=(1-2x)[M_1+M_2-p_h(\varphi k_r\Delta R+f)+y\gamma F]+(1-2y)[I_2+(1-x)\gamma I_1-(1-\varphi)k_r\alpha-c]$。该系统的所有复制动态均衡点的 Jacobi 矩阵行列式 $Det(J)$ 与迹 $tr(J)$ 如表 6-3 所示。

其中，$A=M_1+M_2-p_h(\varphi k_r\Delta R+f)$，$B=I_2+\gamma I_1-(1-\varphi)k_r\alpha-c$，$C=M_1+M_2-p_h(\varphi k_r\Delta R+f)+\gamma F$，$D=I_2-(1-\varphi)k_r\alpha-c$。

---

① 均衡点的稳定条件为：该均衡点对应的 Jacobi 矩阵的行列式 $Det(J)$ 为正且该矩阵的迹 $tr(J)$ 为负。

表 6-3　　　　　所有均衡点对应的 Jacobi 矩阵行列式与迹

均衡点	Det (J)	tr (J)
E_1 (0, 0)	AB	A+B
E_2 (0, 1)	−BC	C−B
E_3 (1, 0)	−AD	−A+D
E_4 (1, 1)	CD	−C−D
E_5 (x^*, y^*)	$\dfrac{ABCD}{\gamma^2 FI_1}$	0

三　模型结论

根据均衡点的稳定条件，分析不同情形下系统的局部稳定性，具体如下：

情形 6-1　①当 $I_2+\gamma I_1<c+(1-\varphi)k_r\alpha$，$0<p_h(\varphi k_r\Delta R+f)-(M_1+M_2)<\gamma F$ 时，根据表 6-4 各均衡点的稳定状态分析，可知 E_1 (0, 0) 是稳定的均衡点，即博弈的演化稳定策略组合是（谎报，不监督）。因此，长期来看，如果对总部进行监督的长期奖励较高，可以抵销监督带来的总成本（监督成本与负激励损失之和），且分部经理谎报的平均净超额收益小于其受到的平均惩罚，则总部选择不监督，而分部经理选择谎报信息。

表 6-4　　　　　情形 6-1 的均衡点稳定状态分析

均衡点	行列式符号	迹符号	局部稳定性
E_1 (0, 0)	①+	−	ESS
	②−	不确定	鞍点
	③−	不确定	鞍点
E_2 (0, 1)	①+	+	不稳定
	②−	不确定	鞍点
	③−	不确定	鞍点
E_3 (1, 0)	①−	不确定	鞍点
	②+	+	不稳定
	③−	不确定	鞍点
E_4 (1, 1)	①−	不确定	鞍点
	②+	−	ESS

续表

均衡点	行列式符号	迹符号	局部稳定性
E_4（1，1）	③-	不确定	鞍点
E_5（x^*，y^*）	①-	0	鞍点
	②-	0	鞍点
	③+	0	鞍点

②当 $I_2>c+(1-\varphi)k_r\alpha$，$0<p_h(\varphi k_r\Delta R+f)-(M_1+M_2)<\gamma F$ 时，根据表6-4各均衡点的稳定状态分析，可知 E_4（1，1）是稳定的均衡点，即博弈的演化稳定策略组合是（如实，监督）。因此，长期来看，如果对总部进行监督的长期奖励较高，可以抵销监督带来的总成本（监督成本与负激励损失之和），且总部的监督效果或对分部经理谎报的惩罚较高足以抵消其获得的平均净超额收益，则总部选择监督，而分部经理选择如实传递信息。

③当 $-\gamma I_1<I_2-c-(1-\varphi)k_r\alpha<0$，$0<p_h(\varphi k_r\Delta R+f)-(M_1+M_2)<\gamma F$ 时，根据表6-4各均衡点的稳定状态分析，可知所有均衡点均为鞍点，该系统无稳定点，即博弈不存在演化稳定策略。

相应的系统演化复制动态相位图（见图6-3）及仿真图（见图6-4）如下：

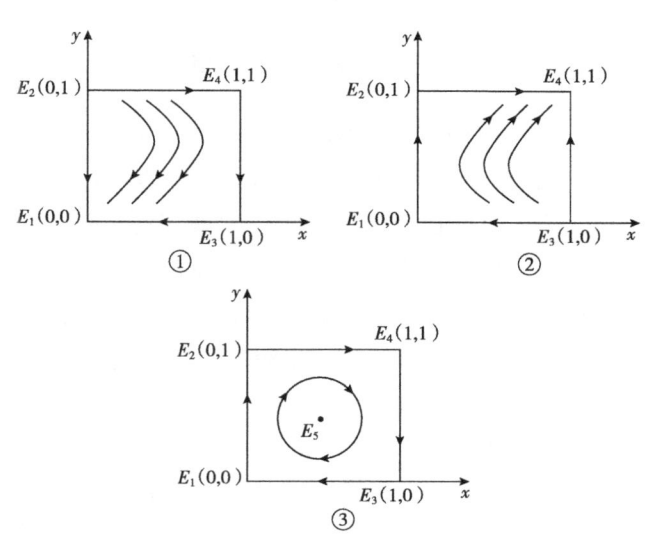

图6-3 情形6-1的系统复制动态相位

①

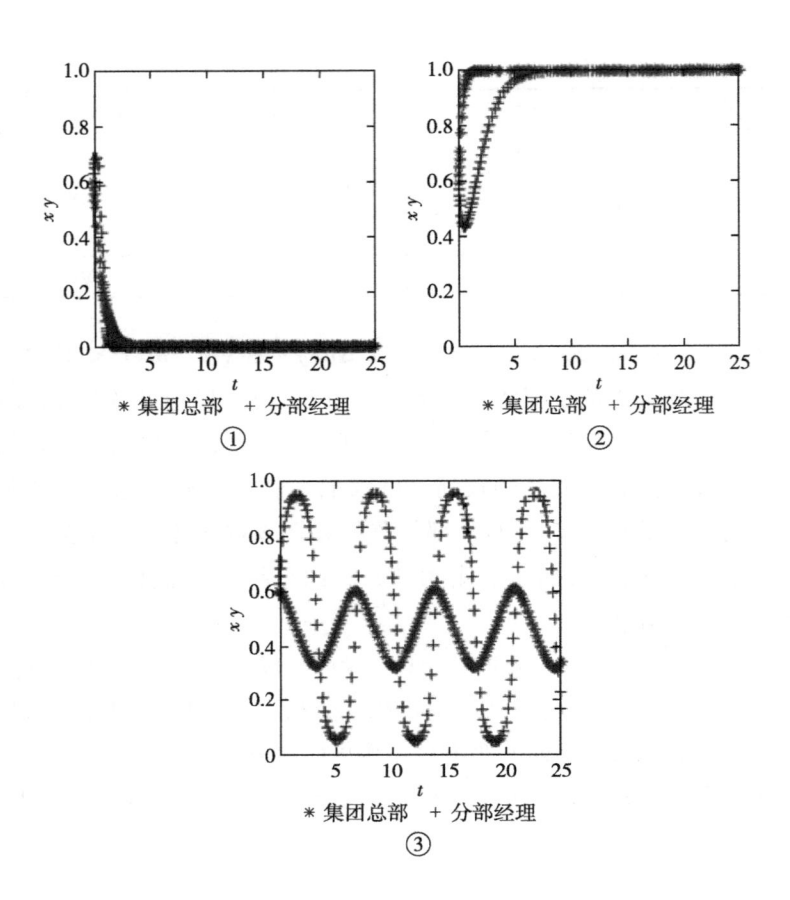

②

③

图6-4 情形6-1的系统仿真①

情形6-2 当 $M_1+M_2<p_h(\varphi k_r\Delta R+f)$，$I_2+\gamma I_1<(1-\varphi)k_r\alpha+c$ 时，根据表6-5各均衡点的稳定状态分析，可知无论 $M_1+M_2-p_h(\varphi k_r\Delta R+f)+\gamma F$ 的取值如何，$E_1(0,0)$ 是稳定的均衡点，即博弈的演化稳定策略组合是(谎报，不监督)。说明长期来看，如果对总部进行监督的奖励较低不足以抵销由此带来的总成本(监督成本与负激励损失之和)，且分部经理谎报的成本较由此获得的平均净超额收益低，则总部选择不监督，分部经理选择谎报。

---

① $R(I,g)=18\sqrt{I}$，$R(I,b)=12\sqrt{I}$，(x,y)的初始值为$(0.6,0.6)$，$M_1=1$，$M_2=4$，$\varphi=0.1$，$p_h=0.6$，$f=20$，$\gamma=0.5$，$\alpha=5$，$I_1=2$，$I_2=10$，$k_r=1$。①$F=40$，$c=8$；②$F=20$，$c=2$；③$F=40$，$c=6$。

表 6-5　　　　　　　　情形 6-2 的均衡点稳定状态分析

均衡点	行列式符号	迹符号	局部稳定性
E_1 (0, 0)	+	−	ESS
E_2 (0, 1)	$C<0$：−	不确定	鞍点
	$C=0$：0	+	鞍点
	$C>0$：+	+	不稳定
E_3 (1, 0)	−	不确定	鞍点
E_4 (1, 1)	$C<0$：+	+	不稳定
	$C=0$：0	+	鞍点
	$C>0$：−	不确定	鞍点
E_5 (x^*, y^*)	$C<0$：+	0	鞍点
	$C=0$：0	0	鞍点
	$C>0$：−	0	鞍点

情形 6-3　当 $M_1+M_2+\gamma F<p_h(\varphi k_r\Delta R+f)$，$I_2+\gamma I_1>(1-\varphi)k_r\alpha+c$ 时，根据表 6-6 各均衡点的稳定状态分析，可知无论 $I_2-(1-\varphi)k_r\alpha-c$ 的取值如何，$E_2(0,1)$ 是稳定的均衡点，即博弈的演化稳定策略组合是（谎报，监督）。因此，长期来看，如果对总部进行监督的奖励较高，可以抵销监督带来的总成本（监督成本与负激励损失之和），但总部监督效果或对分部经理谎报的惩罚较低不足以抵消其获得的平均净超额收益，则总部选择监督，而分部经理依然选择谎报。

表 6-6　　　　　　　　情形 6-3 的均衡点稳定状态分析

均衡点	行列式符号	迹符号	局部稳定性
E_1 (0, 0)	−	不确定	鞍点
E_2 (0, 1)	+	−	ESS
E_3 (1, 0)	$D<0$：−	不确定	鞍点
	$D=0$：0	+	鞍点
	$D>0$：+	+	不稳定
E_4 (1, 1)	$D<0$：+	不确定	鞍点
	$D=0$：0	+	鞍点
	$D>0$：−	不确定	鞍点

续表

均衡点	行列式符号	迹符号	局部稳定性
$E_5(x^*, y^*)$	$D<0$: -	0	鞍点
	$D=0$: 0	0	鞍点
	$D>0$: +	0	鞍点

情形 6-4 当 $M_1+M_2>p_h(\varphi k_r \Delta R+f)$，$I_2<(1-\varphi)k_r\alpha+c$ 时，根据表 6-7 各均衡点的稳定状态分析，可知无论 $I_2+\gamma I_1-(1-\varphi)k_r\alpha-c$ 的取值如何，$E_3(1, 0)$ 是稳定的均衡点，即博弈的演化稳定策略组合是（如实，不监督）。因此，长期来看，如果对总部进行监督的长期奖励较低，不足以抵销监督带来的总成本（监督成本与负激励损失之和），但分部经理谎报的平均净超额收益小于零，则总部选择不监督，而分部经理依然选择如实传递信息。

表 6-7　　　　情形 6-4 的均衡点稳定状态分析

均衡点	行列式符号	迹符号	局部稳定性
$E_1(0, 0)$	$B<0$: -	不确定	鞍点
	$B=0$: 0	+	鞍点
	$B>0$: +	+	不稳定
$E_2(0, 1)$	$B<0$: +	不确定	鞍点
	$B=0$: 0	+	鞍点
	$B>0$: -	不确定	鞍点
$E_3(1, 0)$	+	-	ESS
$E_4(1, 1)$	-	不确定	鞍点
$E_5(x^*, y^*)$	$B<0$: +	0	鞍点
	$B=0$: 0	0	鞍点
	$B>0$: -	0	鞍点

情形 6-5 当 $M_1+M_2+\gamma F>p_h(\varphi k_r \Delta R+f)$，$I_2>(1-\varphi)k_r\alpha+c$ 时，根据表 6-8 各均衡点的稳定状态分析，可知无论 $M_1+M_2-p_h(\varphi k_r \Delta R+f)$ 的取值如何，$E_4(1, 1)$ 是稳定的均衡点，即博弈的演化稳定策略组合是（如实，监督）。因此，长期来看，如果对总部进行监督的长期激励较高，

可以抵销监督带来的总成本(监督成本与负激励损失之和),且分部经理谎报的平均净超额收益小于其受到的平均惩罚,则总部选择监督,而分部经理会选择如实传递信息。

表 6-8　　　　　　　　情形 6-5 的均衡点稳定状态分析

均衡点	行列式符号	迹符号	局部稳定性
E_1 (0, 0)	A<0: −	不确定	鞍点
	A=0: 0	+	鞍点
	A>0: +	+	不稳定
E_2 (0, 1)	−	不确定	
E_3 (1, 0)	A<0: +	+	不稳定
	A=0: 0	+	鞍点
	A>0: +	不确定	鞍点
E_4 (1, 1)	+	−	ESS
E_5 (x^*, y^*)	A<0: −	0	鞍点
	A=0: 0	0	鞍点
	A>0: +	0	鞍点

四　参数分析与数值仿真

(一) 参数分析

集团总部在分部经理上报好状态时配给其高预算的概率 p_h 越小;或者分部经理的分享系数 φ 越小;或者相关多元化的产出协同作用 k_r 越小;或者分部经理通过谎报信息获得的超额预算收益 f 越小;或者分部经理谎报信息的伪装成本 M_1 越大;或者分部经理谎报信息的心理成本 M_2 越大,则分部经理选择谎报的净收益 $p_h(\varphi k_r\Delta R+f)-(M_1+M_2)$ 或 $p_h(\varphi k_r\Delta R+f)-(M_1+M_2+\gamma F)$ 越小。或者集团总部的监督效果 γ 越好,或者集团总部对分部经理的惩罚力度 F 越大,集团总部监督时,分部经理选择谎报的净收益 $p_h(\varphi k_r\Delta R+f)-(M_1+M_2+\gamma F)$ 越小。总之,在分部经理传递信息过程中,当 $p_h(\varphi k_r\Delta R+f)<M_1+M_2$ 时,无论集团总部监督与否,分部经理会一直选择如实上报信息;当 $p_h(\varphi k_r\Delta R+f)>M_1+M_2+\gamma F$ 时,无论集团总部监督与否,分部经理会一直选择谎报信息。

情形6-2

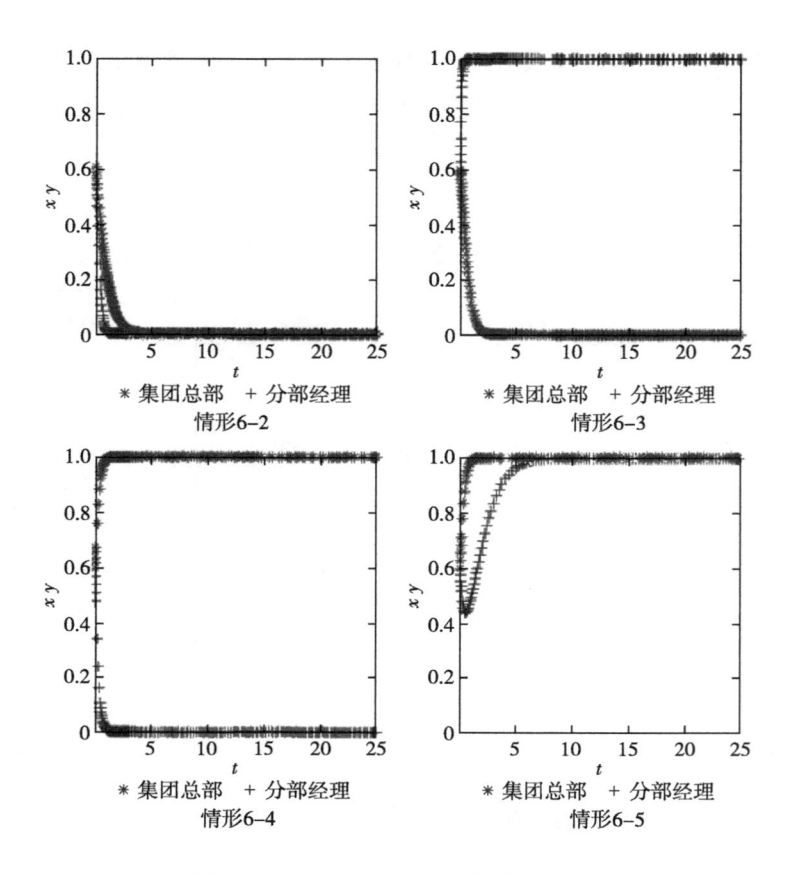

情形6-3

情形6-4

情形6-5

图 6-5　情形 6-2 至 6-5 的系统仿真①

值得注意的是：分部经理的固定薪酬不影响其净收益，进而不影响博弈系统策略组合的演化，因此，若分部经理只能获得固定工资，则高薪养廉政策并不影响系统的演化稳定策略，即高薪养廉无效；在其他条件相同的情况下，相关多元化企业具备产出协同作用，而不相关多元化企业通常不具备，因此，前者的分部经理选择谎报策略的净收益较后者大；分部经理对企业的组织行为规范认同感越强，其谎报信息的心理成

---

① $R(I, g) = 18\sqrt{I}$，$R(I, b) = 12\sqrt{I}$，(x, y) 的初始值为 $(0.6, 0.6)$，$M_1 = 1$，$\varphi = 0.1$，$p_h = 0.6$，$f = 20$，$\gamma = 0.5$，$\alpha = 5$，$I_1 = 2$，$k_r = 1$，$c = 2$。情形 6-2：$I_2 = 4$，$F = 20$，$M_2 = 4$；情形 6-3：$I_2 = 10$，$F = 10$，$M_2 = 4$；情形 6-4：$F = 20$，$M_2 = 20$，$I_2 = 4$；情形 6-5：$F = 20$，$M_2 = 4$，$I_2 = 10$。

本越大，因此，企业文化凝聚力越强的企业，其分部经理选择谎报的净收益越小。

若 $0<p_h(\varphi k_r\Delta R+f)-(M_1+M_2)<\gamma F$，则分部经理不一定会一直选择谎报策略，此时需要考察集团总部的策略选择。对于集团总部来说，或者监督成本 c 越小；或者监督获得的长期收益 I_2 越大；或者监督造成的负激励损失 α 越小；或者分部经理的分享系数 φ 越大；或者产出协同作用 k_r 越小，则集团总部的监督净收益 $I_2-(1-\varphi)k_r\alpha-c$ 或 $I_2+\gamma I_1-(1-\varphi)k_r\alpha-c$ 越大。或者集团总部的监督效果 γ 越好；或者获得的即时监督收益 I_1 越大，分部经理谎报时集团总部采取监督策略的净收益 $I_2+\gamma I_1-(1-\varphi)k_r\alpha-c$ 越大。当 $I_2>(1-\varphi)k_r\alpha+c$ 时，$I_2+\gamma I_1>(1-\varphi)k_r\alpha+c$ 必成立，即集团总部采取监督策略的净收益严格大于不监督策略的净收益，此时集团总部会一直选择监督策略，分部经理则会选择如实传递信息的策略，即博弈策略组合（如实，监督）是系统的演化稳定策略。同理，当 $I_2+\gamma I_1<(1-\varphi)k_r\alpha+c$ 时，$I_2<(1-\varphi)k_r\alpha+c$ 必成立，则博弈策略组合（谎报，不监督）是系统的演化稳定策略。

需要注意的是：在其他条件不变的情况下，国有企业集团总部长期尽责履行监督职能获得的长期奖励，诸如物质奖励、职位晋升、社会声誉等通常较民营企业大，因此，国有企业集团总部采取监督策略的净收益较大；产出协同作用越大，总部监督的负激励损失就越大，因此，不相关多元化企业集团总部采取监督策略的净收益较大；分部经理对监督的负面情绪越强，导致的监督负激励损失越大，因此，分部经理越敏感，集团总部采取监督策略的净收益越小。

（二）数值仿真

为了更好地阐释并印证各参数对系统演化进程的影响，本部分依据情形 6-1② 的条件设定参数取值并进行数值仿真。设分部项目在"好"状态与"坏"状态下的投资产出函数分别为：$R(I,g)=18\sqrt{I}$，$R(I,b)=12\sqrt{I}$，并设定 (x,y) 的初始值分别为 $(0.1,0.9)$、$(0.3,0.3)$、$(0.5,0.5)$、$(0.7,0.7)$、$(0.8,0.2)$。下面分别考察各参数对系统演化进程的影响：

1. 分部经理的谎报成本变动

从模型结论可以看出，分部经理谎报信息的伪装成本 M_1 与心理

成本 M_2 的变动对其净收益的边际贡献相同。然而，实践中信息伪装成本的波动通常较小，因此，此处以分析心理成本 M_2 的变动为例。$\varphi=0.1$，$f=20$，$F=20$，$\alpha=5$，$M_1=1$，$\gamma=0.5$，$p_h=0.6$，$I_1=2$，$I_2=10$，$k_r=1$，$c=2$；在参数 M_2 分别等于 4、8、12 时，通过 MATLAB 仿真可得系统演化进程的仿真结果（见图 6-6）。显然，心理成本 M_2 的增加能够显著地加快博弈系统向稳定点 E_4（1，1）的演化收敛速度。说明可以探讨增大分部经理谎报的伪装成本以及心理成本的途径，以提升 ICM 配置效率。

2. 监督效果 γ 变动

参数 $M_2=4$，γ 分别等于 0.5、0.7、0.9，其他参数取值同上时，通过 MATLAB 仿真可得系统演化进程的仿真结果（见图 6-7）。显然，不断提高总部的监督效果 γ 能够显著地加快博弈系统向稳定点 E_4（1，1）的演化收敛速度。说明可以探讨提高总部监督效果的途径，以提升 ICM 配置效率。

3. 总部配给高预算的概率 p_h 变动

参数 $\gamma=0.5$，p_h 分别等于 0.3、0.4、0.6，其他参数取值同上时，通过 MATLAB 仿真可得系统演化进程的仿真结果（见图 6-8）。显然，总部配给高预算的概率 p_h 的增加能够显著减缓博弈系统向稳定点 E_4（1，1）的演化收敛速度。

4. 总部监督获得的长期奖励 I_2 变动

参数 $p_h=0.6$，I_2 分别等于 10、20、30，其他参数取值同上时，通过 MATLAB 仿真可得系统演化进程的仿真结果（见图 6-9）。显然，增加集团总部监督获得的长期奖励 I_2 能够显著地加快博弈系统向稳定点 E_4（1，1）的演化收敛速度。说明可以探讨加强对总部进行长期奖励的途径，以提升 ICM 配置效率。

5. 对分部经理谎报的惩罚力度 F 变动

参数 $I_2=10$，F 分别等于 20、40、80，其他参数取值同上时，通过 MATLAB 仿真可得系统演化进程的仿真结果（见图 6-10）。显然，增加分部经理谎报的惩罚力度 F 能够显著地加快博弈系统向稳定点 E_4（1，1）的演化收敛速度。

$M_2=4$

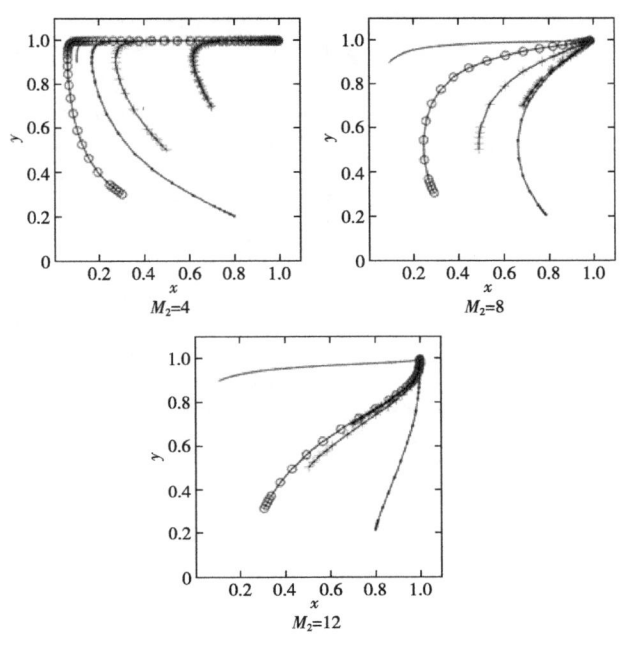

$M_2=8$

$M_2=12$

图 6-6　不同心理成本 M_2 的演化相位

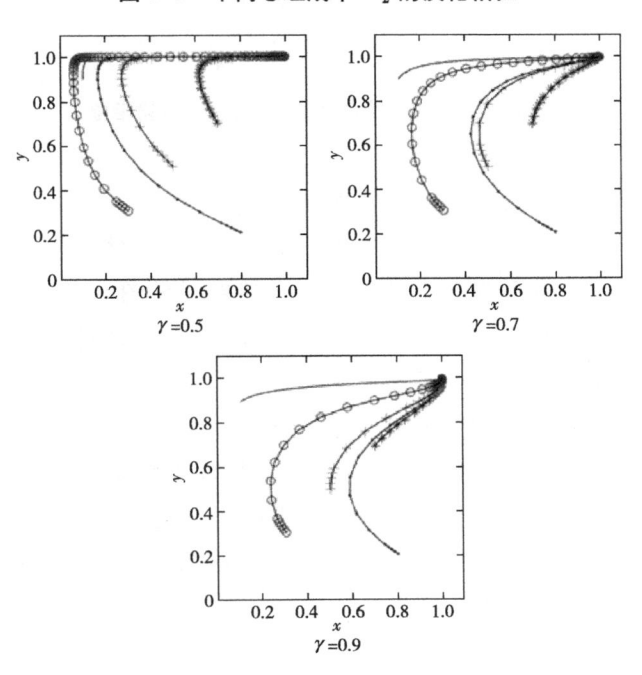

$\gamma=0.5$

$\gamma=0.7$

$\gamma=0.9$

图 6-7　不同监督效果 γ 的演化相位

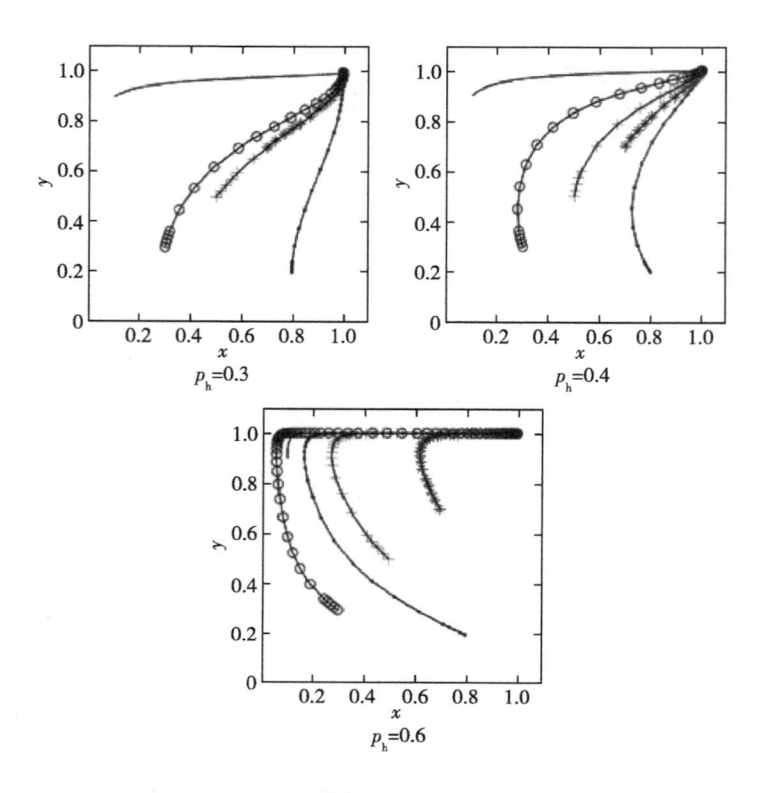

图 6-8 不同配给高预算概率 p_h 的演化相位

6. 分部经理谎报获得的超额预算收益 f 变动

参数 $F=20$,f 分别等于 10、15、20,其他参数取值同上时,通过 MATLAB 仿真可得系统演化进程的仿真结果(见图 6-11)。显然,分部经理谎报获得的超额预算收益 f 的增加能够显著减缓博弈系统向稳定点 E_4(1,1)的演化收敛速度。

7. 总部监督造成的产出损失 α 变动

参数 $f=20$,α 分别等于 3、5、8,其他参数取值同上时,通过 MATLAB 仿真可得系统演化进程的仿真结果(见图 6-12)。显然,增加集团总部监督造成的产出损失 α 能够显著减缓博弈系统向稳定点 E_4(1,1)的演化收敛速度。

$I_2=10$

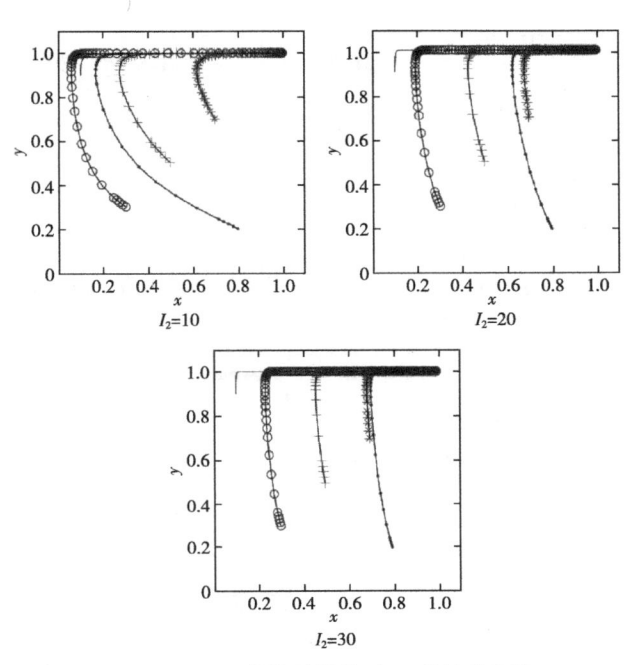

$I_2=20$

$I_2=30$

图 6-9 不同监督长期奖励 I_2 的演化相位

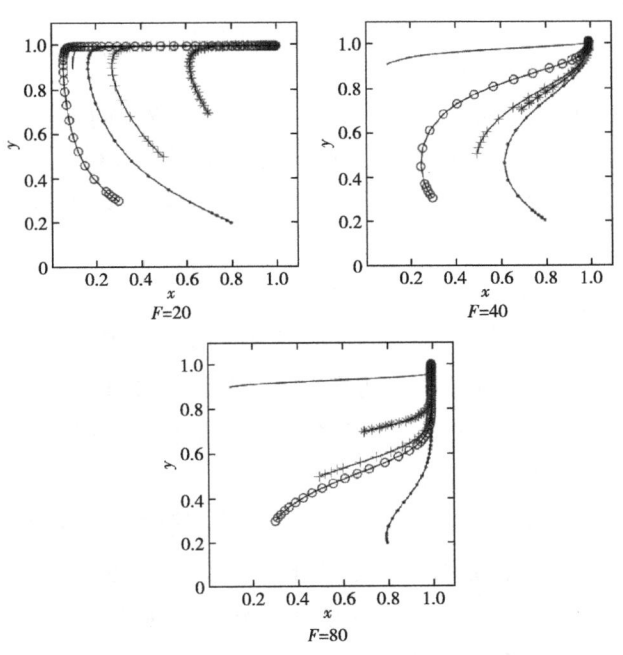

$F=20$

$F=40$

$F=80$

图 6-10 不同惩罚力度 F 的演化相位

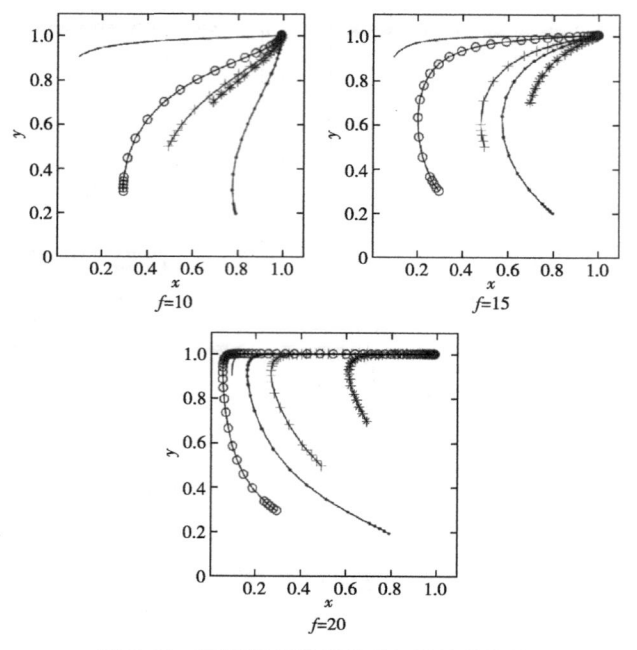

图 6-11 不同超额预算收益 f 的演化相位

8. 总部的监督成本 c 变动

参数 $\alpha=5$,c 分别等于 2、4、5,其他参数取值同上时,通过 MATLAB 仿真可得系统演化进程的仿真结果(见图 6-13)。显然,增加集团总部的监督成本 c 能够显著减缓博弈系统向稳定点 $E_4(1,1)$ 的演化收敛速度。

9. 总部监督获得的即时奖励 I_1 变动

参数 $c=2$,I_1 分别等于 2、4、8,其他参数取值同上时,通过 MATLAB 仿真可得系统演化进程的仿真结果(见图 6-14)。显然,变动总部财务监督获得的即时奖励 I_1 对博弈系统收敛速度的影响并不显著。

10. 产出协同作用 k_r 变动

参数 $F=30$,k_r 分别等于 1、1.2、1.5,其他参数取值同上时,通过 MATLAB 仿真可得系统演化进程的仿真结果(见图 6-15)。显然,相关多元化的产出协同作用 k_r 的增加能够显著地减缓博弈系统向稳定点 $E_4(1,1)$ 的演化收敛速度。

第六章 | 考虑总部监督行为因素的扩展研究

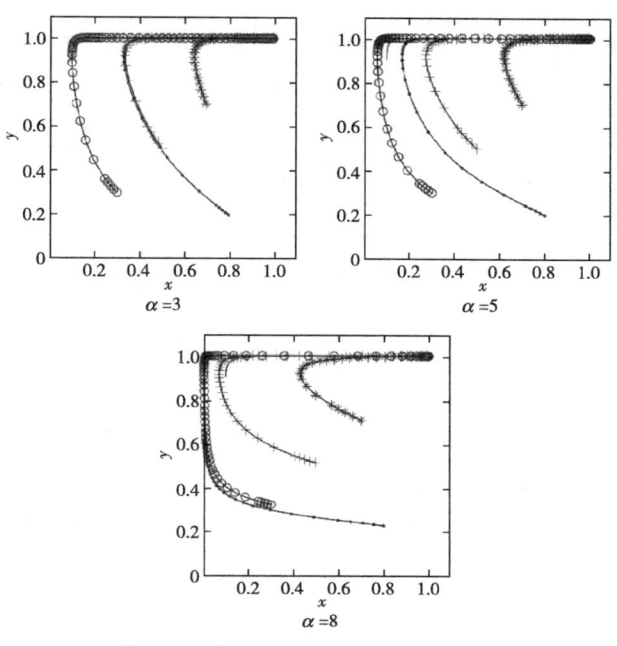

图 6-12　不同监督产出损失 α 的演化相位

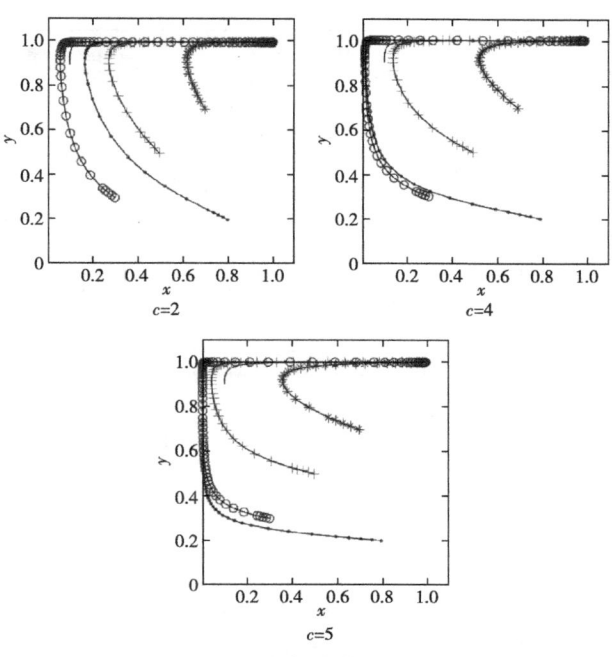

图 6-13　不同监督成本 c 的演化相位

$I_1=2$

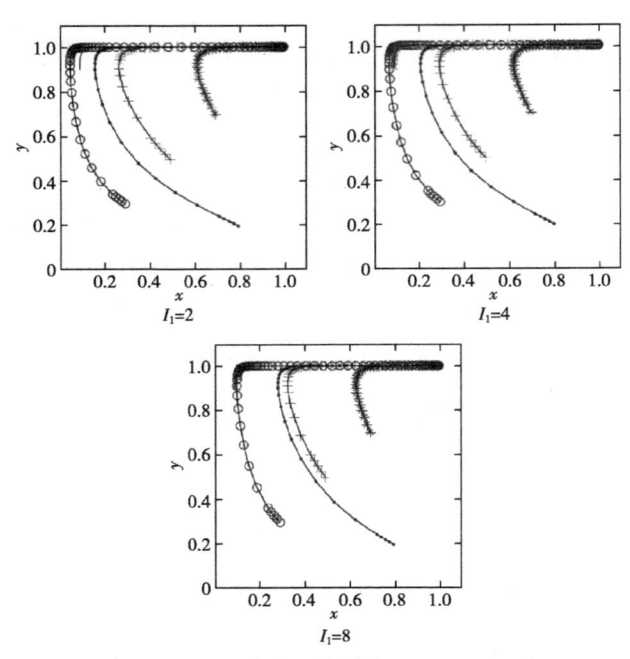

$I_1=4$

$I_1=8$

图 6-14　不同监督即时奖励 I_1 的演化相位

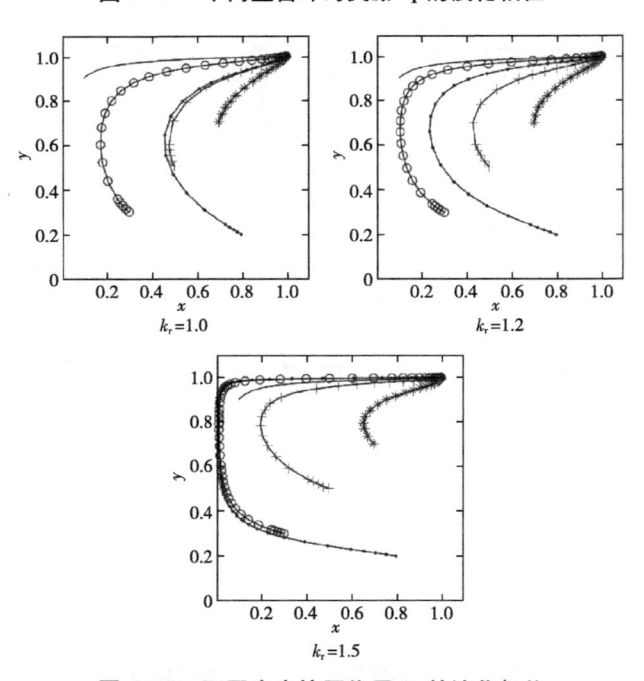

$k_r=1.0$

$k_r=1.2$

$k_r=1.5$

图 6-15　不同产出协同作用 k_r 的演化相位

11. 分部经理的分享系数 φ 变动

参数 $k_r=1$，φ 分别等于 0、0.1、0.2，其他参数取值同上时，通过 MATLAB 仿真可得系统演化进程的仿真结果（见图 6-16）。显然，增加分部经理的分享系数 φ 能够显著地减缓博弈系统向稳定点 E_4（1，1）的演化收敛速度。

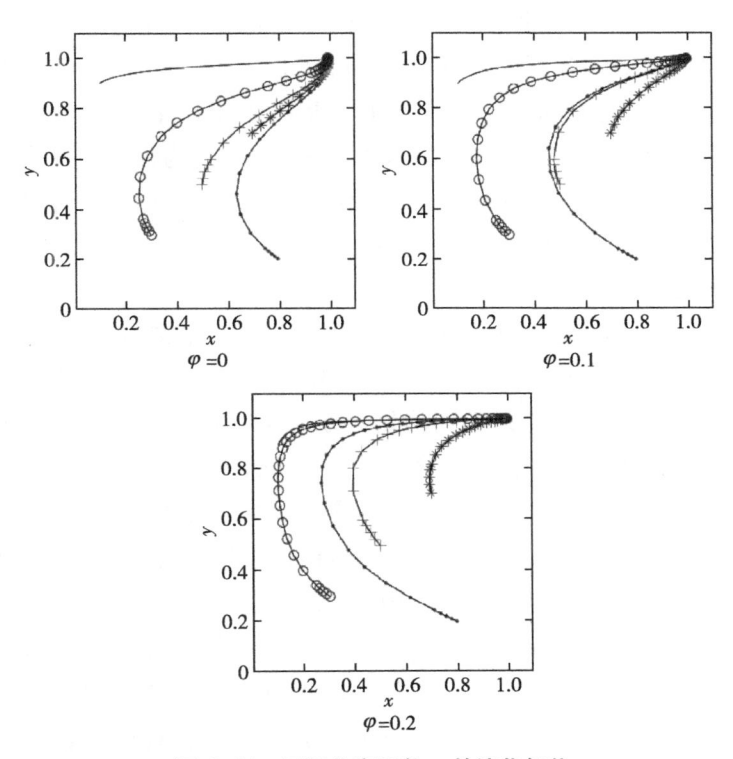

图 6-16　不同分享系数 φ 的演化相位

第四节　本章小结与研究启示

一　本章小结

由于外部金融市场的不完善，企业集团的资金配置更多地依赖内部资本市场进行，较多的实证研究结果表明我国国有企业集团内部资本市场配置效率较低。分部经理寻租、谎报信息等各种机会主义行为，扭曲了集团总部的配置决策，是导致集团 ICM 资金配置效率低的主要因素。

只激励而不监督，自利的分部经理依然会实施机会主义行为，从而导致激励失效。因此，一个完善的监督机制是保障分部经理激励机制有效运行的重要条件。在对分部经理进行正向激励（支付信息租金）的同时，集团总部通过内部审计、财务监督等内部监督手段，能够有效地约束分部经理的机会主义行为，提高集团内部资金的配置有效性。国有企业集团的总部承担着党的建设、战略规划、制度建设、资源配置、资本运营、财务监督、风险管控、绩效评价八个主要功能；分部经理主要面临党内监督、公司治理监督、审计监督、集团内部监督四个方面的监督。本章运用演化博弈理论分析集团总部与分部经理行为策略选择的互动机制，引入分部经理的心理成本、多元化企业集团的产出协同作用、对集团总部监督的长期奖励等因素，分析影响演化策略稳定性的因素，得到的主要结论如下：

（1）对分部经理而言：若分部经理谎报信息的总收益（超额薪酬收益+超额预算收益）大于总部监督时其付出的总成本（伪装成本+心理成本+监督惩罚），经过长期演化，分部经理都将采取谎报信息的策略；若分部经理谎报信息获得的全部收益（超额薪酬收益+超额预算收益）小于总部不监督时其付出的总成本（伪装成本+心理成本），则经过长期演化，分部经理都将采取如实传递信息的策略。这两种情况下，分部经理的策略选择均不依赖于集团总部的行为。

（2）对集团总部而言：若总部进行监督获得的总收益（长期奖励+即时奖励）小于分部经理谎报时其付出的总成本（监督成本+负激励损失），则经过长期演化，总部都将采取不监督策略；若总部进行监督获得的长期奖励大于分部经理如实传递信息时其付出的总成本（监督成本+负激励损失），则经过长期演化，总部都将采取监督策略。这两种情况下，集团总部的策略选择均不依赖于分部经理的行为。

（3）对分部经理与集团总部的系统而言：当分部经理在总部不监督时的谎报信息净收益大于零，而在总部监督时的净收益小于零时，系统的演化稳定策略依赖于总部的监督收益情况。具体地：①当总部在分部经理谎报时进行监督获得的净收益（长期奖励+即时奖励-监督成本-负激励损失）小于零时，系统的演化稳定策略组合是（谎报，不监督）；②当总部在分部经理如实传递信息时进行监督获得的净收益（长期奖励-监督成本-负激励损失）大于零时，系统的演化稳定策略组合是（如实，监督）；③当总部在分部经理谎报时进行监督的净收益大于零，而在分部经理如实传递信息时监督的净收益小于零时，系统不存在演化稳定策略。

（4）对参数而言：分部经理的固定薪酬不影响系统的演化稳定性；在满足分部经理在总部不监督时的谎报信息净收益大于零，而在监督时的净收益小于零，且总部在分部经理如实传递信息时进行监督获得的净收益（长期奖励-监督成本-负激励损失）大于零的条件下，伪装成本、心理成本、监督效果、长期奖励、惩罚力度等参数的增加能够显著地加快系统向稳定点（如实，监督）的演化收敛速度；配给高预算的概率、超额预算收益、监督造成的负激励损失、监督成本、分享系数、产出协同作用等参数的增加能够显著减缓系统向稳定点（如实，监督）的演化收敛速度；即时奖励对系统演化收敛速度的影响不显著。

二　研究启示

激励集团总部长期尽责履行监督职能，规范分部经理行为，能够有效缓解信息不对称，提高企业集团的内部资金配置效率。通过前述的分析论证，探讨国有企业集团内部资金的高效配置与经营绩效提升的途径，提出以下5个建议：①提升集团总部的专业技能，加强财务信息披露的完整性、充足性、真实性、准确性，从而增大分部经理谎报信息的伪装成本。②完善和加强内外部监督体系形成对分部经理的持续跟踪监督，强化内部监督健全内部监督机构，完善外部监督机制建立经理人市场，充分发挥经理人市场的信号传递功能，提高总部监督的效果，降低监督成本，加大对分部经理谎报行为的惩罚力度。③强化对总部监督者的激励，尤其是增加对集团总部尽责履行监督职能的长期奖励，以提高其对分部经理层进行监督的积极性。④加强对分部经理的党内监督，强化企业组织规范重视企业文化的纽带作用，使企业文化成为国有企业集团及其全体成员单位共同的价值追求，强化良好企业文化对分部经理的道德约束作用，提高分部经理的内部控制意识及集体荣誉认同感，从而增大分部经理谎报行为的心理成本。⑤增强分部经理对总部监督机制的认同感，减轻分部经理被监督的抵触情绪，减少集团总部财务监督造成的负激励损失。

第七章
考虑分部经理合谋行为的扩展研究

通过前文的分析我们发现，分部经理实施机会主义行为会扭曲总部的资金配置，导致国有企业集团 ICM 配置效率的损失；对分部经理进行信息租金激励，或者引入总部对分部经理的监督都能够达到缓解信息不对称，提升集团内部资金配置绩效的目的。自党的十八大以来，国有企业高管贪腐问题引起了学者对于多重委托代理关系中合谋现象的关注。然而，前述分析，要么只分析了分部经理实施机会主义行为对国有企业集团 ICM 配置效率的影响，要么分析了总部监督对分部经理机会主义行为的约束，均未考虑分部经理与总部之间合谋对内部资金配置的影响。此外，有限理性的博弈参与主体在进行策略选择时，通常会受到个人主观判断和价值感知的影响，Kahneman 和 Tversky（1979）提出的前景理论能够较好地描述有限理性决策者的真实行为策略选择。因此，本章考虑分部经理合谋对一般分析进行拓展研究，运用前景理论考虑有限理性的参与主体对风险和价值的感知，构建分部经理与集团总部合谋、国资委监管的演化博弈模型分析合谋的条件及影响因素，进而探讨如何制衡分部经理与总部管理者之间的合谋，以提升国有企业集团内部资金配置效率。

第一节 问题提出

优化资源配置、实现国有资产保值增值是深化国有企业改革的核心问题。为更好地服务于经济发展战略，履行资产经营、融资投资、监督管理等职能，自党的十八大以来，我国积极推进国有企业的战略性结构调整，通过合并重组形成了一大批多元化经营的国有企业集团。我国A股上市公司绝大多数都有集团背景，国有上市公司隶属相应企业集团的比例超过80%（辛清泉等，2007；刘星等，2014；刘媛媛等，2016），国有企业集团中广泛地存在着活跃的内部资本市场运作（杨棉之等，2010；Duchin and Sosyura，2013；He et al.，2013）。从内部资本市场的角度看，国有企业集团具有多种组织属性（政治属性、经济属性、社会属性）、多层级组织结构（各级国资委、总部、1级分部、2级分部……）和多重委托代理关系（大股东—中小股东、股东—总部、总部—1级分部……），使得其内部的代理冲突更为严重，管理层代理关系是影响国有企业集团ICM配置效率的主导代理关系，总部与分部经理之间的代理问题使得ICM的功能受损（谢军、王娃宜，2010），尤其是分部经理的寻租行为、隐藏信息、合谋等机会主义行为（徐林清、孟令国，2006；Scharfstein and Stein，2000；Choe and Yin，2009；陈良华等，2014）。近年来，媒体披露的国有企业高管在经营管理过程中所出现的问题，主要表现为国有企业经营者与各监管主体之间的合谋、经理层内部成员之间的合谋（徐传谌、王国兵，2005），合谋会影响国有企业集团内部资本市场配置资源的功能。对此，应加强对国有企业重点领域和重要岗位的有效监督，《中华人民共和国监察法》出台后，从法律层面强化了对国有企业中层人员的监督制约。[①]为深入贯彻党的二十大精神，国务院国资委下发了《关于做好2023年中央企业违规经营投资责任追究工作的通知》，强调要严肃查处重大违规问题线索，发挥监督管理协同综合效能。因此，本章考虑分部经理合谋情况下的国有企业集团内部资金配置效率问题。

2019年，中央纪委国家监委网站发布多则国有企业集团高管违纪违法信息；张远煌等（2020）在2015—2018年5个统计年度的《中国

---

① 中国共产党新闻网（http://fanfu.people.com.cn/n1/2022/0623/c64371-32454005.html）：加强对国有企业重点领域和重要岗位监督。

企业家犯罪分析报告》①的相关内容基础上，对中国企业家腐败犯罪情况进行了分析。由图7-1可以看出，2012—2018年国有企业家的犯罪案件数与犯罪人数均有所增加、所占比例均有所下降，然而，国有企业家的犯罪次数相对来说更为频繁。这是因为据2018年中国统计年鉴的数据，私人控股企业数：国有控股与集体控股企业总数的值约为28：1，而根据《企业家刑事风险分析报告（2014—2018）》的统计，民营企业家的犯罪次数：国有企业家的犯罪次数大约只有8：1。媒体不断揭露的国有企业高管贪腐问题引起了学者对于科层组织中合谋现象的广泛关注，并从合谋产生的原因、分类、影响因素、防范与治理等方面展开了研究（肖艳，2005；徐传谌、王国兵，2005；罗建兵，2006；董志强、严太华，2007）。Tirole（1986）首次将合谋的概念引入科层组织中，并提出了防范合谋的基本原理；信息不对称、契约不完全、国有企业所有者缺位、多重委托代理冲突、经理人市场不完善以及国有企业高管的双重身份（企业家、准政府官员）是导致国有经济领域合谋问题产生的原因（徐林清、孟令国，2006；蒋神州，2011）；国有企业集团是一个多层次的委托代理关系聚合体，每个层次的代理人都可能与同一层级的其他代理人或其下属代理人或各监督主体进行合谋，按照合谋双方所处的层级关系可以将合谋划分为横向合谋（位于同一层级的审计机构与代理人之间的合谋、同一层级不同代理人之间的合谋）与纵向合谋（位于不同层级的审计机构与代理人之间的合谋、不同层级代理人之间的合谋），即集团的合谋具有层次性（徐传谌、王国兵，2005；罗云芳，2010）；代理人的风险偏好、合谋的经济环境、谈判能力、交易成本、信息结构、内部治理结构、外部治理环境等是影响组织内合谋的主要因素（罗建兵，2006；严也舟、黄庆阳，2010）；在分析了合谋的生成机制基础上，学者提出了防范与治理合谋的对策思路，主要包

---

① 《中国企业家犯罪分析报告》由北京师范大学中国企业家犯罪预防中心发布。报告中的"企业家"是指在企业经营中参与决策以及负责重要经营活动的高级管理人员，具体包括9类人员：（1）董事长、总经理或法定代表人；（2）实际控制人、股东；（3）党群负责人；（4）董事；（5）监事；（6）财务负责人；（7）技术负责人；（8）销售（采购）负责人；（9）其他核心部门负责人。

报告中的"企业家腐败犯罪"，是指企业家在经营活动中实施的最终被认定为触犯刑法的腐败行为，不包含与企业经营活动无关的腐败行为。

括：完善公司治理结构、完善经理市场、加大对上市公司高管的约束力、改善对监督主体的激励约束机制、加大监督惩罚力度等（徐林清、孟令国，2006；刘锦芳，2009；蒋神州，2011）。从研究视角方面看，已有的文献大多关注大股东与经营者（总部）之间的合谋（潘泽清、张维，2004；吴振信、张雪峰，2009）或审计合谋（张文斌，2005；雷新途等，2010）；从研究方法方面看，已有文献大多采用实证（李增泉等，2004；蔡宁、魏明海，2011）或基于期望效用的博弈分析（潘泽清、张维，2004；陆旦强等，2014）。

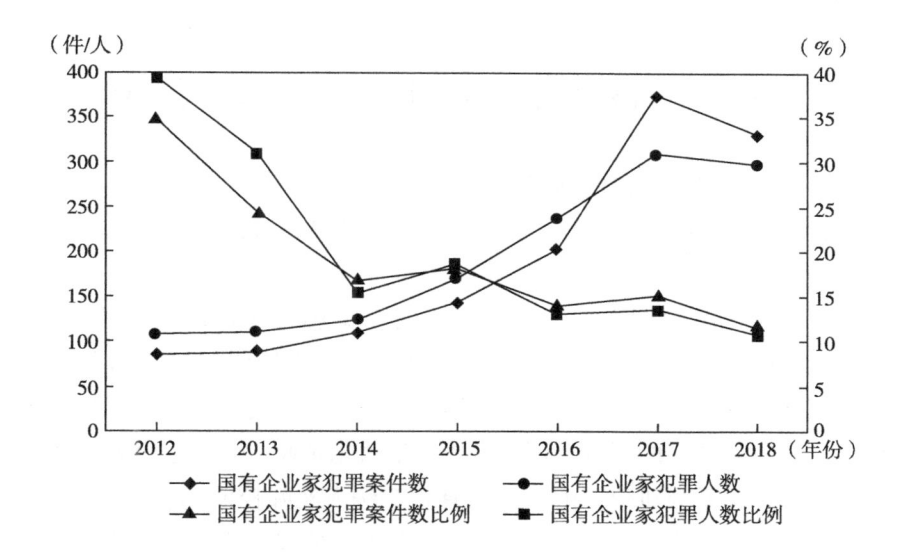

图 7-1 2012—2018 年国有企业家犯罪案件数、人数及其占全部企业家犯罪案件数、人数的比例

资料来源：笔者根据中国企业家犯罪报告整理。

已有研究较少关注分部经理合谋，且在分析博弈参与主体行为时大多未考虑行为主体的心理感知因素。Kahneman 和 Tversky（1979）提出，有限理性的博弈参与主体在进行策略选择时主要受到个人主观判断和价值感知的影响，即博弈策略的选择取决于博弈主体对策略利益的心理感受而非策略本身的直接利益。引入心理学的前景理论能够较好地描述有限理性决策者的真实行为策略选择，近年来前景理论已被广泛运用到博弈分析研究中,如代建项目合谋监管(乌云娜等,2013)、建筑行业的合谋监管(涂俊玮、章恒全,2017)、水污染治理政企合谋监管(张婕、刘枚莲,2017)等。然而,运用前景理论分析科层组织内管理者之间合谋的研究较少,尤其是国有企业集团内部资本市场中代理人之间合谋的研究更少。因此,本章运用前景理论考虑有限理性的分部经理对风险和价值的感知,阐述其合谋的动因及分类,构建分部经理与集团总部管理者之间的纵向合谋演化博弈模型,分析分部经理合谋对国有企业集团内部资金配置效率的影响,并探讨如何防范合谋提升国有企业集团的经营绩效。

第二节　分部经理合谋的动因、分类与前景理论

一　分部经理合谋的动因

(一)契约不完全与信息不对称为分部经理合谋提供了必要的环境条件

从契约论的角度看,企业是各种生产要素的所有者(如经营者、债权人等)之间的一组契约集合,国有企业的市场化改革实际上就是企业从非契约关系向企业契约转变的过程,随着深化国有企业改革的不断推进,越来越多的国有企业发展成为集团化企业。国有企业集团是指主要以产权关系为纽带,由同一国有企业法人实际控制的企业联合体,因此,国有企业集团实际上是政府、经营者、债权人等各种成员之间的一组契约集合。集团所处的外部环境具有复杂性和不确定性的特点,由于个人的有限理性导致契约缔结双方或契约仲裁者之间的信息是不完全的同时也是不对称的,契约当事人无法预料到未来可能发生的全部情况,或者预料到了却难以用清晰明确的语言来表述,或者契约仲裁者对于有些变量(如绩效)是可以观察但不可证实的,或者即使可以做到以上几种情况但所需成本过高而无法实行,这些都使得企业的契约不可能是完全的。Grossman-Hart-More 的"不完全契约理论"认为,企业的本质是一种不完全契约(an incomplete contract)。不完全契约就是一个留有"漏洞"的契约(朱可,2004),未加说明的意外情况带来契约的漏洞,缔约的一方可能对此加以利用,通过损害另一方的利益来改善

自己的处境，因而造成机会主义或敲竹杠行为（汤吉军，2014）。国有企业集团中不对称信息的存在及契约的不完全性，为分部经理与总部管理者之间或分部经理之间的合谋（故意隐藏信息和故意隐藏行动）提供了可能性。具有信息优势的分部经理在与国资代表及总部管理者的博弈中处于优势地位，而政府对国有企业集团的监督需要较大的监督成本，这使得国有企业集团中分部经理利用契约漏洞进行合谋成为一种常见的现象。

（二）国有企业集团内复杂的多重委托代理冲突、各组织成员间利益的相关性与公司治理结构不完善为分部经理合谋创造了必要条件

契约是交易组织和实施的媒介，学者从不同的视角拓展了契约理论，主要有交易费用理论与委托代理理论。交易费用理论侧重于研究企业与市场的关系，而委托代理理论则侧重于研究企业组织内部各成员之间的关系。国有企业集团的产权特征使得其内部的委托代理关系更加复杂、代理链条更加冗长，从初始委托人（全体人民）到最终代理人（业务员）之间的代理链条，不仅包含行政性的所有权委托代理关系（国有企业集团特有的），还包含经济性的经营权委托代理关系（国有企业集团与民营企业集团共有的）。除初始委托人和最终代理人外，中间各层级代理人均具有委托人和代理人双重身份，在委托代理关系中委托人与代理人的效用函数并不相同，他们追求的利益也不一致，即存在委托代理冲突。在企业管理者的目标与国有企业集团的组织目标不一致，且在没有有效的激励监督制度的情况下，利己的代理人很可能实施损害委托人的行为。政府虽然掌握着国有企业集团的最终控制权，但并不直接参与企业的日常经营管理，其实现国有资产保值增值的目标只有通过经营者的行为才能实现，而总部经营者的人事任免和薪酬水平通常由政府决定；集团总部虽然具有整合调配内部资源、进行绩效管理等管理功能，但往往无法直接经营管理各分部（子公司），需作为次级委托人授权分部经理进行生产性经营管理活动，其收益是薪资、持续任职甚至是政治晋升的机会等；分部经理是具体分部的经营管理者，其收益是对分部进行实际经营和管理工作的报酬，分部经理的任免和薪酬水平通常由总部决定。由于契约的不完全性，事前无法解决所有可能发生的利益冲突，因此事后需要通过治理结构将没有明确达成协议的剩余决策权

进行配置。企业治理结构实际上就是如何在不同参与人之间合理分配剩余索取权与剩余控制权，以实现企业价值最大化的问题（朱可，2004）。自党的十六大以来，建立有效的公司治理结构成为国有企业改革的重要内容。经过十几年的实践，国有企业集团在改善公司治理结构方面取得了不少成就，但依然还不完善，具体表现为：国有企业集团中国有资本占据控股地位具有法定性，导致国有股"一股独大"现象依然比较严重；全民所有的产权特征导致国有企业集团的所有者实际上是缺位的、虚拟的，难以对经理层进行有效的激励与约束，继而容易出现内部人控制或者政府部门的多头干预等问题。国有企业集团的薪酬体系和工资决定机制中，仍存在市场化水平较低、监管体制不健全、管理层的收入水平与其付出不相匹配等问题。在所有者缺位及缺乏有效监督的情况下，处于信息优势的分部经理会通过合谋来直接增加自己的经济利益。

（三）国有企业高管的双重身份（企业家和准政府官员）以及职业经理人市场的不成熟也是导致分部经理合谋产生的重要原因

国有企业集团的经济组织属性，意味着身为经营管理者的总部与分部经理都具备"经济人"属性；其政治组织属性则意味着总部与分部经理同时具备"政治人"属性。国有企业集团高管的产生大多数并不是经理人市场择优选择的结果，而是政府相关部门行政决策和政治任命的结果，与政府官员类似。在实践中，党政机关与国有企业之间的干部双向交流一直以来都比较频繁。国有企业集团的经营业绩是高层管理人员的"形象工程"和"政治资本"，分部经理的目标函数是多元的，工资奖金只是其目标的一部分，更为关键的目标可能是如何做到使委托人满意以便获得光明的前途或得到政治上的晋升。因此，在一定的条件下，分部经理通过合谋构造有利于个人升迁的业绩或贿赂委托人便可能成为其满足自身利益最大化的理性选择。管理人才是企业经营的要素，职业经理人是企业经营管理人才的主要来源，推进职业经理人制度改革已成为国有企业改革的重点突破内容。自2002年起，中共中央办公厅、国务院国资委等部门先后出台了一些涉及职业经理人的相关制度，但依然未形成成熟的职业经理人市场。职业经理人市场的不完善使得其信号显示与传递功能受损，从而难以对企业管理者形成有效的约束。即管理者过去的行为后果无法通过职业经理人市场事后反映出来，即使管理者采取机会主义行为也不会影响其将来在职业经理人市场的地位。职业经理人市场的不成熟使声誉机制不能充分发挥作用，追求自身利益最大化的国有企业集团分部经理可能会实施合谋行为。

（四）国有企业集团内部人控制及管理层激励约束机制的扭曲强化加剧了分部经理合谋行为

国有企业集团存在多重委托代理关系，由于所有者缺位、信息不对称导致内部人控制现象较为严重，在监督机制不健全的情况下，产生了大量的国有企业高管合谋现象。国有资产层层授权经营管理的模式，给予了分部经理进行"私利行为"的空间（王元芳、马连福，2014）；国有企业开展的放权让利改革使得经理层的权力不断被强化，经理层实施权力寻租的风险及空间显著增大（徐莉萍等，2006）。国有企业放权改革为经理层合谋创造了条件，强化了他们的合谋动机，加重了代理成本。国有企业监事会形同虚设问题与内部权力制衡机制的设计，导致监事会很难积极发挥监督作用（曲亮等，2016），不能很好地行使监督权来制约分部经理的行为（任广乾、田野，2018）。不同的分部经理可能会通过合谋串通项目信息，以获取更多的资金预算，造成过度投资，降低资金使用效率，损害企业价值。国有企业经理层的激励制度多为短期激励，且国有企业拥有资源优势和分行业的垄断地位，导致实际上的薪酬获取与业绩无关，这将会加剧分部经理的合谋行为。国有企业集团的政治社会责任、代理人经济人与政治人双重属性等因素，导致其分部经理与总部管理者均有构建企业帝国的倾向，根据国有企业经理层的激励制度，分部经理会追求更多的资金预算，以及总部管理者对其的弱监督、高评价，从而会有贿赂总部管理者的动机；而总部管理者能够从更多资金预算中获得更高的社会声誉及地位，且弱监督能够降低其监督成本，从而促使其接受分部经理的贿赂达成合谋。另外，由于受到薪酬管制的制约，国有企业高管往往会寻求替代性激励，这些替代性激励既包括在职消费、政治晋升等隐性契约，也包括贪污、受贿等显性腐败（陈信元等，2009），从而导致总部管理者也可能会利用控制权主动与分部经理合谋。

二 国有企业集团 ICM 合谋的分类

国有企业集团是一个多层次的委托代理关系聚合体,每个层次的代理人都可能与同一层级的其他代理人或其下属代理人或各监督主体进行合谋,按照合谋双方所处的层级关系可以将合谋划分为横向合谋与纵向合谋。横向合谋是指合谋双方位于同一层级(平级关系)的合谋,如在集权组织中的监督者与代理人之间的合谋,以及相同经理层内部成员之间的合谋;纵向合谋是指合谋双方位于不同层级(上下级关系)的合谋,如在分权组织中的监督者与代理人之间的合谋,以及位于不同层级的代理人之间的合谋。为克服委托代理双方的信息不对称,委托人通常会雇用监督者对代理人进行监管,审计机构就是监督者之一。无论是在集权组织中还是在分权组织中,监督者都可能与代理人合谋,但是监督者所处层级与代理人所处层级间的关系因组织是集权还是分权而有所不同,这意味着监督者与代理人之间的合谋可能属于横向合谋也可能属于纵向合谋。在集权组织中监督者往往与代理人位于同一层级,而国有企业集团普遍采用的是集权的金字塔式组织结构,故此时的审计机构(监督者)与总部管理者合谋属于横向合谋。在分权组织中监督者通常是代理人的上级,此时审计机构(监督者)与集团总部管理者合谋蒙骗国资委或政府则属于纵向合谋。国有企业集团内部代理链条上各组织成员之间的合谋问题,主要表现为位于相邻代理层级的代理人之间的纵向合谋,如总部管理者与政府主管官员之间的合谋、分部经理与总部管理者之间的合谋,以及位于同一代理层级的代理人之间的横向合谋,如分部经理层各成员之间的合谋。

(一)总部管理者与政府主管官员之间的合谋

建立与完善现代企业制度是国有企业改革的三个要点之一,国有企业的公司制改革已基本完成,当前国有企业的组织形式不再是单独的企业,而是建立了母子公司体制的企业集团,因此国有企业集团具备了现代企业制度的特征,即出现了所有者与经营者之间的委托代理关系。然而,就集团内委托代理关系的性质而言,国有企业集团内部除与民营企业集团类似的经营委托代理关系外,还有其特有的行政委托代理关系。国有企业集团的初始委托人是全体人民,而全体人民无法作为一个行为主体行使所有权的各种职能。我国宪法明确提出全民所有就是国家所有，政府依靠政权的力量成为全体人民的代理人，从而在全体人民与政府之间形成了一种形式上的委托代理关系。政府或相关的政府主管部门（组织部、各级国资委等）也无法直接对国有企业进行经营和管理，而是再将其委托给总部管理者从事实际的经营管理活动。政府相关部门的主管官员掌握了企业较大的控制权，相当一部分国有企业经营者的任免决定权与绩效考核评价仍掌握在政府相关部门手中。政府主管官员通常没有最终的剩余索取权，而只能以政府的名义对生产剩余进行支配，对国有资产的损失不承担直接责任。在信息不对称、契约不完全、监督机制不健全等条件下，集团总部管理者为谋求更大的私人利益、获得较高的评价可能会贿赂政府主管官员，使主管官员放松监督或选择对管理者有利的决策；而政府主管官员也可能会利用其控制权通过主动寻租来实现自身的利益最大化，在获得租金后对总部管理者过度在职消费、公有财产私人占用等谋取私利的行为采取默认放任态度。可见，在一定条件下，为满足自身利益的最大化，无论是总部管理者还是政府主管官员都可能会主动触发总部管理者与政府主管官员之间合谋的形成。

（二）分部经理与总部管理者之间的合谋

国有企业集团的初始委托人（全体人民）及其代理人（政府）均无法直接对国有企业进行经营和管理，政府委托总部管理者进行经营管理，但由于有限理性、跨度大等因素，总部管理者通常不直接进行面向市场的实际经营，对随机产出没有直接贡献，而是进一步向下授权分部经理对各下属企业进行生产性经营与管理活动，并对分部经理的行为进行监督和控制。分部经理既要对接总部管理者的工作任务、落实集团战略，又要领导指挥下属员工实现本分部的经营管理目标，由此可以看出分部经理是国有企业集团发展的中心力量与关系纽带。信息沟通是资金配置效率的先决条件，从拥有企业相关信息的多少来看，显然分部经理拥有的企业信息最多，总部管理者拥有的次之，政府拥有的最少。国有企业集团的产权特征导致其经营者不仅是传统意义上的"经济人"，同时也是"行政人"。"经济人"身份意味着管理者要追求经济收益的提升以获得更高的薪酬，而"行政人"身份则意味着管理者追求的是如何较好地完成政府赋予的政治任务以获得政治晋升。国有企业集团经理层的薪酬体系和工资决定机制中，仍存在市场化水平较低、监管体制不健全、管理层的收入水平与其付出不相匹配等问题。自2009年人力资源和社会保障部等六部门联合出台《关于进一步规范中央企业负责人薪酬管理的指导意见》（以下简称限薪令）以来，政府不断强调对国有企业经理人的薪酬管制。在较强的薪酬管制背景下，薪酬对总部管理者的激励效应有所下降，加之国有企业集团中所有者缺位及有效监督的缺乏，可能会导致具有一定控制权的总部管理者为获取自身利益（包括薪酬与政治晋升）的最大化而主动与分部经理合谋，在获得租金后对分部经理隐藏信息、偷懒等谋取私利的行为采取默认放任态度。此外，总部管理者既是政府或相关政府部门的代理人又是分部经理的委托人，代理人身份使其行为受到政府或相关部门的监督，而委托人身份要求其对分部经理行为进行监督和控制。监督具有非排他性的特点，总部管理者承担全部的监督成本却只享受监督成果的一部分，导致总部管理者监督的激励不足。总部管理者不仅掌握着分部经理的任免与其经营绩效考评，还负责集团内部资源的整合以及内部资金的再分配，因此处于信息优势的分部经理为追求更大的私人利益、获得较高的评价可能会贿赂总部管理者，使总部管理者放松监督或选择对分部经理有利的决策。可见，在信息不对称、契约不完全、监督机制不健全等条件下，为满足自身利益的最大化，不论是总部管理者还是分部经理都可能会主动触发分部经理与总部管理者之间合谋的形成，以谋求他们的联合盈余最大化，进而导致总部管理者扭曲资本预算而不是为委托人优化资本配置。本章主要研究分部经理与总部管理者间的纵向合谋问题。

（三）分部经理层各成员之间的合谋

国有企业集团总部同时承担了企业控制人与政府代言人的角色，这意味着总部管理者在下属单位之间进行内部资本配置时，很大程度上需要遵循政府的相关方针政策。信息传递在总部管理者通过内部资本市场落实资源配置职能的过程中起关键作用，总部管理者自上而下向分部经理传达集团战略目标信息，依据分部经理自下而上传递的投资项目信息，按照一定的分配原则及标准将有限的内部资金在下属各分部之间进行再分配。集团总部并不直接参与下属分部的日常运作及微观管理，而是授权分部经理进行实际的生产性经营管理与微观战略执行，因此分部经理掌握的投资项目信息更为精准。由于契约的不完全、经营环境的不确定以及政策性负担，分部的随机产出并不一定与分部经理的努力程度正相关，总部无法通过观测分部的经营绩效来考核分部经理的努力程度；分部经理承担努力工作的全部成本，而只能分享经营成果的一小部分。集团的内部资金具有准公共资源的性质，各分部经理为了获取资金展开竞争，集团总部通过内部资本市场进行优胜者选拔，将有限的资金配置给最有效率的项目。分部之间存在争夺内部资源的关系，因此处于同一层级的不同分部之间是相互影响的，不论是高效率分部的经理还是低效率分部的经理都拥有更多的项目信息，在分部经理相互了解对方信息而总部不拥有这些信息的情况下，效率不同的分部经理之间可能会相互勾结，一方以出让部分信息租金来换取另一方向总部隐瞒信息，使得资金配置效率发生偏离。本节第三部分主要分析分部经理与总部管理者间的纵向合谋以及分部经理间的横向合谋对 ICM 配置效率的影响。

三 分部经理合谋对 ICM 配置效率的影响

国有企业集团的产权特性及功能定位导致其经营管理特点具有特殊性，具体表现在：委托代理关系更为复杂、代理链条更为冗长，不仅包含经济性的经营权委托代理关系，还包含行政性的所有权委托代理关系；总部经营者与分部经理的角色定位更为复杂，不仅兼备委托人与代理人双重角色，还都具备"经济人"与"政治人"双重属性；总部经营者与分部经理的行为目标更为多元，不但有工资、津贴等薪酬目标，还有政治迎合、政治晋升等行政目标。由于存在契约不完全、信息不对称、委托代理冲突及治理结构不完善等合谋的基础与条件，导致分部经理可能出现与其上级总部管理者之间的纵向合谋问题，也可能出现与同层级的其他分部经理之间的横向合谋问题。

（一）分部经理与总部管理者的纵向合谋

总部管理者为追求更高层次的职务级别、规模扩张与薪酬，很可能会滋生与分部经理之间的合谋，导致受"自利"型激励驱使的总部扭曲资本预算。合谋通常以合谋双方隐藏信息披露的方式存在，分析分部经理与总部管理者之间的纵向合谋可以在 Tirole（1986）提出的 P-S-A（委托人—监督者—代理人）框架下进行。在政府—总部经营者—分部经理这个三层的层级结构中，政府作为委托人负责任免和监督总部管理者，总部管理者是企业集团的最高行政长官，授权分部经理对各个分部进行生产性经营与管理，并负责对分部经理的任免、激励、监督与考评。政府（股东）难以获得对决策有重要影响的软信息（Cornelli et al.，2013），而总部管理者可以通过收集、获取分部（上市子公司）经营状况和分部经理真实能力等软信息来改善对分部经理的监督，即总部管理者具有收集分部经营信息和管理层信息的优势，因此总部管理者对分部经理的监督通常优于政府（Baldenius et al.，2014）。政府通过监督者（总部）提供的报告来获知代理人分部经理的私人信息，但总部管理者承担全部的监督成本只享受监督成果的一部分，这就可能会导致总部和分部经理追求最大化他们的联合盈余而不是政府追求的国有资本保值增值。国有企业集团分部经理（上市子公司的董事长、高管）同时在其控股母公司（总部）任职的双重任职现象比较普遍，这一情况可能导致分部经理与总部之间"握手言和"，从而存在以共享高薪的方式进行合谋的现象（朱滔，2015）。地方政府政绩诉求和过度干预容易导致地方国有企业集团总部与分部经理合谋，ICM异化为分部经理自利的有效途径（阳丹、徐慧，2019）。国有企业高管的薪酬不仅取决于企业的会计业绩，还取决于规模等非业绩因素（朱滔，2020），而规模等非业绩因素对国有企业高管薪酬的解释力更大（傅颀等，2014；杜雯翠，2015）。国有企业高管通常面临较为严格的薪酬管制，其任免决定权与绩效考核评价也主要掌握在政府相关部门手中，导致国有企业集团总部管理者具有较强的政治晋升动机（王曾等，2014），在内部资源配置过程中倾向于过度投资（杜兴强等，2011）以及平均主义（徐玉德、张昉，2018），此时总部管理者会把集团内部资金全部用于投资，且不会进行跨部门调配。

在不考虑预算约束及资本机会成本的情形下，根据前述章节的模型分析，有如下两种情形：（1）对总部管理者有足够的激励时，总部管理者选择对政府最有利的投资策略。风险中性的分部经理通过将低质量项目（l）谎报成高质量（h）可以获得超额资金配给，数额为 $\Delta I = I_h^*(\eta) - I_l^*(\eta)$，从而获得一个数量为 $IR(\eta) = \varphi[R(I_h^*(\eta),l) - R(I_l^*(\eta),l)]$ 的正的信息租金。分部经理将信息租金的一部分转移给总部管理者，一方面分部经理可以避免机会主义行为被发现处罚；另一方面总部管理者可以放松监督降低监督成本并选择对分部经理有利的资金配置决策，从而导致 ICM 资金配置扭曲降低配置效率。（2）对总部管理者没有足够的激励时，总部管理者将全部初始资金 $2\bar{I}$ 全部用于投资，且不会进行跨部门调配，即无论分部项目质量如何，总部配给的资金均为 $\bar{I}$。低质量（l）分部可以获得一个数量为 $\Delta I = \bar{I} - I_l^*(\eta)$ 的正的超额资金配给，但导致数量为 $\Delta \pi = R(\bar{I}, l) - R(I_l^*(\eta), l) - \Delta I$ 的利润损失，此时总部管理者可以获得正的信息租金 $-\Delta \pi$；而高质量（h）分部可以获得一个数量为 $\Delta I = \bar{I} - I_h^*(\eta)$ 的超额资金配给，但导致数量为 $\Delta \pi = R(\bar{I}, l) - R(I_h^*(\eta), l) - \Delta I$ 的利润损失，此时总部管理者可以获得正的信息租金 $-\Delta \pi$。由此可以看出：无论总部管理者是否选择最有利于政府的投资策略，分部经理与总部管理者之间均存在合谋利益，从而能够促成分部经理与总部管理者之间的纵向合谋，并导致 ICM 资金配置扭曲，出现过度投资，降低配置效率，损害集团价值。

（二）分部经理之间的横向合谋

各分部相互竞争以获取具有准公共资源属性的集团内部资金，总部管理者通过内部资本市场进行优胜者选拔，将有限的内部资金在下属各分部之间进行再分配。处于同一层级的不同分部通常是相互影响的，处于信息优势地位的各分部经理为追求自身利益的最大化可能会相互勾结，从而形成分部经理间的横向合谋。信息传递在总部管理者通过内部资本市场落实资源配置职能的过程中起关键作用，集团战略目标等信息由总部管理者自上而下向分部经理传达，而总部管理者资金配置决策依据的信息由分部经理自下而上传递。总部管理者主要负责集团发展战略的规划与管理，分部经理才是落实微观战略进行生产性经营管理活动的主体，因此较总部管理者而言分部经理处于信息优势地位。总部管理者作为委托人负责对分部经理的经营行为进行监督评价，在存在弱预算约束、不考虑资本的机会成本且两分部质量不同的情形下，根据前述章节的模型分析，低质量（l）项目的分部经理通过谎报可以获得超额资金配给 $\Delta I = \bar{I} - I_l$，从而获得数量为 $IR(\eta) = \varphi[R(\bar{I}, l) - R(I_b, l)]$ 的正的信息租金，但会导致集团总部数量为 $\Delta \pi = R(\bar{I}, l) + R(\bar{I}, h) -$

$R(I_l, l) - R(I_h, h)$ 的利润损失。由此可以看出：低质量分部经理与高质量分部经理之间存在合谋利益，从而能够促成他们之间横向合谋的达成，并导致 ICM 资金配置扭曲降低配置效率。

四 期望效用理论与前景理论

效用最大化是经济人行为选择的决策准则，在不确定条件下解释经济活动中人的选择行为的理论主要有期望效用理论（Expected Utility Theory）与前景理论（Prospect Theory）两种。建立在传递性、连续性、复合预期与独立性四个公理假设之上的期望效用理论是关于理性选择最通用的解释，是解决在风险下应该如何做的问题，被广泛地应用于传统金融与传统经济学领域的研究中。期望效用函数为 $E[U(s)] = \sum_{i=1}^{n} p_i u(x_i)$，其中，$s$ 为决策者全部策略集 S 中的某一种策略，x_i 为实施策略 s 可能获得的收益（也可能是损失），p_i 为获得收益 x_i 的概率，$u(x_i)$ 为获得收益 x_i 时决策者的实际效用。期望效用理论的决策准则是 $\max_{s \in S} E[U(s)]$，即决策者追求的是各种可能出现结果的期望效用最大化。基于理性人假设的期望效用理论属于传统经济学，指导决策者应该怎么做。

Kahneman 和 Tvershy（1979）通过一系列的实验发现，决策者的行为选择取决于结果与预期（决策者心里预设的参考点）之间的差距，而不是结果本身，提出了前景理论。基于实验经济学与心理学的前景理论属于行为经济学，将心理感知、心理参照水平等融入决策分析，是对有限理性人完成决策所进行的实际描述，是解决在风险中实际如何做的问题。前景理论可以广泛地应用于各种领域的研究（Wakker, 2010）。与期望效用理论使用财富的实际值评估决策的最终效用不同，前景理论的决策函数使用财富的相对值进行评估并反映决策者的主观感受，决策者追求的是感受到的前景值最大化。关于策略 s 决策者感受到的前景值为 $V(p, x) = \sum_{i=1}^{n} \pi(p_i) v(\Delta x_i)$，其中 Δx_i 为风险决策 s 带来的实际收益 x_i 对于某一参考点的相对收益，也是决策者感知到的收益（或损失），$v(\Delta x_i)$ 称为价值函数，是实际收益 x_i 能够为决策者带来的主观价值感受，$\pi(p_i)$ 称为权重函数，是决策者对实际收益为 x_i 这一事件的发生概率的主观判断。有关参考点、价值函数与权重函数的具体说明如下：

（1）参考点（reference point）是决策者进行主观评价的一个参照标准。前景理论认为决策者的效用评估不是基于自身财富（决策结果）的绝对值，而是根据与某一参考点的相对值来决定自己的所得与损失。同一个决策结果相对于不同的参考点会得到不同的评价结果，同样绝对财富的相对值既可能是所得，也可能是损失，这种相对得失决定了决策者的感受，从而影响决策者的行为选择。参考点会受到历史水平、期望水平与其他人的决策等因素的影响，Kahneman 和 Tvershy 指出可以通过改变参考点的方法来操纵人们的决策。

（2）价值函数（value function）$v(\Delta x_i)$是风险决策结果 x_i（绝对财富）相对于某一参考点的财富变化额 Δx_i（相对财富）的函数，反映相对财富为决策者带来的主观感受价值。期望效用理论认为决策者对待风险的态度始终不变，其效用函数 $u(x)$ 是财富总量 x 的增函数，且符合边际效用递减规律（增量递减），即始终满足 $u'(x) > 0$ 与 $u''(x) < 0$ 两个条件。而前景理论认为决策者对待风险的态度并不是始终不变的，面对收益与损失时分别表现为风险偏好与风险规避，并且在面对等量的收益或损失时，人们对损失的敏感程度更大。Kahneman 和 Tvershy 通过实验分析得到经济行为个体对于财富的价值感知会受到其个人心理效用与心理参照水平的影响，继而提出了价值函数，并认为价值函数是呈"S"形曲线的增函数（见图 7-2）。

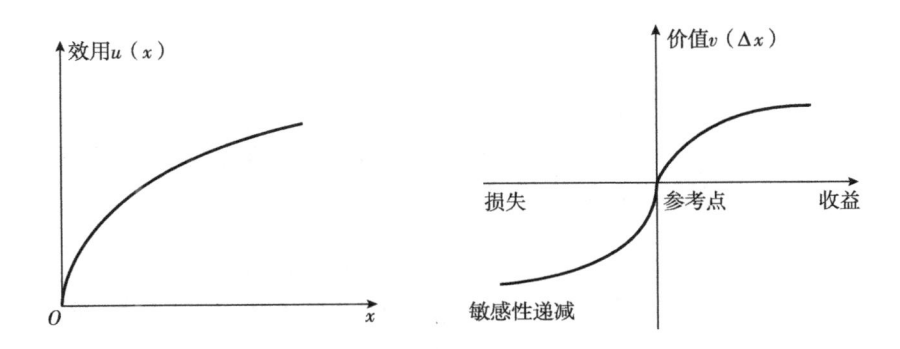

图 7-2 期望效用理论的效用函数与前景理论的价值函数

Tvershy 和 Kahneman（1992）给出的价值函数形式为：$v(\Delta x) = \begin{cases} (\Delta x)^{\alpha}, & \Delta x \geq 0 \\ -\lambda(-\Delta x)^{\beta}, & \Delta x < 0 \end{cases}$，其中，$\Delta x$ 为决策者基于一定参考点对决策行为的主观价值感受，$\Delta x \geq 0$ 表示决策者心理感知为收益，反之则为损失；α 与 β 分别为决策者面对收益与损失时的敏感程度，通常情况下 $0 < \alpha \leq \beta \leq 1$；$\lambda$ 为决策者对损失的厌恶程度，与损失敏感程度成正比，通常情况下 $\lambda > 1$。进一步，Tvershy 和 Kahneman（1992）测算出了参数的估计值：具有如下性质：$\alpha = \beta = 0.88$，$\lambda = 2.25$。由图7-2可以看出价值函数的基本特征为：参考点的确定决定是收益还是损失；在收益区间价值函数为凹函数，在损失区间则为凸函数；收益区间的函数更为平缓。

（3）权重函数（weighting function）$\pi(p_i)$ 是客观概率 p_i 的非线性增函数，反映决策者对事件发生概率的主观判断。前景理论认为权重函数具有如下性质：①权重函数是客观概率的增函数，且有 $\pi(0) = 0$，$\pi(1) = 1$。②次可加性：在小概率区域对 $\forall 0 < r < 1$ 有 $\pi(rp) > r\pi(p)$。③次确定性：除极小概率事件外有 $\pi(p) < p$，且 $\pi(p) + \pi(1-p) \leq 1$。④次比例性：对 $\forall 0 < p, q, r \leq 1$ 有 $\frac{\pi(pq)}{\pi(p)} \leq \frac{\pi(pqr)}{\pi(pr)}$。⑤权重函数先凹后凸呈反 S 形，这意味着小概率事件通常被高估而大概率事件通常被低估，即客观概率 p 较小时有 $\pi(p) > p$，较大时有 $\pi(p) < p$（见图7-3）。Tvershy 和 Kahneman（1992）给出的权重函数计算公式为：

$$\pi(p_i) = \begin{cases} \dfrac{p_i^{\gamma}}{[p_i^{\gamma} + (1-p_i)^{\gamma}]^{\frac{1}{\gamma}}}, & \Delta x_i \geq 0 \\ \dfrac{p_i^{\delta}}{[p_i^{\delta} + (1-p_i)^{\delta}]^{\frac{1}{\delta}}}, & \Delta x_i < 0 \end{cases}$$

参数 γ 和 δ 分别决定了决策者在收益和损失时的决策权重，并进一步给出了参数值：$\gamma = 0.61$，$\delta = 0.69$[①]。

[①] 一些学者给出了其他形式的权重函数，如 Prelec（1998）提出的权重函数为：$\pi(p) = exp(-(-lnp)^{\alpha})$，$0 < \alpha < 1$，经过测算 $\alpha = 0.74$；Gonzalez 和 Wu（1999）给出的权重函数形式为：$\pi(p_i) = \dfrac{\delta p^{\gamma}}{\delta p^{\gamma} + (1-p)^{\gamma}}$，其中 γ 主要控制权重函数曲线的曲率，δ 主要控制权重函数曲线的高度，并进一步测算出了参数值：$\gamma = 0.44$，$\delta = 0.77$。

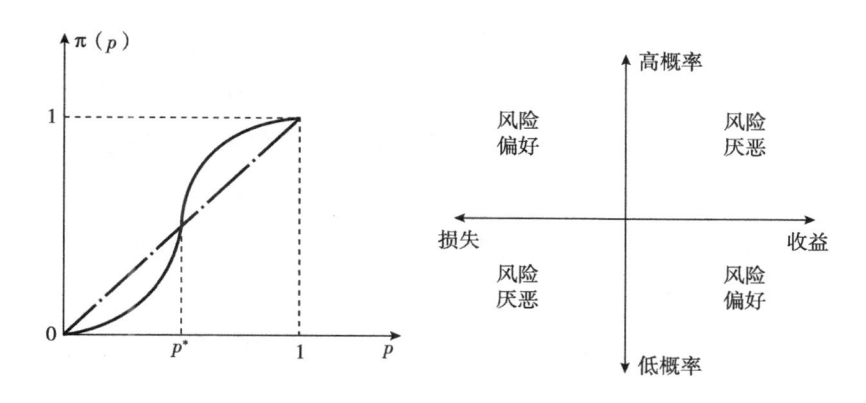

图 7-3 前景理论的权重函数与风险态度的四重模式

第三节 基于前景理论的总部—分部经理纵向合谋演化博弈模型

一 假设提出

根据前述分析，国有企业集团内部人控制、公司治理结构不完善等问题，导致自利的总部管理者与分部经理会实施纵向合谋，以损害政府（股东）利益为代价获取超额收益，即两者的合谋行为会降低 ICM 配置效率，损害企业价值。总部管理者与分部经理之间的合谋，既可能是由分部经理发起的，也可能会是由总部管理者发起的。政府对国有企业集团总部管理者进行的监管是否有效，以及总部管理者对分部经理进行的监督是否有效，会影响被监督者的行为决策。在分部经理、总部管理者以及政府三者之间形成了一个博弈系统，博弈主体基于成本收益这一经济行为的基本分析框架做出自身的行为决策，然而实践中各博弈主体的行为选择通常由其对行为不确定结果（收益）的心理感知决定。此外，博弈的相关主体是有限理性的，并且具有较强的学习能力和模仿能力，在群体选择过程中不断修正改进以达到最优。因此，本节引入前景理论，建立分部经理、总部管理者以及政府监管部门三者之间的演化博弈模型，分析分部经理与总部管理者之间的纵向合谋行为，以及政府监管部门的监管行为的动态演化过程。

假设 7-1：在博弈过程中存在政府、总部管理者以及分部经理三个有限理性的博弈主体，经典博弈理论中博弈主体依据其期望收益 $U = \sum_i p_i x_i$ 最大化选择行为。但实践中决定博弈主体策略选择的是其心理感知价值，博弈主体对风险和价值的感知符合前景理论，$V = \sum_i \pi(p_i) v(\Delta x_i)$ 为决策的前景值。其中，$\pi(p_i)$ 为权重函数，$v(\Delta x_i)$ 为价值函数。权重函数 $\pi(p_i)$ 具有以下特点：$\pi(0)=0$，$\pi(1)=1$；除极小概率事件外有 $\pi(p)<p$，且 $\pi(p)+\pi(1-p) \leqslant 1$；对 $\forall 0<p, q, r \leqslant 1$ 有 $\dfrac{\pi(pq)}{\pi(p)} \leqslant \dfrac{\pi(pqr)}{\pi(pr)}$；价值函数 $v(\Delta x_i)$ 具有以下特点：在 $(0, +\infty)$ 上表现为凹函数，在 $(-\infty, 0)$ 上表现为凸函数，且具有更强的敏感性。本书采用 Tvershy 和 Kahneman（1992）的价值函数形式 $v(\Delta x_i) = \begin{cases} (\Delta x_i)^\alpha, & \Delta x_i \geqslant 0 \\ -\lambda(-\Delta x_i)^\beta, & \Delta x_i < 0 \end{cases}$，$\alpha$ 与 β 分别表示决策者面对收益与损失时的敏感程度，且 $0<\alpha \leqslant \beta \leqslant 1$；$\lambda>1$ 表示决策者对损失的厌恶程度。

假设 7-2：政府拥有对总部管理者的监管权，总部管理者对分部经理进行监督，总部管理者选择合谋时会放松甚至放弃对分部经理的监督，选择不合谋时则对分部经理进行正常监督。因此，政府、总部管理者以及分部经理的策略空间分别为 {监管，不监管}、{合谋，不合谋}、{合谋，不合谋}。在追求自身利益最大化的过程中，总部管理者与分部经理根据各自对价值的主观感知选择合谋还是不合谋；政府依据心里感知价值选择监管还是不监管。博弈主体清楚彼此的策略空间，却不清楚彼此选择每个策略的概率，但对于事件发生的概率存在主观判断。政府会对合谋发生的概率进行主观判断，由分部经理主动发起的合谋概率记为 x，由总部管理者发起的合谋概率记为 y；分部经理与总部管理者对政府的监管概率 z 没有确切的信息，但会对政府监管概率进行主观判断。其中，概率 x、y、z 均是时间 t 的函数。

假设 7-3：分部经理与总部管理者二者中有一方不选择合谋，合谋行为都不会发生，不考虑不合谋方的揭发检举行为，此时政府、总部管理者与分部经理获得的正常收益分别为 v_g、v_h 与 v_d。分部经理发起合谋时花费的寻租成本记为 c_d；总部管理者不合谋时正常监督成本记为 c_h，合谋时监督成本降为 c'_h。若分部经理与总部管理者达成合谋，则分部经理将会获得超额收益 Δv_d，总部管理者将会获得超额收益 Δv_h，但会导致国有资产投资效率下降，从而造成政府收益下降 Δv_g；总部管理者从分部经理处获得的权力租金为 r（$r \leq c_d$）。政府进行监管需要支付的监管成本为 c_g，能够识别合谋的概率为 δ，不能识别合谋会导致政府公信力下降等，从而产生额外损失 s_g；分部经理与总部管理者合谋被查处时受到的惩罚分别为 $k_d \Delta v_d$ 与 $k_h \Delta v_h$，$k_d > 1$ 与 $k_h > 1$ 分别表示对分部经理与总部管理者的惩罚系数，一旦受到惩罚会影响他们的政治晋升或声誉等，从而导致分部经理与总部管理者产生额外损失，分别记为 s_d 与 s_h。

假设 7-4：博弈主体只对收入和损失有不确定的感知时，才会通过价值函数 $v(\Delta x_i)$ 来表现存在的心理感知价值；对确定的收入和损失不存在心理感知上的偏差。分部经理与总部管理者对政府的监管力度及监管效果存在不确定的感知，因此对于合谋的惩罚及额外损失存在心理感知偏差，将他们的感知参考点设定为 0，则他们对于合谋惩罚及额外损失的前景值分别为 $v(-k_d \Delta v_d)$、$v(-s_d)$ 与 $v(-k_h(\Delta v_h + r))$、$v(-s_h)$。同理，政府对监管收入与损失存在不确定，因此也存在心理感知偏差，同样将感知参考点设定为 0，则政府对监管收入与损失的前景值分别为 $v(k_h(\Delta v_h + r) + k_d \Delta v_d)$ 与 $v(-s_g)$。

二 模型构建与复制动态方程

根据假设 7-1—7-4 可以得到博弈三方主体的实际感知收益矩阵，如表 7-1 所示。

表 7-1 博弈三方主体的实际感知收益矩阵

分部经理	总部管理者	政府监管 z		政府不监管 $1-z$
		监管成功 $\pi(\delta)$	监管失败 $1-\pi(\delta)$	
合谋 x	合谋 y	$v_d + v(-k_d \Delta v_d) + v(-s_d) - c_d$ $v_h + v(-k_h(\Delta v_h + r)) + v(-s_h) - c'_h$ $v_g + v(k_h(\Delta v_h + r) + k_d \Delta v_d) - \Delta v_g - c_g$	$v_d + \Delta v_d - c_d$ $v_h + \Delta v_h + r - c'_h$ $v_g + v(-s_g) - \Delta v_g - c_g$	$v_d + \Delta v_d - c_d$ $v_h + \Delta v_h + r - c'_h$ $v_g + v(-s_g) - \Delta v_g$
	不合谋 $1-y$	$v_d - c_d + r$ $v_h - c_h$ $v_g - c_g$	$v_d - c_d + r$ $v_h - c_h$ $v_g + v(-s_g) - c_g$	$v_d - c_d + r$ $v_h - c_h$ $v_g + v(-s_g)$

续表

分部经理	总部管理者	政府监管 z		政府不监管 $1-z$
		监管成功 $\pi(\delta)$	监管失败 $1-\pi(\delta)$	
不合谋 $1-x$	合谋 y	v_d $v_h-c'_h$ v_g-c_g	v_d $v_h-c'_h$ $v_g+v(-s_g)-c_g$	v_d $v_h-c'_h$ $v_g+v(-s_g)$
	不合谋 $1-y$	v_d v_h-c_h v_g-c_g	v_d v_h-c_h $v_g+v(-s_g)-c_g$	v_d v_h-c_h $v_g+v(-s_g)$

1. 分部经理的复制动态方程

分部经理选择合谋与不合谋的期望前景价值分别为：

$$V_{d,x} = \pi(y)\pi(z)[\pi(\delta)(v_d+v(-k_d\Delta v_d)+v(-s_d)-c_d)+(1-\pi(\delta))(v_d+\Delta v_d-c_d)] + \pi(y)(1-\pi(z))(v_d+\Delta v_d-c_d)+(1-\pi(y))(v_d-c_d+r)$$

$$= v_d-c_d+\pi(y)(1-\pi(z)\pi(\delta))\Delta v_d+(1-\pi(y))r+\pi(y)\pi(z)\pi(\delta)[v(-k_d\Delta v_d)+v(-s_d)]$$

$$V_{d,1-x} = \pi(y)\pi(z)v_d+\pi(y)(1-\pi(z))v_d+(1-\pi(y))\pi(z)v_d+(1-\pi(y))(1-\pi(z))v_d$$

$$= v_d$$

从而得到分部经理的平均前景价值为 $\overline{V}_d = xV_{d,x}+(1-x)V_{d,1-x}$，进而得到其策略选择的复制动态方程为：

$$F(x) = \frac{dx}{dt} = x(V_{d,x}-\overline{V}_d)$$

$$= x(1-x)\{\pi(y)(1-\pi(z)\pi(\delta))\Delta v_d+(1-\pi(y))r-c_d+\pi(y)\pi(z)\pi(\delta)[v(-k_d\Delta v_d)+v(-s_d)]\} \quad (7-1)$$

2. 总部管理者的复制动态方程

总部管理者选择合谋与不合谋的期望前景价值分别为：

$$V_{h,y} = \pi(x)\pi(z)[\pi(\delta)(v_h+v(-k_h(\Delta v_h+r))+v(-s_h)-c'_h)+(1-\pi(\delta))(v_h+\Delta v_h+r-c'_h)]+\pi(x)(1-\pi(z))(v_h+\Delta v_h+r-c'_h)+(1-\pi(x))\pi(z)(v_h-c'_h)+(1-\pi(x))(1-\pi(z))(v_h-c'_h)$$

$$= v_h-c'_h+\pi(x)(1-\pi(z)\pi(\delta))(\Delta v_h+r)+\pi(x)\pi(z)\pi(\delta)[v(-k_h(\Delta v_h+r))+v(-s_h)]$$

$$V_{h,1-y} = \pi(z)(v_h - c_h) + (1 - \pi(z))(v_h - c_h)$$
$$= v_h - c_h$$

从而得到总部管理者的平均前景价值为 $\overline{V}_h = yV_{h,y} + (1-y)V_{h,1-y}$，进而得到其策略选择的复制动态方程为：

$$F(y) = \frac{dy}{dt} = y(V_{h,y} - \overline{V}_h)$$
$$= y(1-y)\{c_h - c'_h + \pi(x)(1 - \pi(z)\pi(\delta))(\Delta v_h + r) +$$
$$\pi(x)\pi(z)\pi(\delta)[\upsilon(-k_h(\Delta v_h + r)) + \upsilon(-s_h)]\} \quad (7-2)$$

3. 政府的复制动态方程

政府选择监管与不监管的期望前景价值分别为：

$$V_{g,z} = \pi(x)\pi(y)[\pi(\delta)(v_g + \upsilon(k_h(\Delta v_h + r) + k_d \Delta v_d) - \Delta v_g - c_g) +$$
$$(1 - \pi(\delta))(v_g + \upsilon(-s_g) - \Delta v_g - c_g)] + (1 - \pi(x)\pi(y))\pi(\delta)(v_g - c_g) +$$
$$(1 - \pi(x)\pi(y))(1 - \pi(\delta))(v_g + \upsilon(-s_g) - c_g)$$
$$= v_g + (1 - \pi(\delta))\upsilon(-s_g) - c_g + \pi(x)\pi(y)\pi(\delta)(\upsilon(k_h(\Delta v_h + r) +$$
$$k_d \Delta v_d)) - \pi(x)\pi(y)\Delta v_g$$

$$V_{g,1-z} = \pi(x)\pi(y)(v_g + \upsilon(-s_g) - \Delta v_g) + [\pi(x)(1 - \pi(y)) + (1 - \pi(x))]$$
$$(v_g + \upsilon(-s_g))$$
$$= v_g + \upsilon(-s_g) - \pi(x)\pi(y)\Delta v_g$$

从而得到其平均前景价值为 $\overline{V}_g = zV_{g,z} + (1-z)V_{g,1-z}$，进而得到其策略选择的复制动态方程为：

$$F(z) = \frac{dz}{dt} = z(V_{g,z} - \overline{V}_g)$$
$$= z(1-z)[\pi(x)\pi(y)\pi(\delta)\upsilon(k_h(\Delta v_h + r) + k_d \Delta v_d) - \pi(\delta)\upsilon(-s_g) - c_g]$$
$$(7-3)$$

三 模型分析与结论

（一）分部经理策略的演化稳定性分析

记 $M_d \equiv \pi(y)(1 - \pi(z)\pi(\delta))\Delta v_d + (1 - \pi(y))r - c_d + \pi(y)\pi(z)\pi(\delta)$ $[\upsilon(-k_d \Delta v_d) + \upsilon(-s_d)]$，对分部经理的策略选择复制动态方程(7-1)求导得：$\frac{dF(x)}{dx} = (1-2x)M_d$。根据微分方程的稳定性定理可知，稳定的

演化策略应满足$\frac{dF(x)}{dx}<0$。当$M_d<0$时，$x=0$是方程(7-1)的稳定解，即分部经理的稳定策略是不合谋；当$M_d>0$时，$x=1$是方程(7-1)的稳定解，即分部经理的稳定策略是合谋。

由$M_d \equiv \pi(y)(1-\pi(z)\pi(\delta))\Delta v_d + (1-\pi(y))r - c_d - \lambda_d \pi(y)\pi(z)\pi(\delta)[(k_d\Delta v_d)^\alpha + (s_d)^\alpha]$，可得：$\frac{\partial M_d}{\partial \pi(y)} = \Delta v_d - r - \pi(z)\pi(\delta)\{\Delta v_d + \lambda_d [(k_d\Delta v_d)^\alpha + (s_d)^\alpha]\}$，$\frac{\partial M_d}{\partial \lambda_d}<0$、$\frac{\partial M_d}{\partial k_d}<0$、$\frac{\partial M_d}{\partial s_d}<0$、$\frac{\partial M_d}{\partial c_d}<0$、$\frac{\partial M_d}{\partial \pi(z)}<0$、$\frac{\partial M_d}{\partial \pi(\delta)}<0$，① $\frac{\partial M_d}{\partial \Delta v_d} = \pi(y)[1-\pi(z)\pi(\delta)-\lambda_d \alpha k_d \pi(z)\pi(\delta)(k_d\Delta v_d)^{\alpha-1}]$。

结论1：当$\pi(z)\pi(\delta) > \frac{\Delta v_d - r}{\Delta v_d + \lambda_d[(k_d\Delta v_d)^\alpha + (s_d)^\alpha]}$时，对任意的$y \in [0,1]$，$M_d<0$始终成立，从而分部经理的长期演化稳定策略是不合谋；当$\pi(z)\pi(\delta) < \frac{\Delta v_d - c_d}{\Delta v_d + \lambda_d[(k_d\Delta v_d)^\alpha + (s_d)^\alpha]}$时，分部经理的策略选择与其对总部管理者选择合谋概率的主观感知$\pi(y)$的大小有关，具体如下：若满足条件$\pi(y) > \frac{c_d - r}{\Delta v_d - r - \pi(z)\pi(\delta)\{\Delta v_d + \lambda_d[(k_d\Delta v_d)^\alpha + (s_d)^\alpha]\}}$，则有$M_d>0$成立，此时分部经理的长期演化稳定策略是合谋；若满足条件$\pi(y) < \frac{c_d - r}{\Delta v_d - r - \pi(z)\pi(\delta)\{\Delta v_d + \lambda_d[(k_d\Delta v_d)^\alpha + (s_d)^\alpha]\}}$，则有$M_d<0$成立，此时分部经理的长期演化稳定策略是不合谋。此外，当$\pi(z)\pi(\delta) > \frac{1}{1+\lambda_d \alpha (k_d)^\alpha (\Delta v_d)^{\alpha-1}}$时，对任意的$\Delta v_d \geq 0$，$M_d<0$始终成立，从而分部经理的稳定策略是不合谋。

---

① $\frac{\partial M_d}{\partial \lambda_d} = -\pi(y)\pi(z)\pi(\delta)[(k_d\Delta v_d)^\alpha + (s_d)^\alpha]$，$\frac{\partial M_d}{\partial k_d} = -\lambda_d \alpha \pi(y)\pi(z)\pi(\delta)(\Delta v_d)^\alpha (k_d)^{\alpha-1}$，$\frac{\partial M_d}{\partial s_d} = -\lambda_d \alpha \pi(y)\pi(z)\pi(\delta)(s_d)^{\alpha-1}$，$\frac{\partial M_d}{\partial \pi(z)} = -\pi(y)\pi(\delta)\Delta v_d - \lambda_d \pi(y)\pi(\delta)[(k_d\Delta v_d)^\alpha + (s_d)^\alpha]$，$\frac{\partial M_d}{\partial \pi(\delta)} = -\pi(y)\pi(z)\Delta v_d - \lambda_d \pi(y)\pi(z)[(k_d\Delta v_d)^\alpha + (s_d)^\alpha]$。

推论1：分部经理对损失的厌恶程度 λ_d 越大，或者政府对分部经理的惩罚系数 k_d 越大，或者分部经理受政府惩罚产生的额外损失 s_d 越大，或者分部经理发起合谋的成本 c_d 越高，或者分部经理合谋的收益 Δv_d 越小，则 $M_d<0$ 实现的条件越有可能达到，从而经过长期演化分部经理的策略越容易在不合谋处实现稳定。

（二）总部管理者策略的演化稳定性分析

记 $M_h \equiv c_h - c'_h + \pi(x)(1-\pi(z)\pi(\delta))(\Delta v_h + r) + \pi(x)\pi(z)\pi(\delta)[v(-k_h(\Delta v_h + r)) + v(-s_h)]$，对总部管理者的策略选择复制动态方程(7-2)求导得：$\dfrac{dF(y)}{dy} = (1-2y)M_g$。根据微分方程的稳定性定理可知，稳定的演化策略应满足 $\dfrac{dF(y)}{dy} < 0$。当 $M_h < 0$ 时，$y=0$ 是方程(7-2)的稳定解，即总部管理者的稳定策略是不合谋；当 $M_h > 0$ 时，$y=1$ 是方程(7-2)的稳定解，即总部管理者的稳定策略是合谋。

由 $M_h \equiv c_h - c'_h + \pi(x)(1-\pi(z)\pi(\delta))(\Delta v_h + r) - \lambda_h \pi(x)\pi(z)\pi(\delta)[(k_h(\Delta v_h + r))^\alpha + (s_h)^\alpha]$，可得：

$\dfrac{\partial M_h}{\partial \lambda} < 0$、$\dfrac{\partial M_h}{\partial k_h} < 0$、$\dfrac{\partial M_h}{\partial s_h} < 0$、$\dfrac{\partial M_h}{\partial c_h} > 0$、$\dfrac{\partial M_h}{\partial c'_h} < 0$、$\dfrac{\partial M_h}{\partial \pi(z)} < 0$、$\dfrac{\partial M_h}{\partial \pi(\delta)} < 0$①、$\dfrac{\partial M_h}{\partial \pi(x)} = \Delta v_h + r - \pi(z)\pi(\delta)\{\Delta v_h + r + \lambda_h [(k_h(\Delta v_h + r))^\alpha + (s_h)^\alpha]\}$

$\dfrac{\partial M_d}{\partial r} = \pi(x)(1-\pi(z)\pi(\delta)) - \lambda_h \alpha k_h \pi(x)\pi(z)\pi(\delta)(k_h(\Delta v_h + r))^{\alpha-1}$

$\dfrac{\partial M_h}{\partial \Delta v_h} = \pi(x)[1-\pi(z)\pi(\delta) - \lambda_h \alpha k_h \pi(z)\pi(\delta)(k_h(\Delta v_h + r))^{\alpha-1}]$

---

① $\dfrac{\partial M_h}{\partial \lambda_h} = -\pi(x)\pi(z)\pi(\delta)[(k_h(\Delta v_h + r))^\alpha + (s_h)^\alpha]$，$\dfrac{\partial M_h}{\partial k_h} = -\lambda_h \alpha \pi(x)\pi(z)\pi(\delta)(\Delta v_h + r)^\alpha (k_h)^{\alpha-1}$，$\dfrac{\partial M_h}{\partial s_h} = -\lambda_h \alpha \pi(x)\pi(z)\pi(\delta)(s_h)^{\alpha-1}$，$\dfrac{\partial M_h}{\partial \pi(z)} = -\pi(x)\pi(\delta)(\Delta v_h + r) - \lambda_h \pi(x)\pi(\delta)[(k_h(\Delta v_h + r))^\alpha + (s_h)^\alpha]$，$\dfrac{\partial M_h}{\partial \pi(\delta)} = -\pi(x)\pi(z)(\Delta v_h + r) - \lambda_h \pi(x)\pi(z)[(k_h(\Delta v_h + r))^\alpha + (s_h)^\alpha]$。

结论 2：当 $\pi(z)\pi(\delta) < \dfrac{\Delta v_h + r}{\Delta v_h + r + \lambda_h [(k_h(\Delta v_h + r))^\alpha + (s_h)^\alpha]}$ 时，对任意的 $x \in [0,1]$，$M_h > 0$ 始终成立，从而总部管理者的长期演化稳定策略是合谋；当 $\pi(z)\pi(\delta) > \dfrac{\Delta v_h + r}{\Delta v_h + r + \lambda_h [(k_h(\Delta v_h + r))^\alpha + (s_h)^\alpha]}$ 时，总部管理者的策略选择与其对分部经理选择合谋概率的主观感知 $\pi(x)$ 的大小有关，具体如下：若附加条件 $\pi(x) > \dfrac{c_h - c'_h}{\lambda_h \pi(z)\pi(\delta) [(k_h(\Delta v_h + r))^\alpha + (s_h)^\alpha] - (1 - \pi(z)\pi(\delta))(\Delta v_h + r)}$ 满足，则有 $M_h < 0$ 成立，此时总部管理者的长期演化稳定策略是不合谋；若附加条件不满足，则有 $M_h > 0$ 成立，此时总部管理者的长期演化稳定策略是合谋。此外，当 $\pi(z)\pi(\delta) > \dfrac{1}{1 + \lambda_h \alpha (k_h)^\alpha (\Delta v_h + r)^{\alpha - 1}}$ 时，记 $N(x) \triangleq \lambda_h \pi(z)\pi(\delta)[(k_h x)^\alpha + (s_h)^\alpha] - (1 - \pi(z)\pi(\delta))r$，则满足附加条件 $\pi(x) > \dfrac{c_h - c'_h}{N(r)}$（或 $\pi(x) > \dfrac{c_h - c'_h}{N(\Delta v_h)}$）时，对任意的 $\Delta v_h \geq 0$（或对任意的 $r \geq 0$），$M_h < 0$ 始终成立，从而分部经理的长期演化稳定策略是不合谋。

推论 2：总部管理者对损失的厌恶程度 λ_h 越大，或者政府对总部管理者的惩罚系数 k_h 越大，或者总部管理者受政府惩罚产生的额外损失 s_h 越大，或总部管理者合谋的收益 Δv_h（或 r）越小，或者总部管理者对分部经理进行严格监督的成本 c_h 越小，则 $M_h < 0$ 实现的条件越有可能达到，从而经过长期演化总部管理者的策略越容易稳定在不合谋处。

（三）政府策略的演化稳定性分析

记 $M_g \equiv \pi(x)\pi(y)\pi(\delta)v(k_h(\Delta v_h + r) + k_d \Delta v_d) - \pi(\delta)v(-s_g) - c_g$，对政府的策略选择复制动态方程 (7-3) 求导得：$\dfrac{dF(z)}{dz} = (1 - 2z)M_g$。

根据微分方程的稳定性定理可知，稳定的演化策略应满足 $\dfrac{dF(z)}{dz} < 0$。当 $M_g < 0$ 时，$z = 0$ 是方程 (7-3) 的稳定解，即政府的长期演化稳定策略是不监管；当 $M_g > 0$ 时，$z = 1$ 是方程 (7-3) 的稳定解，即政府的长期演化稳定策略是监管。

由 $M_g \equiv \pi(x)\pi(y)\pi(\delta)(k_h(\Delta v_h+r)+k_d\Delta v_d)^\alpha + \lambda_g \pi(\delta)(s_g)^\alpha - c_g$，可得：

$\dfrac{\partial M_g}{\partial \lambda_g} > 0$、$\dfrac{\partial M_g}{\partial k_h} > 0$、$\dfrac{\partial M_g}{\partial k_d} > 0$、$\dfrac{\partial M_g}{\partial s_g} > 0$、$\dfrac{\partial M_g}{\partial c_g} < 0$、$\dfrac{\partial M_g}{\partial \pi(x)} > 0$、$\dfrac{\partial M_g}{\partial \pi(\delta)} > 0$、$\dfrac{\partial M_g}{\partial \pi(y)} > 0$、$\dfrac{\partial M_g}{\partial r} > 0$、$\dfrac{\partial M_g}{\partial \Delta v_h} > 0$、$\dfrac{\partial M_g}{\partial \Delta v_d} > 0$[①]。

结论3：当 $\pi(x)\pi(y)\pi(\delta) < \dfrac{c_g - \lambda_g \pi(\delta)(s_g)^\alpha}{(k_h(\Delta v_h+r)+k_d\Delta v_d)^\alpha}$ 时，$M_g<0$ 成立，从而政府的长期演化稳定策略是不监管；当 $\pi(x)\pi(y)\pi(\delta) > \dfrac{c_g - \lambda_g \pi(\delta)(s_g)^\alpha}{(k_h(\Delta v_h+r)+k_d\Delta v_d)^\alpha}$ 时，$M_g>0$ 成立，从而政府的长期演化稳定策略是监管。

推论3：政府对损失的厌恶程度 λ_g 越大，或者政府对总部管理者的惩罚系数 k_h 越大，或者政府对分部经理的惩罚系数 k_d 越大，或者政府不监管产生的额外损失 s_g 越大，或者政府监管的成本 c_g 越低，则 $M_g>0$ 实现的条件越有可能达到，从而政府的策略经过长期演化越可能稳定在监管处。

（四）博弈系统的演化稳定性分析

令 $\dfrac{dx}{dt}=0$、$\dfrac{dy}{dt}=0$、$\dfrac{dz}{dt}=0$，可得博弈系统的9个复制动态均衡点：(0, 0, 0), (0, 0, 1), (0, 1, 0), (0, 1, 1), (1, 0, 0), (1,

---

[①] $\dfrac{\partial M_g}{\partial \lambda_g}=\pi(\delta)(s_g)^\alpha$、$\dfrac{\partial M_g}{\partial k_h}=\alpha\pi(x)\pi(y)\pi(\delta)(\Delta v_h+r)(k_h(\Delta v_h+r)+k_d\Delta v_d)^{\alpha-1}$、$\dfrac{\partial M_g}{\partial s_g}=\alpha\lambda_g\pi(\delta)(s_g)^{\alpha-1}$、$\dfrac{\partial M_g}{\partial c_g}=-1$、$\dfrac{\partial M_g}{\partial k_d}=\alpha\pi(x)\pi(y)\pi(\delta)\Delta v_d(k_h(\Delta v_h+r)+k_d\Delta v_d)^{\alpha-1}$、$\dfrac{\partial M_g}{\partial r}=\dfrac{\partial M_g}{\partial \Delta v_h}=\alpha k_h\pi(x)\pi(y)\pi(\delta)(k_h(\Delta v_h+r)+k_d\Delta v_d)^{\alpha-1}$、$\dfrac{\partial M_g}{\partial \pi(x)}=\pi(y)\pi(\delta)(k_h(\Delta v_h+r)+k_d\Delta v_d)^\alpha$、$\dfrac{\partial M_g}{\partial \pi(\delta)}=\pi(x)\pi(y)(k_h(\Delta v_h+r)+k_d\Delta v_d)^\alpha$、$\dfrac{\partial M_g}{\partial \pi(y)}=\pi(x)\pi(\delta)(k_h(\Delta v_h+r)+k_d\Delta v_d)^\alpha$、$\dfrac{\partial M_g}{\partial \Delta v_d}=\alpha k_d\pi(x)\pi(y)\pi(\delta)(k_h(\Delta v_h+r)+k_d\Delta v_d)^{\alpha-1}$。

0,1),(1,1,0),(1,1,1),(x^*,y^*,z^*),其中(x^*,y^*,z^*)为方程组 $\begin{cases} M_g=0 \\ M_h=0 \\ M_d=0 \end{cases}$ 的解。三方主体构成的博弈系统的复制动态方程的Jacobi 矩阵为:

$$J = \begin{pmatrix} \dfrac{\partial F(x)}{\partial x} & \dfrac{\partial F(x)}{\partial y} & \dfrac{\partial F(x)}{\partial z} \\ \dfrac{\partial F(y)}{\partial x} & \dfrac{\partial F(y)}{\partial x} & \dfrac{\partial F(y)}{\partial x} \\ \dfrac{\partial F(z)}{\partial x} & \dfrac{\partial F(z)}{\partial x} & \dfrac{\partial F(z)}{\partial x} \end{pmatrix}$$

由李雅普诺夫(Lyapunov)稳定性定理和弗里曼(Friedman,1991)的方法可知,满足行列式 $DetJ>0$,且迹 $trJ<0$ 的点为局部稳定点。根据分部经理与总部管理者间合谋的达成,只需考虑 x 与 y 相同的四个均衡点的稳定性,即分别考虑(0,0,0),(0,0,1),(1,1,0),(1,1,1)分别对应的 Jacobi 矩阵的行列式与迹是否满足稳定条件,如表 7-2 所示。

表 7-2 均衡点分析结果

均衡点	行列式 $DetJ$	迹 trJ
(0,0,0)	$(c_d-r)(c_h-c'_h)(c_g-\lambda_g\pi(\delta)(s_g)^\alpha)$	$r-c_d+c_h-c'_h-c_g+\lambda_g\pi(\delta)(s_g)^\alpha$
(0,0,1)	$(r-c_d)(c_h-c'_h)(c_g-\lambda_g\pi(\delta)(s_g)^\alpha)$	$r-c_d+c_h-c'_h+c_g-\lambda_g\pi(\delta)(s_g)^\alpha$
(1,1,0)	$(\Delta v_d-c_d)(c_h-c'_h+\Delta v_h+r)M_g\big|_{x=1,y=1}$	$-(\Delta v_d-c_d)-(c_h-c'_h+\Delta v_h+r)+M_g\big|_{x=1,y=1}$
(1,1,1)	$-M_d\big|_{y=1,z=1}M_h\big|_{x=1,z=1}M_g\big|_{x=1,y=1}$	$-M_d\big|_{y=1,z=1}-M_h\big|_{x=1,z=1}-M_g\big|_{x=1,y=1}$

其中:

$M_g\big|_{x=1,y=1} = \pi(\delta)(k_h(\Delta v_h+r)+k_d\Delta v_d)^\alpha + \lambda_g\pi(\delta)(s_g)^\alpha - c_g$

$M_d\big|_{y=1,z=1} = (1-\pi_d(\delta))\Delta v_d - c_d - \lambda_d\pi_d(\delta)[(k_d\Delta v_d)^\alpha + (s_d)^\alpha]$

$M_h\big|_{x=1,z=1} = c_h - c'_h + (1-\pi_h(\delta))(\Delta v_h+r) - \lambda_h\pi_h(\delta)[(k_h(\Delta v_h+r))^\alpha + (s_h)^\alpha]$

结论 4:①当 $\pi(\delta) < \min\left\{\dfrac{c_g}{\lambda_g(s_g)^\alpha}, \dfrac{c_g+c_d-r-c_h+c'_h}{\lambda_g(s_g)^\alpha}\right\}$ 成立时,均衡

点$(0,0,0)$为博弈系统的长期演化稳定点。②当$\pi(\delta)>$ $\max\left\{\dfrac{c_g}{\lambda_g(s_g)^\alpha},\dfrac{c_g+r-c_d+c_h-c'_h}{\lambda_g(s_g)^\alpha}\right\}$成立时，均衡点$(0,0,1)$为博弈系统的长期演化稳定点。③当$\dfrac{c_g}{(k_h(\Delta v_h+r)+k_d\Delta v_d)^\alpha+\lambda_g(s_g)^\alpha}<\pi(\delta)<$ $\dfrac{c_g+\Delta v_d-c_d+c_h-c'_h+\Delta v_h+r}{(k_h(\Delta v_h+r)+k_d\Delta v_d)^\alpha+\lambda_g(s_g)^\alpha}$成立时，均衡点$(1,1,0)$为博弈系统的长期演化稳定点。④当满足$\pi_d(\delta)<\dfrac{\Delta v_d-c_d}{\Delta v_d+\lambda_d(k_d\Delta v_d)^\alpha+(s_d)^\alpha}$，$\pi_h(\delta)<$ $\dfrac{c_h-c'_h+\Delta v_h+r}{\Delta v_h+r+\lambda_h[(k_h(\Delta v_h+r))^\alpha+(s_h)^\alpha]}$，且$\pi(\delta)<\dfrac{c_g-M_d|_{y=1,z=1}-M_h|_{x=1,z=1}}{(k_h(\Delta v_h+r)+k_d\Delta v_d)^\alpha+\lambda_g\pi(\delta)(s_g)^\alpha}$时，均衡点$(1,1,1)$为博弈系统的长期演化稳定点。

推论4：政府对损失的厌恶程度λ_g越大，或者政府监管失败产生的额外损失s_g越大，或者政府的监管成本c_g越低，则条件$\pi(\delta)>\max$ $\left\{\dfrac{c_g}{\lambda_g(s_g)^\alpha},\dfrac{c_g+r-c_d+c_h-c'_h}{\lambda_g(s_g)^\alpha}\right\}$越有可能达到，从而系统的策略组合经过长期演化越可能稳定在(不合谋，不合谋，监管)。

第四节 本章小结与研究启示

一 本章小结

国有企业高管腐败案例呈现出集体化窝案增多、隐蔽性增强等新特点，这引起了学者对于多重委托代理关系中合谋现象的关注。导致国有企业集团分部经理合谋的原因有契约的不完全、信息的不对称、各组织成员间利益的相关性、公司治理结构的不完善、经理人的双重身份、职业经理人市场的不成熟、内部人控制及管理层激励约束机制的扭曲等。国有企业集团内部代理链条上各组织成员之间的合谋问题主要表现为位于相邻代理层级的代理人之间的纵向合谋（如分部经理与总部管理者之间的合谋），以及位于同一代理层级的代理人之间的横向合谋（如分部经理层各成员之间的合谋）。然而，已有关于科层组织中合谋的研究大多关注大股东与经营者（总部）的合谋，且在理论分析时大多采用基于期望效用的经典博弈理论。事实上，国有企业集团 ICM 的低效率通常是由分部经理与总部之间的代理问题造成的，并且决定决策者策略选择的不是结果本身，而是决策者对于结果与预期之间差距的感知。因此，本章考虑分部经理合谋对一般分析进行拓展，运用前景理论描述政府、总部管理者、分部经理对风险和价值的感知，构建分部经理与集团总部合谋、政府监管的演化博弈模型，分析影响演化策略稳定性的因素，得到如下主要结论。

（一）分部经理

若分部经理主观感知到政府监管并成功的概率（$\pi(z)\pi(\delta)$）大于政府监管失败时分部经理感知到的合谋收益差与监管成功时其感知到的损失差之比时，不论总部管理者采取何种策略，经过长期演化分部经理都将采取不合谋的策略；反之，分部经理的策略选择受到其对总部管理者选择合谋概率的主观感知 $\pi(y)$ 的影响。特别地，若分部经理主观感知到政府监管并成功的概率大于政府监管失败时其感知到的合谋边际收益与监管成功时感知到的边际损失之比时，无论总部管理者采取何种策略，经过长期演化分部经理都将采取不合谋的策略。

（二）集团总部

若总部管理者主观感知到政府监管并成功的概率（$\pi(z)\pi(\delta)$）小于政府监管失败时总部管理者感知到的合谋收益差与监管成功时其感知到的损失差之比时，不论分部经理采取何种策略，经过长期演化总部管理者都将采取合谋的策略；反之，总部管理者的策略选择与其对分部经理选择合谋概率的主观感知 $\pi(x)$ 的大小有关。特别地，若分部经理主观感知到政府监管并成功的概率大于政府监管失败时分部经理感知到的合谋边际收益与监管成功时其感知到的边际损失之比时，不论总部管理者采取何种策略，经过长期演化分部经理都将采取不合谋的策略。此外，若总部管理者主观感知到政府监管并成功的概率大于政府监管失败时其感知到的合谋边际收益与监管成功时感知到的边际损失之比，且对分部经理选择合谋概率的主观感知 $\pi(x)$ 大于总部管理者合谋时感知到的监督成本降低值与监督成功时感知到的净损失之比时，不论总部管理者获得的合谋收益为多少，经过长期演化总部管理者都将采取不合谋的策略。

（三）政府

当政府感知到分部经理与总部管理者的合谋概率以及自身监管成功的概率（$\pi(x)\pi(y)\pi(\delta)$）小于监管失败时政府感知到的损失与监管成功时其感知到的收益之比时，政府的长期演化稳定策略是不监管；反之，政府的长期演化稳定策略是监管。

（四）三方博弈系统

当政府感知到的监管成功概率小于政府监管成本与其感知到的监管失败额外损失之比，且小于政府监管成本+分部经理合谋成本-总部管理者合谋收益与政府感知到的监管失败额外损失之比时，系统的演化稳定策略为（不合谋，不合谋，不监管）；当政府感知到的监管成功概率大于政府监管成本与其感知到的监管失败额外损失之比，且大于政府监管成本+总部管理者合谋收益-分部经理合谋成本与政府感知到的监管失败额外损失之比时，系统的演化稳定策略为（不合谋，不合谋，监管）；当政府感知到的监管成功概率大于政府监管成本与其感知到的监管成功收益+监管失败额外损失之比，且小于政府监管成本+分部经理合谋净收益+总部管理者合谋总收益与政府感知到的监管失败额外损失之比时，系统的演化稳定策略为（合谋，合谋，不监管）。最理想的演化稳定策略为（不合谋，不合谋，不监管），而实践中通过调整相关参数可以实现的演化稳定策略为（不合谋，不合谋，监管）。

（五）参数

分部经理对损失的厌恶程度 λ_d 越大，或者政府对分部经理的惩罚系数 k_d 越大，或者分部经理受政府惩罚产生的额外损失 s_d 越大，或者分部经理发起合谋的成本 c_d 越高，或者分部经理合谋的收益 Δv_d 越小，则分部经理的行为策略经过长期演化稳定在不合谋；总部管理者对损失的厌恶程度 λ_h 越大，或者政府对总部管理者的惩罚系数 k_h 越大，或者总部管理者受政府惩罚产生的额外损失 s_h 越大，或总部管理者合谋获得的超额收益 Δv_h 越小，则总部管理者的行为策略经过长期演化稳定在不合谋；政府对损失的厌恶程度 λ_g 越大，或者政府对总部管理者的惩罚系数 k_h 越大，或者政府对分部经理的惩罚系数 k_d 越大，或者政府监管失败产生的额外损失 s_g 越大，或者政府监管的成本 c_g 越低，则政府的行为策略经过长期演化稳定在监管；政府对损失的厌恶程度 λ_g 越大，或者政府监管失败产生的额外损失 s_g 越大,或者政府的监管成本 c_g 越低,则博弈三方的行为策略经过长期演化稳定在(不合谋,不合谋,监管)。

二 研究启示

健全监督管理体系、提高监督效率,加强对国有企业经理层的监督,有助于规范经理层的经营行为,能够缓解委托代理双方的信息不对称,促使激励机制更好地发挥作用,提高集团内部资金的配置效率,提升集团经营绩效。通过前述的分析论证,探讨促使系统策略稳定在(不合谋,不合谋,监管),实现国有企业集团内部资金的高效配置与经营绩效提升的途径,提出以下几个建议:①进一步推进党组织参与国有企业公司治理实践,加强党风廉政建设扎实推进惩治和预防腐败体系建设,增强企业凝聚力,加强和改进纪检监察和巡视监督工作,充分发挥党组织在思想引导与监督、协调等方面的作用,尤其是要加强对国有企业经营者的党内监督,提高政府、总部管理者与分部经理三方对损失的厌恶程度,增大合谋成本及受政府惩罚产生的额外损失。②加大对国有企业管理层违规经营责任的追究力度,健全监督工作的问责机制,加强对国有企业高管的警示教育,增大政府对总部管理者及分部经理的惩罚系数,强化政府监管的震慑作用,同时提高监管收益及监管积极性。③改进监督方式,创新监督方法,统筹监管任务减少重复监管,加强信息化管控的建设力度,降低政府、总部管理者监管成本,提高监管效率。④进一步推动构建国资监管大格局,健全监管工作体系,完善工作机制,加强内部监督、外部监督与社会监督的相互统筹、相互协调、相互促进,建立健全国有资产监管重大信息公开制度,增大政府监管失败产生的额外损失,减小国有企业高管合谋的获利空间。

第八章
研究结论与展望

第一节 研究结论

国有企业是党执政兴国的重要支柱和依靠力量,国有企业改革是我国经济体制改革的中心环节,培育和发展具有国际竞争力的大型企业集团则是国有企业改革的核心目标之一。国有企业集团的形成与发展更能体现中国制度背景特征,随着深化国有企业改革的不断推进,国有企业集团在数量、规模、发展速度及绩效等方面均有了较大提升,已经成为推动我国经济发展和参与国际竞争的主导力量。然而,国有企业集团大而不强、经营效率低下、腐败问题易发多发等问题普遍存在,究其原因在于集团内部管理效率和资源配置效率的低下。国有企业集团化发展的动力是通过建立 ICM 发挥资金规模优势及内部灵活配置资本功能,因此,分析国有企业集团 ICM 的资金配置机制,研究如何提高资本配置效率成为提高我国国有企业集团经营绩效及竞争力关注的核心问题。本书基于国有上市公司测度了国有企业集团 ICM 的配置效率,实证检验了分部经理行为的决定性地位。因此,选取 DMOB 作为研究切入点,在深入分析国有企业集团 ICM 特点的基础上,量化总部管理者的行为目标,理论剖析 DMOB 与 ICM 配置效率的内在关系,运用信息租金原理设计制衡机制,并且从总部监督行为和分部经理合谋行为两个方面进行拓展研究,综合运用行为经济学、管理学等学科领域的相关理论与方法,分析国有企业集团监管与治理对分部经理行为及与 ICM 配置效率的影响。研究结论如下:

（1）国有企业集团化发展经历了初创、发展、深化、做强四个阶段，其功能分别体现在经济、社会和政治三个层面；追逐信息租金是分部经理实施机会主义行为的直接动力，所有者缺位、内部人控制、管理层权力不断被强化、国有资产的经营管理模式、激励监督不足等加剧了 DMOB，管理层可能会通过寻租、扭曲或隐瞒信息、合谋等活动扭曲内部资金配置；国有企业管理层激励的方式主要有薪酬激励、股权激励、政治晋升和在职消费等，监督的方式主要有党内监督、财务监督、内部审计监督、纪检监察、巡视监督、社会监督等。

（2）利用上市公司公开数据，采用实证方法探究了国有企业集团 ICM 配置情况：相较于非国有企业集团，国有企业集团 ICM 配置效率较低；从对总部配置环节到成员企业对资金再配置环节的作用探讨发现，引致国有企业集团 ICM 配置低效或无效的原因是成员企业利用资金进行再投资时的投资效率较低，资金利用不合理；而从代理冲突视角的实证，则进一步佐证了成员企业对 ICM 配置资金利用效率不高是导致国有企业集团 ICM 配置效率较低的原因。

（3）结合国有企业集团特有的产权特征和政治特性，指出国有企业集团的经营目标更为多元（经济目标、社会目标、政治目标），资源禀赋更具优势，资源配置过程中行政机制表现得更加明显，管理层还同时具有"经济人"与"政治人"双重身份，代理链条更为冗长、代理关系更为复杂、代理问题更为突出等特点。国有企业集团 ICM 中起主导作用的是管理层代理关系，由于信息不对称、契约不完备、委托代理冲突等问题的存在，作为"有限理性经济人"的分部经理的行为具有机会主义行为倾向。在量化总部资金配置目标（利润与产值的加权最大化）的基础上，引入信息租金理论在成本收益的分析框架下，将 DMOB（隐藏信息）对 ICM 配置效率的影响机理及信息租金激励制衡作用统一在同一个理论框架之中。

（4）通过对比国有企业集团与民营企业集团的资金配置过程，找到 ICM 信息租金与配置效率的一般规律：国有企业集团总部"经济人与政治人"的双重身份使得对于做大集团规模的关注较多，从而导致其通常会出现过度投资现象；信息差距是产生信息租金的实质原因，相同条件下民营企业集团总部需支付更多的信息租金；总部需根据分部经理的风险态度调整信息租金的支付数量；通过支付信息租金可以激励分部经理如实传递信息，相同条件下民营企业集团总部支付信息租金获得的收益更大；积极推进国有企业市场化的混合所有制改革有利于提高国有企业集团 ICM 的配置效率；应该存在一个适度的相关性程度使得国有企业集团 ICM 的资金配置效率达到最优，对过度多元化的国有企业集团实施"归核化"战略有利于提高企业经营效率。

（5）为充分发挥信息租金的激励作用，应在激励的同时加强监督，结合国有企业集团内部监督的实际，借助演化博弈理论刻画总部监督对分部经理行为选择的动态影响。引入监督的负激励损失、相关多元化的产出协同作用、分部经理的心理成本等参数构建演化博弈模型，认为监督能够部分替代激励的作用。得出如下结论：分部经理的固定薪酬不影响系统的演化稳定性；伪装成本、心理成本、监督效果、长期奖励、惩罚力度等参数的增加能够显著地加快系统向稳定点（如实，监督）的演化收敛速度；配给高预算的概率、超额预算收益、监督造成的负激励损失、监督成本、分享系数、产出协同作用等参数的增加能够显著减缓系统向稳定点（如实，监督）的演化收敛速度；即时奖励对系统演化收敛速度的影响不显著。进而提出如下对策建议：提升集团总部的专业技能，加强财务信息披露的完整性、充足性、真实性、准确性；强化内部监督健全内部监督机构，完善外部监督机制建立经理人市场；强化对总部监督者的激励，尤其是增加对集团总部尽责履行监督职能的长期奖励；强化企业组织规范重视企业文化的纽带作用；增强分部经理对总部监督机制的认同感等。

（6）国有企业集团内部人控制、管理层激励约束不足、管理层的双重身份（经济人与政治人）、多重委托代理冲突、各组织成员间利益的相关性、公司治理结构不完善以及职业经理人市场的不成熟等问题产生并加剧了分部经理合谋行为。分部经理合谋行为包括与上层代理人间的纵向合谋及与同层代理人间的横向合谋，在推动构建国资监管大格局背景下，考虑政府监管对总部与分部经理间合谋行为的动态影响。运用前景理论描述政府、总部管理者与分部经理对风险和价值的感知，建立演化博弈模型分析三者行为策略的长期演化稳定性及影响稳定的因素。得出如下结论：适当增加政府对损失的厌恶程度或政府不监管产生的额外损失，或者降低政府的监管成本，可以保证（不合谋，监管）是博弈系统的长期演化稳定策略；对总部管理者或分部经理而言，适当增大他们对损失的厌恶程度或者惩罚系数或受惩罚产生的额外损失或发起合谋的成本，或者降低其合谋收益或监督成本，可以保证不合谋是其长期演化稳定策略；对政府而言，适当增大其对损失的厌恶程度或者惩罚系数或监管失败产生的额外损失或发起合谋的成本，或者降低其监管成本，可以保证监管是其长期演化稳定策略。

第二节 研究展望

国有企业集团改革的目标是党的十九大报告中提出培育具有国际竞争力的世界一流企业，如何对国有企业集团进行改革是推进国有企业改革的重点。随着国有企业改革的不断深入，国有企业集团已经成为推动我国经济发展和参与国际竞争的主导力量，进入世界500强的国有企业集团数量不断增加、排名不断提升。然而，国有企业集团大而不强、经营效率低下、腐败问题易发多发等问题普遍存在，究其原因在于集团内部管理效率和资源配置效率的低下。本书基于DMOB视角研究了国有企业集团的ICM配置效率问题，借助信息租金理论、前景理论、演化博弈理论等理论和方法分析了对分部经理行为的激励制衡，为了进一步提高本书的解释力，深化对国有企业集团ICM配置效率的认识，未来需要在以下几个方面进行深入研究：

（1）国有企业集团改革的目标是做强、做大、做优，集团类型、集团总部经营目标的量化、其他利益相关者及外部因素对ICM配置效率的影响可以进一步深入分析，构建数理模型深入分析不同类型企业集团的各利益相关者行为及各种影响因素的共同作用对ICM配置效率的影响。本书在进行模型构建时并未具体区分不同类型的国有企业集团，只是用利润与产值的加权最大化来量化总部的行为目标，并主要从DMOB视角探讨了对ICM资金配置的影响，虽然在扩展研究中进一步考虑了总部与政府的行为选择对分部经理行为选择的影响，然而未考虑其他利益相关者行为选择的互动机制，也未对其他影响因素及它们之间的相互作用进行深入分析。

（2）本书构建的理论模型有待进一步完善。在考虑总部监督行为的拓展研究中，模型对党内监督主要通过分部经理谎报的心理成本与监督的负激励损失等系数间接体现。在考虑分部经理合谋行为的拓展研究中，只对分部经理与总部之间的纵向合谋构建了数理模型，且只利用了行为经济学四大理论之中的前景理论来刻画决策者的行为选择标准。本书的分析是在假定组织结构不变的条件下进行的，在未来的研究中可以考虑借助后悔理论或过度自信理论或过度反应理论等刻画决策者的行为选择，或者考虑组织结构变迁对各利益相关者的影响。

（3）虽然利用实证研究或数值模拟对相关定性分析与模型推演的结论进行了检验，但数据资料还是不够充分和丰富，需要在今后的研究中不断积累完善，改进研究方法以更好地对所得结论进行验证。

附　录

2013—2022年全国国有及国有控股企业经济运行情况[①]

2013年1—12月全国国有及国有控股企业经济运行情况

2013年1—12月，纳入本月报统计范围的全国国有及国有控股企业［包括中央部门所属的国有及国有控股企业以及113户中央管理企业，36个省（自治区、直辖市、计划单列市）国有及国有控股企业，均不含国有金融类企业，以下简称国有企业］主要经济效益指标同比保持增长，但实现利润增幅继续回落。

（一）营业总收入。1—12月，国有企业累计实现营业总收入464749.2亿元，同比增长10.1%。中央企业累计实现营业总收入284407.1亿元，同比增长8.8%。地方国有企业累计实现营业总收入180342.1亿元，同比增长12.3%。

（二）营业总成本。1—12月，国有企业累计发生营业总成本448969.8亿元，同比增长10.3%，其中销售费用、管理费用和财务费用分别同比增长12.2%、6.9%和8.6%。中央企业累计发生营业总成本272151.3亿元，同比增长8.9%，其中销售费用、管理费用和财务费用分别同比增长12.4%、7.3%和6.8%。地方国有企业累计发生营业总成本176818.5亿元，同比增长12.5%，其中销售费用、管理费用和财务费用分别同比增长11.9%、6.4%和11.5%。

（三）实现利润。1—12月，国有企业累计实现利润总额24050.5亿元，同比增长6.9%。中央企业累计实现利润总额16652.8亿元，同

[①] 资料来源：笔者根据中华人民共和国财政部网站资料整理。

比增长 7.4%。地方国有企业累计实现利润总额 7397.7 亿元，同比增长 2.7%。

（四）应交税费。1—12 月，国有企业应交税费 36812 亿元，同比增长 7.8%。中央企业应交税费 28030.2 亿元，同比增长 9.2%。地方国有企业应交税费 8781.8 亿元，同比增长 3.4%。

（五）资产、负债和所有者权益。2013 年 12 月末，国有企业资产累计 911038.6 亿元，同比增长 12.9%；负债累计 593166.5 亿元，同比增长 14%；所有者权益合计 317872.1 亿元，同比增长 11.1%。中央企业资产累计 483178 亿元，同比增长 11.6%；负债累计 317519.4 亿元，同比增长 12.6%；所有者权益为 165658.6 亿元，同比增长 9.8%。地方国有企业资产累计 427860.6 亿元，同比增长 14.5%；负债累计 275647.1 亿元，同比增长 16.6%；所有者权益为 152213.5 亿元，同比增长 12.5%。

（六）主要行业盈利情况。1—12 月，实现利润同比增幅较大的行业为交通行业、电子行业、汽车行业、施工房地产行业等。实现利润同比降幅较大的行业为有色行业、煤炭行业、化工行业、机械行业等。

2014 年 1—12 月全国国有及国有控股企业主要财务指标

2014 年 1—12 月，纳入本月报统计范围的全国国有及国有控股企业①（以下简称国有企业）利润总额和应交税金同比增幅均放缓。汽车、医药等行业利润增幅较高，煤炭、化工等行业利润降幅较大，有色行业处于亏损状态。

一　主要经济效益指标情况

（一）营业总收入。1—12 月，国有企业营业总收入 480636.4 亿元，同比增长 4%。①中央企业 293790.3 亿元，同比增长 3.1%。②地方国有企业 186846.1 亿元，同比增长 6.5%。

---

① 本月报所称全国国有及国有控股企业，包括中央企业和 36 个省（自治区、直辖市、计划单列市）的地方国有及国有控股企业，不含国有金融类企业。

（二）营业总成本。1—12月，国有企业营业总成本466606.4亿元，同比增长4.5%，其中销售费用、管理费用和财务费用同比分别增长4.4%、2.6%和19.2%。①中央企业281727.7亿元，同比增长3.3%，其中销售费用、管理费用和财务费用同比分别增长2.4%、2.7%和23.5%。②地方国有企业184877.7亿元，同比增长6.3%，其中销售费用、管理费用和财务费用同比分别增长8.6%、2.3%和16.1%。

（三）实现利润。1—12月，国有企业利润总额24766.4亿元，同比增长3.4%。①中央企业17280.2亿元，同比增长3.6%。②地方国有企业7486.2亿元，同比增长2.8%。

（四）应交税金。1—12月，国有企业应交税金37860.8亿元，同比增长6.7%。①中央企业29169.9亿元，同比增长6.6%。②地方国有企业8690.9亿元，同比增长2.8%。

（五）资产、负债和所有者权益。12月末，国有企业资产总额1021187.8亿元，同比增长12.1%；负债总额665558.4亿元，同比增长12.2%；所有者权益合计355629.4亿元，同比增长11.8%。①中央企业资产总额537068亿元，同比增长10.9%；负债总额352621.4亿元，同比增长10.8%；所有者权益为184446.6亿元，同比增长11.2%。②地方国有企业资产总额484119.8亿元，同比增长13.3%；负债总额312937亿元，同比增长13.8%；所有者权益为171182.8亿元，同比增长12.4%。

二 主要行业盈利情况

1—12月，与上年同期相比，汽车、医药、商贸等行业利润总额正增长；煤炭、化工、石化等行业利润总额负增长。有色行业处于亏损状态。

2015年1—12月全国国有及国有控股企业经济运行情况

2015年1—12月，全国国有及国有控股企业（包括中央企业和36个省（自治区、直辖市、计划单列市）的地方国有及国有控股企业，不含国有金融类企业，以下简称国有企业）经济运行稳中向好，部分指标出现回暖迹象，但下行压力依然较大。一是国有企业利润同比降幅继续收窄。1—12月国有企业利润降幅（-6.7%）比1—11月（-9.5%）收窄2.8个百分点，比1—10月（-9.8%）收窄3.1个百分点。二是地方国有企业应交税金同比增幅由负转正。1—12月地方国有企业应交税金同比增长2.1%，而1—11月和1—10月分别同比下降0.2%和0.9%，同比增幅实现由负转正。三是煤炭行业扭亏为盈，钢铁、有色行业继续亏损。

（一）营业总收入。1—12月，国有企业营业总收入454704.1亿元，同比下降6.4%。中央企业营业总收入271694亿元，同比下降7.5%。地方国有企业营业总收入183010.1亿元，同比下降2.3%。

（二）营业总成本。1—12月，国有企业营业总成本445196.1亿元，同比下降4.8%，其中销售费用、管理费用和财务费用同比分别增长1.7%、0.5%和10.2%。中央企业营业总成本262407.6亿元，同比下降6.9%，其中销售费用、管理费用和财务费用同比分别下降0.3%、下降0.3%和增长10.3%。地方国有企业营业总成本182788.5亿元，同比下降1.6%，其中销售费用、管理费用和财务费用同比分别增长6.3%、1.7%和10%。

（三）实现利润。1—12月，国有企业利润总额23027.5亿元，同比下降6.7%。中央企业利润总额16148.9亿元，同比下降6.6%。地方国有企业利润总额6878.6亿元，同比下降9.1%。

（四）应交税金。1—12月，国有企业应交税金38598.7亿元，同比增长2.9%。中央企业应交税金29731.4亿元，同比增长3.1%。地方国有企业应交税金8867.3亿元，同比增长2.1%。

（五）资产、负债和所有者权益。12月末，国有企业资产总额1192048.8亿元，同比增长16.4%；负债总额790670.6亿元，同比增长18.5%；所有者权益合计401378.2亿元，同比增长12.6%。中央企业资产总额642491.8亿元，同比增长19.9%；负债总额436702.3亿元，同比增长23.8%；所有者权益205789.4亿元，同比增长12.3%。地方国有企业资产总额549557亿元，同比增长12.7%；负债总额353968.3亿元，同比增长12.5%；所有者权益195588.8亿元，同比增长12.9%。

（六）主要行业盈利情况。1—12月，交通、化工和机械等行业实现利润同比增幅较大；煤炭、石油、建材和石化等行业实现利润同比降幅较大；钢铁和有色行业继续亏损。

2016年1—12月全国国有及国有控股企业经济运行情况

2016年1—12月,全国国有及国有控股企业〔包括中央管理企业、中央部门和单位所属企业以及36个省(自治区、直辖市、计划单列市)的地方国有及国有控股企业,不含国有金融类企业,以下简称国有企业〕经济运行趋稳向好。国有企业收入和实现利润继续保持稳步增长,国有企业收入增幅有所提高,利润增幅略有下降。钢铁、化工、有色等行业亏损。

(一)营业总收入。1—12月,国有企业营业总收入458978亿元,同比增长2.6%。中央企业276783.6亿元,同比增长2%。地方国有企业182194.4亿元,同比增长3.5%。

(二)营业总成本。1—12月,国有企业营业总成本449885亿元,同比增长2.5%,其中销售费用、管理费用和财务费用同比分别增长6.9%、增长6.7%和下降3.7%。中央企业268039.9亿元,同比增长2.2%,其中销售费用、管理费用和财务费用同比分别增长6.8%、增长7.3%和下降6.8%。地方国有企业181846.1亿元,同比增长3%,其中销售费用、管理费用和财务费用同比分别增长6.3%、增长6.7%和下降1.5%。

(三)实现利润。1—12月,国有企业利润总额23157.8亿元,同比增长1.7%。中央企业15259.1亿元,同比下降4.7%。地方国有企业7898.7亿元,同比增长16.9%。

(四)应交税金。1—12月,国有企业应交税金38076.1亿元,同比下降0.7%。中央企业29153亿元,同比下降2.5%。地方国有企业8923.1亿元,同比增长6%。

(五)资产、负债和所有者权益。12月末,国有企业资产总额1317174.5亿元,同比增长9.7%;负债总额870377.3亿元,同比增长10%;所有者权益合计446797.2亿元,同比增长9.2%。中央企业资产总额694788.7亿元,同比增长7.7%;负债总额476526亿元,同比增长8.2%;所有者权益合计218262.7亿元,同比增长6.6%。地方国有企业资产总额622386.8亿元,同比增长12%;负债总额393851.3亿元,同比增长12.1%；所有者权益合计228534.5亿元，同比增长11.7%。

（六）主要行业盈利情况。1—12月，建材、交通和施工房地产等行业实现利润同比增幅较大。石油、纺织、烟草和石化等行业实现利润同比降幅较大。钢铁、化工、有色等行业亏损。

2017年1—12月全国国有及国有控股企业经济运行情况

2017年1—12月，全国国有及国有控股企业［包括中央管理企业、中央部门和单位所属企业以及36个省（自治区、直辖市、计划单列市）的地方国有及国有控股企业，不含国有金融类企业，以下简称国有企业］经济运行态势良好、稳中有进，国有企业收入和利润持续较快增长，利润增幅高于收入9.9个百分点。

（一）营业总收入。1—12月，国有企业营业总收入522014.9亿元，同比增长13.6%。中央企业308178.6亿元，同比增长12.5%。地方国有企业213836.3亿元，同比增长16.2%。

（二）营业总成本。1—12月，国有企业营业总成本507003.9亿元，同比增长12.6%，其中销售费用、管理费用和财务费用同比分别增长9.5%、8.5%和8%。中央企业297048.4亿元，同比增长12%，其中销售费用、管理费用和财务费用同比分别增长7.6%、7.9%和4.6%。地方国有企业209956.5亿元，同比增长13.5%，其中销售费用、管理费用和财务费用同比分别增长12.5%、9.3%和11.2%。

（三）实现利润。1—12月，国有企业利润总额28986.9亿元，同比增长23.5%。中央企业17757.2亿元，同比增长16%。地方国有企业11228.7亿元，同比增长37.6%。

（四）应交税金。1—12月，国有企业应交税金42346.5亿元，同比增长9.5%。中央企业30812.9亿元，同比增长5%。地方国有企业11532.6亿元，同比增长23.6%。

（五）资产、负债和所有者权益。12月末，国有企业资产总额1517116.4亿元，同比增长10%；负债总额997157.4亿元，同比增长9.5%；所有者权益合计519958亿元，同比增长11%。中央企业资产总额751283.5亿元，同比增长8.2%；负债总额511213亿元，同比增长

7.3%；所有者权益合计 240070.5 亿元，同比增长 10.2%。地方国有企业资产总额 765831.9 亿元，同比增长 11.8%；负债总额 485944.4 亿元，同比增长 11.9%；所有者权益合计 279887.5 亿元，同比增长 11.7%。

（六）主要行业盈利情况。1—12月，钢铁、有色等去年同期亏损的行业持续保持盈利，煤炭、交通、石油石化等行业利润同比增幅较大；电力等行业利润同比降幅较大。

2018年1—12月全国国有及国有控股企业经济运行情况

2018年1—12月，全国国有及国有控股企业〔本月报所称全国国有及国有控股企业，包括中央管理企业、中央部门和单位所属企业以及36个省（自治区、直辖市、计划单列市）的地方国有及国有控股企业，不含国有一级金融企业。以下简称国有企业〕经济运行继续保持较好态势。盈利能力和偿债能力比上年同期均有所提升，利润增幅高于收入2.9个百分点，石油石化、钢铁等行业利润增幅较大。

（一）营业总收入。1—12月，国有企业营业总收入 587500.7 亿元，同比（由于企业增减变动以及股权变化等客观因素影响，不同期间纳入全国国有及国有控股企业汇总范围的企业不完全相同。本月报同比增长相关数据，由本期汇总范围内企业本年数据与同口径上年同期数据对比计算得出。下同）增长 10.0%。中央企业 338781.8 亿元，同比增长 9.8%。地方国有企业 248718.9 亿元，同比增长 10.4%。

（二）营业总成本。1—12月，国有企业营业总成本 570431.9 亿元，同比增长 9.8%，其中销售费用、管理费用和财务费用同比分别增长 6.6%、9.5%和 13.4%。中央企业 325798.6 亿元，同比增长 9.6%，其中销售费用、管理费用和财务费用同比分别增长 6.7%、9.6%和 10.5%。地方国有企业 244633.3 亿元，同比增长 10.1%，其中销售费用、管理费用和财务费用同比分别增长 7.9%、9.5%和 16.8%。

（三）实现利润。1—12月，国有企业利润总额 33877.7 亿元，同比增长 12.9%。中央企业 20399.1 亿元，同比增长 12.7%。地方国有企业 13478.6 亿元，同比增长 13.2%。

（四）税后净利润。1—12月，国有企业税后净利润24653.7亿元，增长12.1%。归属于母公司所有者的净利润15311.6亿元，增长10.1%。中央企业14583.4亿元，增长11.8%。地方国有企业10070.3亿元，增长12.8%。

（五）应交税金。1—12月，国有企业应交税金46089.7亿元，同比增长3.3%。中央企业32409.3亿元，同比增长3.5%。地方国有企业13680.4亿元，同比增长2.8%。

（六）资产、负债和所有者权益。12月末，国有企业资产总额1787482.9亿元，同比增长8.4%；负债总额1156474.8亿元，同比增长8.1%；所有者权益合计631008.1亿元，同比增长9.0%。中央企业资产总额803391.7亿元，同比增长6.7%；负债总额543908.6亿元，同比增长6.3%；所有者权益合计259483.1亿元，同比增长7.5%。地方国有企业资产总额984091.2亿元，同比增长9.8%；负债总额612566.2亿元，同比增长9.6%；所有者权益合计371526.0亿元，同比增长10.1%。

（七）净资产收益率。1—12月，国有企业净资产收益率3.9%，增长0.1个百分点。中央企业6.6%，增长0.2个百分点。地方国有企业2.7%，增长0.1个百分点。

（八）资产负债率。12月末，国有企业资产负债率64.7%，降低0.2个百分点。中央企业67.7%，降低0.3个百分点。地方国有企业62.3%，降低0.1个百分点。

（九）主要行业盈利情况。1—12月，石油石化、钢铁等行业利润同比大幅增长，均高于收入增长幅度。

2019年1—12月全国国有及国有控股企业经济运行情况

2019年1—12月，全国国有及国有控股企业[本月报所称全国国有及国有控股企业，包括国资委、财政部履行出资人职责的企业、中央部门和单位所属企业36个省（自治区、直辖市、计划单列市）的地方国有及国有控股企业，不含国有一级金融企业。以下简称国有企业]主要经济指标保持增长态势，应交税费继续下降。

（一）营业总收入。1—12月，国有企业营业总收入625520.5亿元，同比（由于企业增减变动以及股权变化等客观因素影响，不同期间纳入全国国有及国有控股企业汇总范围的企业不完全相同。本月报同比增长相关数据，由本期汇总范围内企业本年数据与同口径上年同期数据对比计算得出。下同）增长6.9%。①中央企业358993.8亿元，同比增长6.0%。②地方国有企业266526.7亿元，同比增长7.9%。

（二）营业总成本。1—12月，国有企业营业总成本609066.1亿元，同比增长7.1%。①中央企业344900.0亿元，同比增长6.9%。②地方国有企业264166.1亿元，同比增长8.6%。

（三）利润总额。1—12月，国有企业利润总额35961.0亿元，同比增长4.7%。其中，中央企业22652.7亿元，同比增长8.7%；地方国有企业13308.3亿元，同比下降1.5%。1—12月，国有企业税后净利润26318.4亿元，同比增长6.2%，归属于母公司所有者的净利润15496.0亿元。其中，中央企业16539.9亿元，同比增长10.4%，归属于母公司所有者的净利润9644.2亿元；地方国有企业9778.5亿元，同比下降2.7%，归属于母公司所有者的净利润5851.9亿元。

（四）应交税费。1—12月，国有企业应交税费46096.3亿元，同比下降0.7%。①中央企业32317.1亿元，同比下降0.7%。②地方国有企业13779.2亿元，同比下降0.6%。

（五）成本费用利润率。1—12月，国有企业成本费用利润率6.0%，下降0.1个百分点。①中央企业6.7%，增长0.2个百分点。②地方国有企业6.1%，下降0.5个百分点。

（六）资产负债率。12月末，国有企业资产负债率63.9%，下降0.2个百分点。①中央企业67.0%，下降0.4个百分点。②地方国有企业61.6%，增长0.1个百分点。

2020年1—12月全国国有及国有控股企业经济运行情况

2020年，全国国有及国有控股企业〔本月报所称全国国有及国有控股企业，包括国资委、财政部履行出资人职责的中央企业、中央部门和单位所属企业以及36个省（自治区、直辖市、计划单列市）的地方国有及国有控股企业，不含国有一级金融企业。以下简称国有企业〕奋力抗击新冠疫情等多重前所未有的困难和挑战，实现营业总收入同比（由于企业增减变动以及股权变化等客观因素影响，不同期间纳入全国国有及国有控股企业汇总范围的企业不完全相同。本月报同比增长相关数据，由本期汇总范围内企业本年数据与同口径上年同期数据对比计算得出）增长2.1%，利润总额达上年同期96.5%，经济运行回稳向好趋势不断巩固。

（一）营业总收入。12月，国有企业营业总收入较上年同期增长14.1%。1—12月，营业总收入632867.7亿元，同比增长2.1%，较1—11月提高1.3个百分点，其中中央企业353286.6亿元，同比下降1.9%，地方国有企业279582.1亿元，同比增长7.5%。

（二）营业总成本。12月，国有企业营业总成本较上年同期增长8.9%。1—12月，营业总成本614686.2亿元，同比增长2.8%，其中中央企业336920.8亿元，同比下降1.3%，地方国有企业277764.4亿元，同比增长8.3%。

（三）利润总额。12月，国有企业利润总额较上年同期增长13.8%。1—12月，利润总额34222.7亿元，同比下降4.5%，较1—11月降幅收窄1.6个百分点，其中中央企业21557.3亿元，同比下降6.0%，地方国有企业12666.4亿元，同比下降3.6%。

（四）净利润。12月，国有企业税后净利润较上年同期增长14.2%。1—12月，税后净利润24761.7亿元，同比下降6.6%，归属于母公司所有者的净利润14138.6亿元，其中中央企业税后净利润15718.0亿元，同比下降6.6%，地方国有企业税后净利润9043.7亿元，同比下降6.5%。

（五）应交税费。12月，国有企业应交税费较上年同期增长12.1%。1—12月，应交税费46111.3亿元，同比增长0.2%，其中中央企业32088.5亿元，同比下降0.8%，地方国有企业14022.8亿元，同比增长2.4%。

（六）成本费用利润率。12月，国有企业成本费用利润率较上年同期提高0.2个百分点。1—12月，成本费用利润率6.6%，同比减少0.4个百分点，中央企业6.5%，同比减少0.2个百分点，地方国有企业

4.6%，同比减少 0.6 个百分点。

（七）资产负债率。12 月末，国有企业资产负债率 64.0%，较上年同期提高 0.2 个百分点，中央企业 66.7%，同比减少 0.3 个百分点，地方国有企业 62.2%，同比提高 0.6 个百分点。

2021 年 1—12 月全国国有及国有控股企业经济运行情况

2021 年 1—12 月，全国国有及国有控股企业[①]（以下简称国有企业）主要效益指标保持增长，国有经济运行稳中有进。

（一）营业总收入。1—12 月，国有企业营业总收入 755543.6 亿元，同比[②]增长 18.5%，两年平均增长 9.9%（以 2019 年相应同期数为基数，采用几何平均的方法计算得出）。其中中央企业 417279.3 亿元，同比增长 17.7%，两年平均增长 7.8%；地方国有企业 338264.4 亿元，同比增长 19.5%，两年平均增长 12.7%。

（二）利润总额。1—12 月，国有企业利润总额 45164.8 亿元，同比增长 30.1%，两年平均增长 12.1%。其中中央企业 28610.0 亿元，同比增长 27.0%，两年平均增长 12.4%；地方国有企业 16554.7 亿元，同比增长 35.9%，两年平均增长 11.5%。

（三）应交税费。1—12 月，国有企业应交税费 53559.9 亿元，同比增长 16.6%，其中中央企业 36234.1 亿元，同比增长 14.0%，地方国有企业 17325.8 亿元，同比增长 22.6%。

（四）资产负债率。12 月末，国有企业资产负债率 63.7%，上升 0.3 个百分点，中央企业 67.0%，上升 0.5 个百分点，地方国有企业 61.8%，上升 0.3 个百分点。

注：①本月报所称全国国有及国有控股企业，包括国资委、财政部履行出资人职责的中央企业、中央部门和单位所属企业以及 36 个省（自治区、直辖市、计划单列市）和新疆生产建设兵团的地方国有及国有控股企业，不含国有一级金融企业。

②由于企业增减变动以及股权变化等客观因素影响，不同期间纳入全国国有及国有控股企业汇总范围的企业不完全相同。本月报同比增长相关数据，由本期汇总范围内企业本年数据与同口径上年同期数据对比

计算得出。

2022年1—12月全国国有及国有控股企业经济运行情况

1—12月，全国国有及国有控股企业①（以下简称国有企业）营业总收入同比②保持增长，利润总额降幅较1—11月有所扩大。

（一）营业总收入。1—12月，国有企业营业总收入825967.4亿元，同比增长8.3%。

（二）利润总额。1—12月，国有企业利润总额43148.2亿元，同比下降5.1%。

（三）应交税费。1—12月，国有企业应交税费59315.7亿元，同比增长8.4%。

（四）资产负债率。12月末，国有企业资产负债率64.4%，上升0.4个百分点。

注：①本月报所称全国国有及国有控股企业，包括国资委、财政部履行出资人职责的中央企业、中央部门和单位所属企业以及36个省（自治区、直辖市、计划单列市）和新疆生产建设兵团的地方国有及国有控股企业，不含国有一级金融企业。

②由于企业增减变动以及股权变化等客观因素影响，不同期间纳入全国国有及国有控股企业汇总范围的企业不完全相同。本月报同比增长相关数据，由本期汇总范围内企业本年数据与同口径上年同期数据对比计算得出。

参考文献

安国俊等:《集团总部在内部资本市场中的功能》,《企业管理》2008年第10期。

安杰、蒋艳霞:《管理层激励对内部资本市场配置效率的影响》,《商业研究》2010年第4期。

白俊、连立帅:《信贷资金配置差异:所有制歧视抑或禀赋差异?》,《管理世界》2012年第6期。

白少凡等:《债务中性原则、政策负担与国有企业预算软约束——基于主体模型的政策模拟》,《人文杂志》2021年第4期。

毕茜、刘娜:《对经理人激励理论与实践的重新思考》,《现代财经(天津财经大学学报)》2007年第8期。

蔡宁、魏明海:《股东关系、合谋与大股东利益输送——基于解禁股份交易的研究》,《经济管理》2011年第9期。

蔡卫星、高洪民:《企业集团、政府干预与投资效率》,《北京工商大学学报》(社会科学版)2017年第2期。

蔡卫星等:《企业集团对创新产出的影响:来自制造业上市公司的经验证据》,《中国工业经济》2019年第1期。

曹和平、翁翕:《信息租问题探析》,《北京大学学报》(哲学社会科学版)2005年第3期。

陈冬华等:《不同市场化进程下高管激励契约的成本与选择:货币薪酬与在职消费》,《会计研究》2010年第11期。

陈冬华等:《国有企业中的薪酬管制与在职消费》,《经济研究》2005年第2期。

陈金龙、谢建国：《系族企业内部资本市场存在性及效率研究》，《宏观经济研究》2010年第11期。

陈菊花：《行为金融视角：企业集团内部资本市场效应》，东南大学出版社2015年版。

陈菊花、周洁：《基于行为金融视角的我国企业内部资本市场中部门经理寻租的研究》，《北京工商大学学报》（社会科学版）2013年第1期。

陈良华等：《多元化战略与集团企业内部资本市场配置效率关系研究》，《东南大学学报》（哲学社会科学版）2013年第2期。

陈良华等：《分部经理机会行为与内部资本市场配置效率研究》，《东南大学学报》（哲学社会科学版）2014年第4期。

陈曙光等：《混合所有制改革与国有企业投资效率——基于委托代理冲突和股东间冲突的视角》，《会计之友》2021年第16期。

陈晓珊：《异质性企业高管在职消费与货币薪酬的治理效应研究——兼论在职消费的"代理观"与"效率观"》，《云南财经大学学报》2017年第1期。

陈信元等：《地区差异、薪酬管制与高管腐败》，《管理世界》2009年第11期。

陈艳利等：《国有资本经营预算制度、管理层激励与企业价值创造》，《山西财经大学学报》2018年第6期。

陈艳利等：《资源配置效率视角下企业集团内部交易的经济后果——来自中国资本市场的经验证据》，《会计研究》2014年第10期。

谌新民、刘善敏：《上市公司经营者报酬结构性差异的实证研究》，《经济研究》2003年第8期。

程新生等：《企业集团现金分布、管理层激励与资本配置效率》，《金融研究》2020年第2期。

褚剑、陈骏：《审计监督、国资监管与国有企业治理——基于审计官员国资监管背景的研究》，《财经研究》2021年第3期。

崔健波、罗正英：《外部经理人市场、信息租与成本控制效率》，《南京审计大学学报》2021年第2期。

崔志霞等：《内部资本市场效率、委托代理关系与现金持有水平——来自企业集团的经验证据》，《投资研究》2021年第7期。

丁友刚、宋献中：《政府控制、高管更换与公司业绩》，《会计研究》2011年第6期。

董广银：《国有企业"一把手"监督机制现状及思考》，《东方企业文化》2015年第16期。

董颖：《企业并购类型对内部资本市场效率的影响研究》，硕士学位论文，东南大学，2017年。

董志强：《公司治理中的监督合谋——基于组织合谋分析框架的理论研究》，博士学位论文，重庆大学，2006年。

董志强、严太华：《监察合谋：惩罚、激励与合谋防范》，《管理工程学报》2007年第3期。

窦欢等：《企业集团、大股东监督与过度投资》，《管理世界》2014年第7期。

窦炜等：《股权集中、控制权配置与公司非效率投资行为——兼论大股东的监督抑或合谋？》，《管理科学学报》2011年第11期。

杜胜利、王宏淼：《财务公司：企业金融功能与内部金融服务体系之构建》，北京大学出版社2001年版。

杜雯翠：《垄断优势、高管贡献与高管薪酬》，《当代财经》2015年第1期。

杜兴强等：《政治联系、过度投资与公司价值——基于国有上市公司的经验证据》，《金融研究》2011年第8期。

杜勇、张路：《行政干预、晋升激励与过度投资》，《北京工商大学学报》（社会科学版）2020年第6期。

方剑华等：《财务资源集中、内部资本市场与资金管理绩效——来自电力能源类企业的经验证据》，《财会月刊》2019年第24期。

冯根福、赵珏航：《管理者薪酬、在职消费与公司绩效——基于合作博弈的分析视角》，《中国工业经济》2012年第6期。

冯丽霞、范奇芳：《国有企业集团内部资本市场效率的影响因素分析》，《商业研究》2007年第7期。

冯丽霞、杨鲁：《内部资本市场的组织载体和本质》，《财会月刊》

2009 年第 5 期。

冯韶华、张扬：《关联交易资金占用与内部资本市场资源配置》，《财经理论与实践》2014 年第 4 期。

傅颀等：《管理层权力、高管薪酬变动与公司并购行为分析》，《会计研究》2014 年第 11 期。

高鹏飞：《委托—代理关系下企业激励失效的原因及对策》，《全国商情（理论研究）》2011 年第 4 期。

葛结根：《并购对目标上市公司融资约束的缓解效应》，《会计研究》2017 年第 8 期。

葛声：《基于协同治理理论的国企内部审计与纪检监察工作路径分析》，《企业改革与管理》2020 年第 7 期。

龚志文：《企业集团内部资本市场机会主义行为的成因及对策》，《商业会计》2013 年第 1 期。

龚志文、陈金龙：《基于演化博弈的企业集团内部资本转移激励机制研究》，《中国管理科学》2017 年第 4 期。

郭彬等：《企业所有者与经理人委托代理关系中最优激励报酬机制研究——兼论企业产业类型与业绩报酬的关系》，《中国管理科学》2004 年第 5 期。

郭晓冬等：《机构投资者网络团体与公司非效率投资》，《世界经济》2020 年第 4 期。

韩金红、余珍：《纵向兼任高管与企业投资效率——基于"监督效应"和"掏空效应"分析》，《审计与经济研究》2019 年第 4 期。

韩俊华等：《内部资本市场效率测度模型重构、检验与应用》，《华东经济管理》2018 年第 11 期。

韩鹏飞等：《企业集团运行机制研究：掏空、救助还是风险共担？》，《管理世界》2018 年第 5 期。

韩忠雪、朱荣林：《公司多元化折价：寻租与投资偏差》，《财经研究》2005 年第 11 期。

郝颖、刘星：《大股东自利动机下的资本投资与配置效率研究》，《中国管理科学》2011 年第 1 期。

郝颖等：《基于内部人寻租的扭曲性过度投资行为研究》，《系统工程学报》2007 年第 2 期。

何德旭：《经理股票期权：实施中的问题与对策——兼论国有企业激励—约束机制的建立与完善》，《管理世界》2000 年第 3 期。

贺建刚等：《难以抑制的控股股东行为：理论解释与案例分析》，《会计研究》2010 年第 3 期。

贺勇：《内部资本市场、经理游说与控股股东支持》，《经济经纬》2016 年第 6 期。

贺勇、何红渠：《民营企业集团、控股股东支持与 R&D 投资——融资约束情境下的调节作用与中介作用》，《科学学与科学技术管理》2014 年第 3 期。

胡婕：《信息在决策中的价值》，《决策与信息》2016 年第 10 期。

黄俊、陈信元：《集团化经营与企业研发投资——基于知识溢出与内部资本市场视角的分析》，《经济研究》2011 年第 6 期。

黄俊、张天舒：《制度环境、企业集团与经济增长》，《金融研究》2010 年第 6 期。

黄贤环、王瑶：《集团内部资本市场与企业金融资产配置："推波助澜"还是"激浊扬清"》，《财经研究》2019 年第 12 期。

黄贤环、吴秋生：《上市公司与财务公司关联交易对投资效率影响研究》，《审计与经济研究》2017 年第 1 期。

姬福松、张国栋：《内部资本市场寻租行为的经济博弈分析》，《现代商贸工业》2010 年第 7 期。

姬旭辉：《新时代加强党对国有企业领导的理论逻辑与实践路径》，《理论视野》2020 年第 7 期。

计方、刘星：《集团控制、融资优势与投资效率》，《管理工程学报》2014 年第 1 期。

计方、孟蕾：《交叉上市、集团内部资本市场运作与成员企业投资效率》，《商业经济》2018 年第 5 期。

蒋德权：《中国企业集团内部资本市场配置效率及经济后果研究》，中国社会科学出版社 2016 年版。

蒋神州：《国有控股公司治理中合谋防御的机制设计》，《经济评论》2011 年第 1 期。

蒋艳霞、王海霞：《管理层激励对内部资本市场配置效率的影响机制分析》，《当代财经》2009年第12期。

金宇超等：《"不作为"或"急于表现"：企业投资中的政治动机》，《经济研究》2016年第10期。

康进军等：《企业资本预算中的信息租金与投资终止机制研究》，《浙江理工大学学报》2007年第1期。

柯杰升等：《中国林业上市公司多元化经营与企业绩效研究——基于内部资本市场的调节和中介效应》，《农村经济》2020年第6期。

孔峰、李念：《国有企业经理人外部监督博弈模型和机制研究》，《商业研究》2014年第5期。

蓝海林：《经济转型中我国国有企业集团行为的研究》，博士学位论文，暨南大学，2004年。

雷新途等：《股权结构、财务冲突与审计合谋——来自中国工业类上市公司的经验证据》，《经济与管理研究》2010年第11期。

黎文靖、严嘉怡：《谁利用了内部资本市场：企业集团化程度与现金持有》，《中国工业经济》2021年第6期。

李宝宝、黄寿昌：《国有企业管理层在职消费的决定因素及经济后果》，《统计研究》2012年第6期。

李彬、潘爱玲：《公司并购如何影响内部资本市场——结构重塑下的效率改进》，《现代管理科学》2015年第4期。

李丹：《大航海并购环境下融资约束与集团资本市场金融效应——基于航运业集团实证研究》，《哈尔滨商业大学学报》（社会科学版）2017年第3期。

李东升等：《国有企业混合所有制改革中的利益机制重构》，《经济学家》2015年第9期。

李军林：《声誉、控制权与博弈均衡——一个关于国有企业经营绩效的博弈分析》，《上海财经大学学报》2002年第4期。

李莉等：《政治晋升、管理者权力与国有企业创新投资》，《研究与发展管理》2018年第4期。

李粮：《公司治理、内部控制与混改国企协调发展——基于利益相关者理论的视角》，《经济问题》2020年第5期。

李明：《企业并购的财务资源整合问题研究——内部资本市场视角》，硕士学位论文，武汉大学，2006年。

李明明、刘海明：《投资机会、集团关联担保与经济后果——基于内部资本市场视角的研究》，《中南财经政法大学学报》2016年第4期。

李荣融：《国有企业改革的几个重点难点问题》，《宏观经济研究》2005年第11期。

李维安：《国有企业的行政经济型治理模式：问题与改革》，《金融世界》2018年第6期。

李维安等：《公司治理研究40年：脉络与展望》，《外国经济与管理》2019年第12期。

李文海：《国有及国有控股企业集团的发展现状与作用》，《财经界》2007年第3期。

李文海：《我国企业集团兼并重组中的政府行为研究》，《统计研究》2007年第6期。

李欣、康进军：《企业资本预算中的信息租金与资本配置效率》，《青岛科技大学学报》（自然科学版）2006年第4期。

李学峰：《大股东票权非完备性与其对中小股东的侵害》，《南开经济研究》2004年第4期。

李艳荣：《内部资本市场、财务歧视和关联交易——对我国上市公司融投资行为的一个新解释》，《财贸经济》2007年第4期。

李焰等：《在职消费、员工工资与企业绩效》，《财贸经济》2010年第7期。

李增泉：《激励机制与企业绩效——一项基于上市公司的实证研究》，《会计研究》2000年第1期。

李增泉等：《"掏空"与所有权安排——来自我国上市公司大股东资金占用的经验证据》，《会计研究》2004年第12期。

连立帅等：《资本市场开放与股价对企业投资的引导作用：基于沪港通交易制度的经验证据》，《中国工业经济》2019年第3期。

梁上坤等：《公司董事联结与薪酬契约参照——中国情境下的分析框架和经验证据》，《中国工业经济》2019年第6期。

林旭东等：《企业集团内部资本市场的代理建模研究》，《深圳大学学报》2003年第1期。

刘兵：《基于相对业绩比较的报酬契约与代理成本分析》，《系统工程学报》2002年第1期。

刘嫦、赵锐：《决策权配置集中化与现金持有》，《北京工商大学学报》（社会科学版）2021年第2期。

刘剑民、林琳：《国有企业集团内部资本市场放松融资约束的实证检验——来自2008—2010年A股上市公司的数据》，《财政监督》2013年第23期。

刘金山：《国有集团公司财务集中管控探究》，《财会通讯》2016年第23期。

刘锦芳：《阻止合谋的"囚徒困境"博弈分析：对国企监管的启示》，《审计研究》2009年第5期。

刘劲松：《租金与寻租理论评述》，《东北财经大学学报》2009年第5期。

刘星等：《大股东控制、集团内部资本市场运作与公司现金持有》，《中国管理科学》2014年第4期。

刘星等：《掏空、支持与资本投资——来自集团内部资本市场的经验证据》，《中国会计评论》2010年第2期。

刘亚伟、郑宝红：《管理者晋升激励影响企业财务行为的理论思考》，《财会通讯》2015年第5期。

刘银国等：《国有企业高管薪酬管制有效性研究》，《经济管理》2009年第10期。

刘媛媛等：《多元化结构、金字塔层级与投资效率——来自于国有企业集团的证据》，《中国经济问题》2016年第5期。

卢邦贵：《经营者股权激励机制分析》，《数量经济技术经济研究》2001年第12期。

卢建新：《股权结构、公司治理与内部资本市场效率》，《中南财经政法大学学报》2009年第4期。

卢馨等：《高管晋升激励与国有企业创新投入的关系研究》，《经济与管理》2019年第3期。

陆旦强等：《上市公司大股东—管理者合谋的演化博弈分析》，《财会通讯》2014年第32期。

陆军荣：《企业内部资本市场：替代与治理》，博士学位论文，复旦大学，2005年。

罗富碧、刘露：《国企高管政治晋升、研发投资与企业绩效》，《科技进步与对策》2017年第16期。

罗宏、黄文华：《国企分红、在职消费与公司业绩》，《管理世界》2008年第9期。

罗建兵：《合谋的生成与制衡：理论分析与来自东亚的证据》，博士学位论文，复旦大学，2006年。

罗进辉、万迪昉：《大股东持股对管理者过度在职消费行为的治理研究》，《证券市场导报》2009年第6期。

罗云芳：《集团合谋的层次性及其对会计信息质量的影响》，《经济问题探索》2010年第10期。

马连福、刘丽颖：《高管声誉激励对企业绩效的影响机制》，《系统工程》2013年第5期。

马连福等：《国有企业党组织治理、冗余雇员与高管薪酬契约》，《管理世界》2013年第5期。

［美］迈克尔·吉尔德等：《公司层面战略：多业务公司的管理与价值创造》，黄一义等译，人民邮电出版社2004年版。

满子君：《国有企业集团内部监督的重点领域及路径选择——基于地方大型国有企业的经验分析》，《交通财会》2021年第5期。

莫长炜等：《内部资本市场配置效率研究评述及展望》，《财政研究》2015年第3期。

聂辉华：《交易费用经济学：过去、现在和未来——兼评威廉姆森〈资本主义经济制度〉》，《管理世界》2004年第12期。

潘爱玲、吴有红：《子公司的机会主义行为与企业集团的信息控制》，《贵州社会科学》2013年第2期。

潘红波、韩芳芳：《纵向兼任高管、产权性质与会计信息质量》，《会计研究》2016年第7期。

潘泽清、张维：《大股东与经营者合谋行为及法律约束措施》，《中国管理科学》2004年第6期。

齐绍洲等：《新能源企业创新的市场化激励——基于风险投资和企业专利数据的研究》，《中国工业经济》2017年第12期。

钱爱民、张晨宇：《国企高管政治晋升与公司现金持有：寻租还是效率》，《中南财经政法大学学报》2017年第5期。

钱婷、武常岐：《国有企业集团公司治理与代理成本——来自国有上市公司的实证研究》，《经济管理》2016年第8期。

钱婷、武常岐：《中国国有企业集团：基于情境化特征的探讨》，《经济学动态》2012年第4期。

乔菲等：《纵向兼任高管能抑制公司违规吗?》，《经济管理》2021年第5期。

曲亮等：《国有企业董事会权力配置模式研究——基于二元权力耦合演进的视角》，《中国工业经济》2016年第8期。

饶静、万良勇：《集团内部资本市场与上市公司配股融资动机》，《经济与管理研究》2007年第12期。

任广乾、田野：《党组织参与国有企业公司治理的作用机理剖析》，《财会月刊》2018年第7期。

邵毅平、虞凤凤：《内部资本市场、关联交易与公司价值研究——基于我国上市公司的实证分析》，《中国工业经济》2012年第4期。

邵颖红、施展：《集团化经营与企业过度投资——基于内部资本市场和外部治理环境视角分析》，《金融理论与实践》2017年第8期。

沈剑：《委托代理关系下国有企业经营中的机会主义行为及治理研究》，陕西师范大学出版总社2020年版。

史迪凡：《试析企业集团内部资本市场的存在性与效率性问题》，《现代经济信息》2015年第9期。

曙光、马忠：《母子公司间高管纵向兼任与上市公司资本配置效率》，《经济与管理研究》2022年第1期。

宋丽梦、张涛：《内部资本市场、信息不对称与管理层关联》，《财政监督》2013年第23期。

宋增基等：《公司治理的监督机制与激励机制间的替代效应——基于中国上市公司EVA绩效的实证研究》，《管理学报》2011年第6期。

孙彩等：《内部资产重组的理论分析》，中国会计学会高等工科院校分会 2006 年学术年会暨第十三届年会论文集，2006 年。

孙世敏等：《在职消费经济效应形成机理及公司治理对其影响》，《中国工业经济》2016 年第 1 期。

谭瑾：《营商环境、薪酬距离与高管超额在职消费》，《中国经贸导刊（中）》2021 年第 12 期。

汤吉军：《不完全契约视角下国有企业发展混合所有制分析》，《中国工业经济》2014 年第 12 期。

唐任伍、孟娜：《共同富裕的压舱石：国有企业的担当及其作用机制探微》，《治理现代化研究》2022 年第 2 期。

唐宗明等：《大股东侵害小股东的原因及影响因素分析》，《上海交通大学学报》2003 年第 4 期。

陶玉侠：《内部审计质量与代理成本的关系研究——来自深市 A 股主板的经验证据》，《财会月刊》2016 年第 32 期。

涂俊玮、章恒全：《基于前景理论的建筑行业合谋监管博弈分析》，《工程管理学报》2017 年第 3 期。

万良勇：《内部资本市场、外部融资与投资者保护——基于中国上市公司的实证研究》，经济科学出版社 2008 年版。

汪莉、陈诗一：《政府隐性担保、债务违约与利率决定》，《金融研究》2015 年第 9 期。

王兵等：《监事会治理有效吗——基于内部审计师兼任监事会成员的视角》，《南开管理评论》2018 年第 3 期。

王储等：《内部资本市场理论前沿与研究展望》，《科学决策》2019 年第 9 期。

王峰娟、粟立钟：《中国上市公司内部资本市场有效吗？——来自 H 股多分部上市公司的证据》，《会计研究》2013 年第 1 期。

王峰娟、谢志华：《内部资本市场效率实证测度模型的改进与验证》，《会计研究》2010 年第 8 期。

王红领等：《政府为什么会放弃国有企业的产权》，《经济研究》2001 年第 8 期。

王化成等：《基于中国背景的内部资本市场研究：理论框架与研究

建议》,《会计研究》2011年第7期。

王惠庆、陈良华:《分部经理机会主义行为与内部资本市场配置效率》,科学出版社2019年版。

王惠庆、陈良华:《分阶段投资与内部资本市场配置效率研究》,《统计与决策》2017年第24期。

王惠庆、陈良华:《引入总部监督对内部资本市场效率的影响》,《河海大学学报》(哲学社会科学版)2015年第1期。

王靖宇、张宏亮:《产品市场竞争与企业投资效率:一项准自然实验》,《财经研究》2019年第10期。

王满四:《上市公司负债融资的激励效应实证研究——针对经理人员工资和在职消费的分析》,《南方经济》2006年第7期。

王明虎:《从寻租视角看集团企业内部资本市场和资源配置效率》,《经济理论与经济管理》2007年第7期。

王鹏、周黎安:《控股股东的控制权、所有权与公司绩效:基于中国上市公司的证据》,《金融研究》2006年第2期。

王新等:《成本管理信息租金、内部冲突与控制绩效——基于施工项目的实验研究》,《会计研究》2012年第8期。

王艳林:《企业集团内部资本市场效率促进与"掏空"的实证研究》,《财会通讯》2016年第30期。

王元芳、马连福:《国有企业党组织能降低代理成本吗?——基于"内部人控制"的视角》,《管理评论》2014年第10期。

王曾等:《国有企业CEO"政治晋升"与"在职消费"关系研究》,《管理世界》2014年第5期。

魏刚:《高级管理层激励与上市公司经营绩效》,《经济研究》2000年第3期。

魏明海、万良勇:《我国企业内部资本市场的边界确定》,《中山大学学报》(社会科学版)2006年第1期。

乌云娜等:《基于前景理论的政府投资代建项目合谋监管威慑模型研究》,《管理工程学报》2013年第2期。

吴大勤等:《分部双重身份的制衡对内部资本市场效率改进》,《系统工程学报》2011年第4期。

吴大勤等：《我国多元化企业集团内部资本市场配置效率的影响因素与改善》，《学海》2010年第5期。

吴凡等：《内部资本市场对企业现金持有与研发投入持续性的影响——基于集团下科技企业样本的经验证据》，《中国软科学》2019年第7期。

吴敬琏：《什么是现代企业制度》，《改革》1994年第1期。

吴振信、张雪峰：《股权分置改革后大股东与管理者合谋的博弈分析》，《经济问题》2009年第1期。

武鹏：《完善混合所有制企业综合监管体系》，《学习与探索》2021年第12期。

武晓芬等：《外部资本市场与内部资本市场：替代还是互补——基于陆港通效应的实证检验》，《投资研究》2023年第1期。

夏纪军、张晏：《控制权与激励的冲突——兼对股权激励有效性的实证分析》，《经济研究》2008年第3期。

向昌立、曹汉利：《国有企业隐性激励效率评价指标体系研究》，《国际商务财会》2015年第7期。

肖星、陈婵：《激励水平、约束机制与上市公司股权激励计划》，《南开管理评论》2013年第1期。

肖星、王琨：《企业集团特征与成员企业价值》，《中国会计评论》2006年第1期。

肖艳：《大股东和经理合谋成因初探》，《理论月刊》2005年第3期。

谢军、王娃宜：《国有企业集团内部资本市场运行效率：基于双重代理关系的分析》，《经济评论》2010年第1期。

辛清泉等：《企业集团、政府控制与投资效率》，《金融研究》2007年第10期。

邢斐、郑婕妤：《环境不确定性、企业集团与投资效率》，《财会通讯》2021年第7期。

徐慧：《国有产权、政府层级与集团内部资本市场运作》，社会科学文献出版社2018年版。

徐莉萍等：《控股股东的性质与公司经营绩效》，《世界经济》2006

年第 10 期。

徐林清、孟令国：《国有企业多重委托代理结构中的合谋现象研究》，《广东社会科学》2006 年第 1 期。

徐业坤、梁亮：《高管政治晋升激励影响会计信息质量吗？——来自国有上市公司的经验证据》，《中央财经大学学报》2021 年第 6 期。

徐玉德、张昉：《国企高管薪酬管制效率分析——一个基于信息租金的分析框架》，《会计研究》2018 年第 5 期。

徐悦等：《非 CEO 高管差异化薪酬与国有企业代理效率》，《财经研究》2021 年第 3 期。

鄢翔、王储：《外部市场监督与集团总部自营：机制互补还是职能替代？》，《财经研究》2022 年第 6 期。

鄢翔等：《内部代理、集团共同审计与资本配置效率》，《审计研究》2021 年第 3 期。

严也舟、黄庆阳：《大股东—管理者合谋影响因素的理论分析》，《经济与管理》2010 年第 12 期。

颜剑英：《经理行为的激励方式与国有企业激励机制的改革》，《江苏大学学报》（社会科学版）2002 年第 2 期。

阳丹、徐慧：《集团所属政府层级、内部资本市场与子公司高管薪酬——来自国企集团下属上市公司的数据》，《会计研究》2019 年第 9 期。

杨德明、赵璨：《国有企业高管为什么会滋生隐性腐败？》，《经济管理》2014 年第 10 期。

杨宏军：《试论国有企业财务监督机制现状》，《财会学习》2017 年第 12 期。

杨俊杰、曹国华：《CEO 声誉、盈余管理与投资效率》，《软科学》2016 年第 11 期。

杨俊杰、曹国华：《基于声誉考虑的高管和控股股东策略演化博弈研究》，《重庆大学学报》（社会科学版）2016 年第 4 期。

杨棉之等：《企业集团内部资本市场的存在性与效率性》，《会计研究》2010 年第 4 期。

杨瑞龙：《国有企业股份制改造的理论思考》，《经济研究》1995

年第 2 期。

　　杨瑞龙等：《"准官员"的晋升机制：来自中国央企的证据》，《管理世界》2013 年第 3 期。

　　杨水利：《国有企业经营者激励与监督机制》，科学出版社 2011 年版。

　　杨兴全、张照南：《制度背景、股权性质与公司持有现金价值》，《经济研究》2008 年第 12 期。

　　易兰广：《企业集团内部资本市场有效性及影响因素研究》，《中南大学学报》（社会科学版）2014 年第 5 期。

　　银温泉：《我国企业集团发展中的政府角色定位》，《中国工业经济》1999 年第 6 期。

　　应千伟、杨善烨：《外部监督与国有企业经营效率》，《财会月刊》2021 年第 3 期。

　　袁奋强：《内部资本市场、资本配置与企业价值创造》，《会计论坛》2015 年第 1 期。

　　袁奋强：《内部资本市场运行、所有权性质与资本投资效率》，《经济经纬》2015 年第 6 期。

　　袁奋强：《内部资本市场运行、资本投资与资本配置行为——基于"系族企业"的分析》，《贵州财经大学学报》2015 年第 4 期。

　　袁奋强：《我国国有集团企业 CEO 在资本配置时的行为》，《重庆科技学院学报》（社会科学版）2009 年第 12 期。

　　袁江天、张维：《多任务委托代理模型下国企经理激励问题研究》，《管理科学学报》2006 年第 3 期。

　　曾江洪、崔晓云：《基于演化博弈模型的企业集团母子公司治理研究》，《中国管理科学》2015 年第 2 期。

　　翟胜宝等：《媒体能监督国有企业高管在职消费么?》，《会计研究》2015 年第 5 期。

　　翟艳艳：《A 国有企业内部审计与纪检监察协同监督研究》，硕士学位论文，山东大学，2021 年。

　　张超等：《集团财务公司角色承担与内部资本市场配置效率》，《财会通讯》2019 年第 5 期。

张春霖：《存在道德风险的委托代理关系：理论分析及其应用中的问题》，《经济研究》1995年第8期。

张昉等：《薪酬激励嵌入审计对内部资本市场效率的影响》，《管理科学学报》2011年第8期。

张宏亮等：《晋升激励、薪酬激励与国企过度投资——基于国有上市公司2008—2014年数据的分析》，《商业研究》2017年第6期。

张画眉：《归核化战略下企业内部资本市场运作——以云南白药为例》，《财会通讯》2019年第26期。

张慧：《国有企业外部监督机制研究》，硕士学位论文，福建师范大学，2014年。

张婕、刘枚莲：《基于前景理论的水污染治理政企合谋监管》，《系统工程》2017年第2期。

张磊：《基于委托—代理模型的国有资本经营收益激励约束机制研究》，《学海》2013年第5期。

张立胜：《国有企业集团内部资本市场研究》，硕士学位论文，贵州大学，2006年。

张楠：《新时代全面深化改革背景下中国特色国有企业监督体系刍议》，《山东行政学院学报》2021年第1期。

张巍：《激励为什么失效——理论、实践及启示》，《管理科学》2006年第4期。

张维迎：《博弈论与信息经济学》，上海人民出版社1996年版。

张维迎：《从现代企业理论看国有企业改革》，《改革》1995年第1期。

张维迎：《从现代企业理论看中国国有企业的改革》，《改革与战略》1994年第6期。

张文斌：《不同审计委托模式下审计合谋的博弈分析》，《审计与经济研究》2005年第1期。

张文龙等：《内部资本市场与绩效传染——基于我国系族企业集团面板数据的证据》，《宏观经济研究》2016年第3期。

张学伟、陈良华：《分部经理努力、薪酬激励与ICM配置机制》，《云南财经大学学报》2015年第1期。

张学伟、陈良华：《总部薪酬激励与内部资本市场配置效率》，《经济数学》2012年第3期。

张银平：《国有企业公司治理研究及探讨》，《中外企业文化》2019年第3期。

张勇：《公司经营者代理行为的研究》，博士学位论文，西南交通大学，2006年。

张勇：《经理激励与监督机制的综合研究》，《现代管理科学》2005年第11期。

张勇：《信息租金抽取与经理工作效率的权衡模型》，《预测》2006年第6期。

张远煌等：《中国企业家腐败犯罪报告（2014—2018）》，《犯罪研究》2020年第6期。

赵青青、刘春：《公司治理结构对内部资本市场效率影响研究》，《财会通讯》2018年第33期。

赵曙明等：《我国企业集团及其发展历程研究》，《生产力研究》2002年第3期。

甄朝党等：《薪酬合约的激励有效性研究：一个理论综述》，《中国工业经济》2005年第10期。

郑国坚、魏明海：《控股股东内部市场的形成机制研究》，《中山大学学报》（社会科学版）2009年第5期。

郑国坚等：《大股东内部市场与上市公司价值：基于效率观点和掏空观点的实证检验》，《中国会计与财务研究》2007年第4期。

郑国坚等：《政府干预、国有集团结构动态演化与配置效率》，《管理科学学报》2017年第10期。

郑红亮等：《中国公司治理与国有企业改革研究进展》，《湖南师范大学社会科学学报》2018年第4期。

郑志刚等：《国企高管的政治晋升与形象工程——基于N省A公司的案例研究》，《管理世界》2012年第10期。

中国财务公司协会：《企业集团财务公司年鉴（2020）》，中国金融出版社2020年版。

中国财务公司协会：《中国财务公司的发展与前景》，金融出版社

2005 年版。

中国财务公司协会、中国社会科学院财经战略研究院:《中国企业集团财务公司行业发展报告（2020）》，社会科学文献出版社 2020 年版。

周欢:《分权制衡视角下的公司治理研究》，硕士学位论文，华中科技大学，2015 年。

周建波、孙菊生:《经营者股权激励的治理效应研究——来自中国上市公司的经验证据》，《经济研究》2003 年第 5 期。

周铭山、张倩倩:《"面子工程"还是"真才实干"？——基于政治晋升激励下的国有企业创新研究》，《管理世界》2016 年第 12 期。

周业安、韩梅:《上市公司内部资本市场研究——以华联超市借壳上市为例分析》，《管理世界》2003 年第 11 期。

朱可:《不完全契约、产权残缺及企业治理结构》，《湖南农业大学学报》（社会科学版）2004 年第 6 期。

朱珊珊:《国有企业监督制度的困局与策略》，《经济体制改革》2020 年第 1 期。

朱滔:《董事薪酬、CEO 薪酬与公司未来业绩：监督还是合谋?》，《会计研究》2015 年第 8 期。

朱滔:《国有企业董事长领薪安排与管理层薪酬激励——基于"委托—监督—代理"三层代理框架的研究》，《当代财经》2020 年第 7 期。

朱炜、刘雨萌:《国有企业内部监督制度建设：成效、问题与改进》，《财务与会计》2019 年第 8 期。

邹薇、钱雪松:《融资成本、寻租行为和企业内部资本市场配置》，《经济研究》2005 年第 5 期。

祖雅菲:《集团分部经理激励与内部资本市场效率关系研究——基于信息租金理论视角》，硕士学位论文，东南大学，2015 年。

Ahn S., D. J. Denis, "Internal Capital Markets and Investment Policy: Evidence from Corporate Spinoffs", *Journal of Financial Economics*, Vol. 71, No. 3, 2004, pp. 489-516.

Aivazian V. A. et al., "Does Corporate Diversification Provide Insurance Against Economic Disruptions?", *Journal of Business Research*, Vol. 100, 2019, pp. 218-233.

Alchian A., Demsetz H., "Production, Information Costs, and Economic Organization", *The American Economic Review*, Vol. 62, No. 5, 1972, pp. 777-795.

Alchian A., "Corporate Management and Property Rights", in Henry Manne (ed.), *Economic Policy and Regulation of Corporate Securities*, Manne HG (ed.). American Enterprise Institute for Public Policy Research: Washington DC, 1969, pp. 337-360.

Baldenius T. et al., "Board Composition and CEO Power", *Journal of Financial Economics*, Vol. 112, No. 1, 2014, pp. 53-68.

Barney J., "Firm Resources and Sustained Competitive Advantage", *Journal of Management*, Vol. 17, No. 1, 1991, pp. 99-120.

Baron D., D. Besanko, "Regulation, Asymmetric Information and Auditing", *The RAND Journal of Economics*, Vol. 15, No. 4, 1984, pp. 447-470.

Bengt Holmstrom, Steven N. Kaplan, "The State of U.S. Corporate Governance: What's Right and Whats Wrong?", *NBER Working Paper*, 9613, 2003, pp. 1-33.

Berger P. G., E. Ofek, "Diversification's Effect on Firm Value", *Journal of Financial Economics*, Vol. 37, No. 1, 1995, pp. 39-65.

Berle A., Means G., *The Modern Corporation and Private Property*, Commerce Clearing House, New York, 1932.

Bernardo A. E. et al., "A Theory of Socialistic Internal Capital Markets", *Journal of Financial Economics*, Vol. 80, No. 3, 2006, pp. 485-509.

Bhagwati J. N., "Directly Unproductive, Profit-Seeking (DUP) Activities", *Journal of Political Economy*, Vol. 90, No. 5, 1982, pp. 988-1002.

Billett M. T., D. C. Mauer, "Cross – Subsidies, External Financing Constraints, and the Contribution of the Internal Capital Market to Firm Value", *The Review of Financial Studies*, Vol. 16, No. 4, 2003, pp. 1167-1201.

Boutin X. et al., "The Deep-pocket Effect of Internal Capital Markets", *Journal of Financial Economics*, Vol. 109, No. 1, 2013, pp. 122-145.

Buchanan J. M., "Rent Seeking and Profit Seeking", in James M. Buchanan, Robert D. Tollison and Gordon Tullock (eds.), *Toward a Theory of the Rent-seeking Society*, College Station: Texas A & M University Press, 1980.

Carr C. et al., "The Balanced Scorecard Combined with an Alternative Costing System: An Effective Contribution to Governance", *The International Journal of Botanic Garden Horticulture*, Vol. 8, 2010, pp. 97-109.

Cheng J. C., Wu R. S., "Internal Capital Market Efficiency and the Diversification Discount: The Role of Financial Statement Comparability", *Journal of Business Finance & Accounting*, Vol. 45, No. 5, 2018, pp. 572-603.

Cho Y. J., "Segment Disclosure Transparency and Internal Capital Market Efficiency: Evidence from SFAS No. 131", *Journal of Accounting Research*, Vol. 53, No. 4, 2015, pp. 669-723.

Choe C., Yin X., "Diversification Discount, Information Rents, and Internal Capital Markets", *The Quarterly Review of Economics and Finance*, Vol. 49, No. 2, 2009, pp. 178-196.

Claessens S. et al., "The Benefits and Costs of Group Affiliation: Evidence from East Asia", *Emerging Markets Review*, Vol. 7, No. 1, 2006, pp. 1-26.

Cline B. N. et al., "Exploitation of the Internal Capital Market and Avoidance of Outside Monitoring", *Journal of Corporate Finance*, Vol. 25, 2014, pp. 234-250.

Coase R. H., "The Nature of the Firm", *Economica*, New Series, Vol. 4, 1937, pp. 386-405.

Coase R. H., "The Problem of Social Cost", *The Journal of Law & Economics*, Vol. 3, 1960, pp. 1-44.

Collis D. J. et al., "The Size, Structure, and Performance of Corporate Headquarters", *Strategic Management Journal*, Vol. 28, No. 4, 2007, pp. 383-405.

Collis D. J., Montgomery C. A., *Corporate Strategy: Resources and the Scope of the Firm*, Boston, MA: McGraw-Hill Education (ISE Editions) / Irwin Professional Publishing, 1997.

Cornelli F. et al., "Monitoring Managers: Does It Matters?", *The Journal of Finance*, Vol. 68, No. 2, 2013, pp. 431-481.

Cui Z. X. et al., "Diversified Investment Strategy and the Operation of Internal Capital Market: The Moderating Effect of Corporate Governance Mechanism", *IEEE ACCESS*, Vol. 7, 2019, pp. 51665-51680.

Danielova A. N., "Tracking Stock or Spin-off? Determinants of Choice", *Financial Management*, Vol. 37, No. 1, 2008, pp. 125-139.

Datta, S. et al., "Executive Compensation and Internal Capital Market Efficiency", *Journal of Financial Intermediation*, Vol. 18, No. 2, 2009, pp. 242-258.

Devos E., H. Li, "Vertical Integration to Mitigate Internal Capital Market Inefficiencies", *Journal of Corporate Finance*, Vol. 69, 2021.

Duchin R., Sosyura D., "Divisional Managers and Internal Capital Markets", *The Journal of Finance*, Vol. 68, No. 2, 2013, pp. 387-429.

Edlin A. S., Stiglitz J. E., "Discouraging Rivals: Managerial Rent-Seeking and Economic Inefficiencies", *The American Economic Review*, Vol. 85, No. 5, 1995, pp. 1301-1312.

Fan J. P. H. et al., "Institutions and Organizational Structure: The Case of State-Owned Corporate Pyramids", *The Journal of Law, Economics & Organization*, Vol. 29, No. 6, 2013, pp. 1217-1252.

Fisman R., Wang Y., "Trading Favors within Chinese Business Groups", *American Economic Review*, Vol. 100, No. 2, 2010, pp. 429-433.

Friedman D., "Evolutionary Games in Economics", *Econometrica*, Vol. 59, No. 3, 1991, pp. 637-666.

Frye T., "Original Sin, Good Work and Property Rights in Russia", *World Politics*, Vol. 58, No. 4, 2006, pp. 479-504.

Gertner R. H. et al. , "Internal Versus External Capital Markets", *The Quarterly Journal of Economics*, Vol. 109, No. 4, 1994, pp. 1211-1230.

Gertner R. H. et al. , "Learning about Internal Capital Markets from Corporate Spin-offs", *The Journal of Finance*, Vol. 57, No. 6, 2002, pp. 2479-2506.

Gigler F. , Hemmer T. , "Informational Costs and Benefits of Creating Separately Identifiable Operating Segments?", *Journal of Accounting and Economics*, Vol. 33, 2002, pp. 69-90.

Glaser M. et al. , "Opening the Black Box: Internal Capital Markets and Managerial Power", *The Journal of Finance*, Vol. 68, No. 4, 2013, pp. 1577-1631.

Gonzalez R. , Wu G. , "On the Shape of the Probability Weighting Function", *Cognitive Psychology*, Vol. 38, No. 1, 1999, pp. 129-166.

Granovetter M. , "Business Groups", in N. J. Smelser & R. Swedberg (eds.), *Handbook of Economic Sociology*, Princeton, NJ: Princeton University Press: New York: Russell Sage Foundation, 1994.

Grossman S. , Hart O. , "The Costs and Benefits of Ownership: A Theory of Vertical and Lateral Integration", *Journal of Political Economy*, Vol. 94, No. 4, 1986, pp. 691-719.

Guest P. , Sutherland D. , "The Impact of Business Group Affiliation on Performance: Evidence from China's 'National Champions'", *Cambridge Journal of Economics*, Vol. 34, No. 4, 2010, pp. 617-631.

Hanazaki M. , Q. Liu, "Corporate Govemance and Investment in East Asian Firms-Empirical Analysis of Family-controlled Firms", *Journal of Asian Economics*, Vol. 18, No. 1, 2007, pp. 76-97.

Harris M. , A. Raviv, "The Capital Budgeting Process: Incentives and Information", *The Journal of Finance*, Vol. 51, No. 4, 1996, pp. 1139-1174.

Hart O. , Moore J. , "Property Rights and the Nature of the Firm", *Journal of Political Economy*, Vol. 98, No. 6, 1990, pp. 1119-1158.

Hayek F. A. , "The Use of Knowledge in Society", *The American Eco-*

nomic Review, Vol. 35, No. 4, 1945, pp. 519–530.

He J. et al., "Business Groups in China", *Journal of Corporate Finance*, Vol. 22, 2013, pp. 166–192.

Holmstrom B., "Moral Hazard in Teams", *The Bell Journal of Economics*, Vol. 13, No. 2, 1982, pp. 324–340.

Holod D., "Agency and Internal Capital Market Inefficiency: Evidence from Banking Organizations", *Financial Management*, Vol. 41, No. 1, 2012, pp. 35–53.

Huang W. et al., "Internal Capital Market Mergers in Weak External Market Environment: An Emerging Market Evidence", *International Journal of Finance & Economics*, Vol. 24, No. 4, 2019, pp. 1486–1505.

Inderst R., C. Laux, "Incentives in Internal Capital Markets: Capital Constraints, Competition, and Investment Opportunities", *The RAND Journal of Economics*, Vol. 36, No. 1, 2005, pp. 215–228.

Jensen M. C., W. Meckling, "Theory of the Firm: Managerial Behavior, Agency Costs and Ownership Structure", *Journal of Financial Economics*, Vol. 3, No. 4, 1976, pp. 305–360.

Jensen M. C., "The Modern Industrial Revolution, Exit, and the Failure of Internal Control Systems", *The Journal of Finance*, Vol. 48, 1993, pp. 831–880.

Johnson S. et al., "Tunneling", *The American Economic Review*, Vol. 90, No. 2, 2000, pp. 22–27.

Kahneman D., Tversky A., "Prospect Theory: An Analysis of Decision under Risk", *Econometrica*, Vol. 47, No. 2, 1979, pp. 263–292.

Keister L. A., *Chinese Business Groups: The Structure and Impact of Interfirm Relations during Economic Development*, London: Oxford University Press, 2000.

Khanna T., K. Palepu, "Is Group Affiliation Profitable in Emerging Markets? An Analysis of Diversified Indian Business Groups", *The Journal of Finance*, Vol. 55, No. 2, 2000, pp. 867–891.

Khanna T., Yafeh Y., "Business Groups in Emerging Markets: Paragons or Parasites", *Journal of Economic Literature*, Vol. 45, No. 2, 2007, pp. 331–372.

Krueger A. O., "The Political Economy of the Rent-seeking Society", *The American Economic Review*, Vol. 64, No. 3, 1974, pp. 291–303.

La Porta R. et al., "Investor Protection and Corporate Valuation", *The Journal of Finance*, Vol. 57, No. 3, 2002, pp. 1147–1170.

Laffont J., D. Martimort, *The Theory of Incetives: The Principle-agent Model*, 中国人民大学出版社, 2002.

Lamont O. A., Polk C., "Does Diversification Destroy Value? Evidence from the Industry Shocks", *Journal of Financial Economics*, Vol. 63, No. 1, 2002, pp. 51–77.

Leff N. H., "Industrial Organization and Entrepreneurship in the Developing Countries: The Economic Groups", *Economic Development and Cultural Change*, Vol. 26, No. 4, 1978, pp. 661–675.

Lewontin R. C., "Evolution and the Theory of Games", *Journal of Theoretical Biology*, Vol. 1, No. 3, 1961, pp. 382–403.

Maksimovic Vojisllav, Gordon Phillips, "Do Conglomerate Firms Allocate Resources Inefficiently across Industries? Theory and Evidence", *The Journal of Finance*, Vol. 57, No. 2, 2002, pp. 721–767.

Mathews R. D., Robinson D. T., "Market Structure, Internal Capital Markets, and the Boundaries of the Firm", *The Journal of Finance*, Vol. 63, No. 6, 2008, pp. 2703–2736.

Matsusaka J. G., Nanda V., "Internal Capital Markets and Corporate Refocusing", *Journal of Financial Intermediation*, Vol. 11, No. 2, 2002, pp. 176–211.

Matvos G., Seru A., "Resource Allocation within Firms and Financial Market Dislocation: Evidence from Diversified Conglomerates", *Review of Financial Studies*, Vol. 27, No. 4, 2014, pp. 1143–1189.

McNeil C. R., Moore W. T., "Dismantling Internal Capital Markets via Spinoff: Effects on Capital Allocation Efficiency and Firm Valuation", *Journal of Corporate Finance*, Vol. 11, No. 1–2, 2005, pp. 253–275.

Mirrlees J. A. , "The Theory of Moral Hazard and Unobservable Behavior: Part I", *The Review of Economic Studies*, Vol. 66, No. 1, 1999, pp. 3–21.

Morck R. et al. , "Management Ownership and Market Valuation: An Empirical Analysis", *Journal of Financial Economics*, Vol. 20, 1988, pp. 293–315.

Morse A. , et al. , "Are Incentive Contracts Rigged by Powerful CEOs?" *The Journal of Finance*, Vol. 66, No. 5, 2011, pp. 1779–1821.

Ndofor H. A. et al. , "Providing CEOs with Opportunities to Cheat: The Effects of Complexity-Based Information Asymmetries on Financial Reporting Fraud", *Journal of Management*, Vol. 41, No. 6, 2015, pp. 1774–1797.

Nielsen J. F. , R. W. Melicher, "A Financial Analysis of Acquisition and Merger Premiums", *The Journal of Financial and Quantitative Analysis*, Vol. 8, No. 2, 1973, pp. 139–148.

Nolan P. , *China and the Global Business Revolution*, Palgrave Macmillan, 2001.

Ozbas O. , "Integration, Organizational Processes and Allocation of Resources", *Journal of Financial Economics*, Vol. 75, No. 1, 2005, pp. 201–242.

Peng W. Q. et al. , "Tunneling or Propping: Evidence from Connected Transactions in China", *Journal of Corporate Finance*, Vol. 17, No. 2, 2011, pp. 306–325.

Perotti E. , Gelfer S. , "Red Barons or Robber Barons? Governance and Investment in Russian Financial-industrial Groups", *European Economic Review*, Vol. 45, No. 9, 2001, pp. 1601–1617.

Peryer Urs C. , "Internal and External Capital Markets", *SSRN Electronic Journal*, 2002.

Peyer Urs C. , Shivdasani Anil, "Leverage and Internal Capital Markets: Evidence from Leveraged Recapilizations", *Journal of Financial Economics*, Vol. 59, No. 3, 2001, pp. 477–515.

Pindado J. , De La Torre C. , "Effect of Ownership Structure on Underinvestment and Overinvestment: Empirical Evidence From Spain", *Accounting & Finance*, Vol. 49, No. 2, 2009, pp. 363-383.

Porter L. W., Lawler E. E., *Managerial Attitudes and Performance*, Homewood, IL: Dorsey Press, 1968.

Rajan R. et al., "The Cost of Diversity: The Diversification Discount and Inefficient Investment", *The Journal of Finance*, Vol. 15, No. 1, 2000, pp. 35-80.

Roland G., *Transition and Economics: Politics, Markets and Firms*, Cambridge: MIT Press, 2000.

Samphantharak K., "Internal Capital Markets in Business Groups", Working Paper, The University of Chicago, 2003.

Scharfstein D. S., Stein J. C., "The Dark Side of Internal Capital Markets: Divisional Rent-Seeking and Inefficient Investment", *The Journal of Finance*, Vol. 55, No. 6, 2000, pp. 2537-2564.

Segal I. R., "Monopoly and Soft Budget Constraint", *The RAND Journal of Economics*, Vol. 29, No. 3, 1998, pp. 596-609.

Shenoy J., "Firm Vertical Boundaries, Internal Capital Markets, and Firm Performance", *European Financial Management Association*, Vol. 27, No. 1, 2021, pp. 59-97.

Shin Hyun-Han, Stulz René M., "Are Internal Capital Markets Efficient?", *The Quarterly Journal of Economics*, Vol. 113, No. 2, 1998, pp. 531-552.

Shin H. H., Park Y. S., "Financing Constraints and Internal Capital Markets: Evidence from Korean 'Chaebols'", *Journal of Corporate Finance*, Vol. 5, No. 2, 1999, pp. 169-191.

Simon H. A., "Theories of Bounded Rationality", *C. B. McGuire and Roy Radner (eds), Decision and Organization*, North-Holland Publishing Company, 1972, pp. 161-176.

Smith J., Price G., "The Logic of Animal Conflict", *Nature*, Vol. 246, 1973, pp. 15-18.

Stanley J. et al., "The Association Between Insider Trading Surrounding Going Concern Audit Opinions and Future Bankrupt", *Managerial Auditing Journal*, Vol. 24, No. 3, 2009, pp. 290–312.

Stein, J. C., "Agency, Information, and Corporate Investment", *Handbook of the Economics of Finance*, Vol. 1, Part A, 2003, pp. 111–165.

Stein, J. C., "Internal Capital Markets and the Competition for Corporate Resources", *The Journal of Finance*, Vol. 52, No. 1, 1997, pp. 111–133.

Stiglitz J. E., Weiss A., "Credit Rationing in Markets with Imperfect Information", *The American Economic Review*, Vol. 71, No. 3, 1981, pp. 393–410.

Tan W. H. et al., "The Impact of Business Groups on Investment Efficiency: Does Capital Allocation Matter?", *Emerging Markets Finance and Trade*, Vol. 54, No. 15, 2018, pp. 3539–3551.

Tan W. H., Ma Z. P, "Ownership, Internal Capital Market, and Financing Costs", *Emerging Markets Finance and Trade*, Vol. 52, No. 5, 2016, pp. 1259–1278.

Taylor P. D., L. B. Jonker, "Evolutionary Stable Strategies and Game Dynamics", *Mathematical Biosciences*, Vol. 40, No. 1–2, 1978, pp. 145–156.

Tirole J., "Hierarchies and Bureaucracies: On the Role of Collusion in Organizations", *Journal of Law, Economics & Organization*, Vol. 2, No. 2, 1986, pp. 181–214.

Tullock G., "The Economics of Special Privilege and Rent Seeking", Studies in Public Choice, Springer Science+Business Media, LLC, 1989.

Wakker P., *Prospect Theory: For Risk and Ambiguity*, Cambridge University Press, 2010.

Wang Z. K., Wang Y. P, "Ownership, Internal Capital Markets, and Cash Holdings", *Emerging Markets Finance and Trade*, Vol. 55, No. 7, 2019, pp. 1656–1668.

Williamson O. E., *Corporate Control and Business Behavior*, Prentice Hall, 1970.

Williamson O. E., *Markets and Hierarchies: Analysis and Antitrust Implications: a Study in the Economics of Internal Organization*, New York: Free Press, 1975.

Williamson O. E., *The Economic Institutions of Capitalism: Firms, Markets, Relational Contracting*, Free Press, 1985.

Wolfenzon D., "A Theory of Pyramid Ownership", *Unpublished Working Paper, Harvard University*, Press: Cambridge, MA, 1999.

Wulf J., "Influence and Inefficiency in the Internal Capital Market", *Journal of Economic Behavior & Organization*, Vol. 72, No. 1, 2009, pp. 305–321.

Wulf J., "Internal Capital Markets and Firm-level Compensation Incentives for Division Managers", *Journal of Labor Economics*, Vol. 20, No. 2, 2002, pp. S219–S260.

Xiang X., "How Does the Internal Capital Market Influence R&D Spending? New Evidence", *International Journal of Emerging Markets*, Vol. 18, No. 4, 2021, pp. 886–907.

Yan A., "Value of Conglomerates and Capital Market Conditions", *Financial Management*, Vol. 35, No. 4, 2006, pp. 5–30.

Yun Jeongsun, "Incentives and Information in Internal Capital Markets", *The Korean Journal of Financial Management*, Vol. 35, No. 4, 2018, pp. 347–369.

Zheng Y., "China's State-owned Enterprise Mixed Ownership Reform", *East Asian Policy*, Vol. 6, No. 4, 2014, pp. 39–50.